JUMP Math 4.1
Cahier 4 Partie 1

Table des matières

jump math™

MULTIPLYING POTENTIAL.

JUMP Math
Toronto, Canada
www.jumpmath.org

Writers: Dr. John Mighton, Dr. Sindi Sabourin, Dr. Anna Klebanov
Translator: Claudia Arrigo
Consultant: Jennifer Wyatt
Cover Design: Blakeley Words+Pictures
Special thanks to the design and layout team.
Cover Photograph: © LuckyOliver.com

This French edition of the JUMP Math Workbooks for Grade 4 has been produced in partnership with and with the financial support of the Vancouver Board of Education.

ISBN: 978-1-897120-92-7

First published in English in 2009 as Jump Math Book 4.1 (978-1-897120-71-2).

Ninth printing April 2019

Printed and bound in Canada

Table des matières

La mesure

Probabilité et traitement de données

Géométrie

PARTIE 2
Les régularités et l'algèbre

Logique numérale

La mesure

Probabilité et traitement de données

Géométrie

Hélène trouve la **différence** entre 15 et 12 en comptant sur ses doigts. Elle dit « 12 » avec son poing fermé et compte jusqu'à 15, en levant un doigt à la fois.

12   13   14   15

Quand elle dit « 15 », elle a levé 3 doigts. La différence ou l'intervalle entre 12 et 15 est donc 3.

---

1. Trouve la différence entre les nombres ci-dessous en comptant un par un en montant. Écris ta réponse dans le cercle. (Tu peux peut-être trouver la réponse sans compter si tu connais tes soustractions.)

a) 2   5   b) 3   8   c) 6   8   d) 4   9

e) 12   16   f) 13   17   g) 21   26   h) 37   39

i) 26   29   j) 32   37   k) 24   29   l) 44   47

m) 51   55   n) 46   49   o) 28   32   p) 34   39

q) 89   91   r) 62   71   s) 87   89   t) 59   63

BONUS

u) 96   101   v) 79   83   w) 98   104   x) 117   122

y) 219   223   z) 146   151   aa) 99   108   bb) 99   107

Enseignant :
Pour aider vos élèves à reconnaître les intervalles entre les nombres, faites-leur faire des exercices de calcul mental tous les jours, tirés du guide de l'enseignant.

Les régularités et l'algèbre 1

Quel nombre additionné à 6 donne 9?

$6 + \boxed{?} = 9$

En utilisant la droit numérique,
Anne compte 3 intervalles entre 6 et 9 :

alors : $6 + \boxed{3} = 9$

et :   9 est 3 **de plus que** 6

et :   3 est la **différence** entre 9 et 6

----

2. Utilise la droite numérique (ou compte en montant) pour trouver la <u>différence</u> entre les deux nombres.

a) 42 $\bigcirc$ 45

b) 43 $\bigcirc$ 47

c) 51 $\bigcirc$ 54

d) 44 $\bigcirc$ 51

e) 42 $\bigcirc$ 44

f) 49 $\bigcirc$ 53

g) 47 $\bigcirc$ 48

h) 45 $\bigcirc$ 49

3. Utilise la droite numérique (ou compte en montant) pour trouver la <u>différence</u> entre les deux nombres.

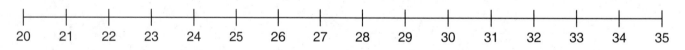

a) $23 + \boxed{2} = 25$

b) $22 + \boxed{} = 26$

c) $24 + \boxed{} = 27$

d) $\boxed{} + 22 = 24$

e) $23 + \boxed{} = 30$

f) $\boxed{} + 28 = 31$

BONUS
4. Trouve le nombre qui manque.

a) 25 est ____ de plus que 23

b) 30 est ____ de plus que 27

c) 53 est ____ de plus que 46

d) 32 est ____ de plus que 29

e) 28 est ____ de plus que 25

f) 26 est ____ de plus que 25

g) 50 est ____ de plus que 49

h) 47 est ____ de plus que 43

i) 53 est ____ de plus que 48

PA4-2 : Préparation pour les suites croissantes

Quel nombre est 4 **de plus** que 16? (Ou : Qu'est-ce que 16 + 4?)

Alissa trouve la réponse en comptant sur ses doigts. Elle dit « 16 » avec son poing fermé et compte jusqu'à ce qu'elle ait levé 4 doigts.

16   17   18   19   20

Le nombre 20 est 4 **de plus** que 16.

----

1. Ajoute le nombre dans le cercle au nombre à gauche. Écris ta réponse dans l'espace vide.

a) 5 ④ _____   b) 8 ② _____   c) 7 ③ _____   d) 3 ④ _____

e) 17 ⑤ _____   f) 18 ④ _____   g) 14 ⑧ _____   h) 19 ⑥ _____

i) 30 ⑧ _____   j) 27 ⑨ _____   k) 34 ⑦ _____   l) 32 ⑤ _____

BONUS

m) 67 ② _____   n) 85 ⑤ _____   o) 42 ③ _____   p) 68 ④ _____

q) 54 ⑥ _____   r) 63 ⑤ _____   s) 98 ④ _____   t) 93 ⑧ _____

2. Ajoute les nombres qui manquent.

a) _____ est 4 de plus que 6   b) _____ est 6 de plus que 5   c) _____ est 5 de plus que 7

d) _____ est 1 de plus que 19   e) _____ est 6 de plus que 34   f) _____ est 5 de plus que 18

g) _____ est 8 de plus que 29   h) _____ est 7 de plus que 24   i) _____ est 8 de plus que 37

Les régularités et l'algèbre 1

PA4-3 : Les suites croissantes

Angèle veut continuer cette régularité :   6 , 8 , 10 , 12 , _?_

Étape 1 :   Elle trouve la **différence** entre les deux premiers nombres.

Étape 2 :   Elle vérifie que la différence entre les autres nombres est aussi 2.

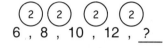

Étape 3 :   Pour continuer cette régularité, Angèle additionne 2 au dernier   6 , 8 , 10 , 12 , _14_
nombre de la séquence.

----

1.   Prolonge les régularités suivantes. Commence en trouvant l'intervalle entre les nombres.

a)   1 , 3 , 5 , ___ , ___ , ___   b)   0 , 2 , 4 , ___ , ___ , ___

c)   3 , 7 , 11 , ___ , ___ , ___   d)   2 , 6 , 10 , ___ , ___ , ___

e)   1 , 4 , 7 , ___ , ___ , ___   f)   5 , 9 , 13 , ___ , ___ , ___

BONUS

g)   1 , 11 , 21 , ___ , ___ , ___   h)   5 , 12 , 19 , ___ , ___ , ___

i)   21 , 24 , 27 , ___ , ___ , ___   j)   86 , 88 , 90 , ___ , ___ , ___

Utilise une séquence croissante pour résoudre ces problèmes.

2.   Marie lit 5 pages de son livre chaque soir. Hier soir, elle était à la page 72.

À quelle page sera-t-elle rendue ce soir? _____ Et demain soir? _____

3.   Lundi, Jane court 12 pâtés de maison. À chaque jour, elle court 4 pâtés de plus que le jour avant.

Combien de pâtés court-elle mardi? _____ Et mercredi? _____

Quel jour de la semaine courra-t-elle 28 pâtés? _____

Les régularités et l'algèbre 1

Quel nombre dois-tu soustraire de 22 pour obtenir 18?

Dana trouve la réponse en comptant à reculons sur ses doigts.
Elle utilise la droite numérique pour s'aider.

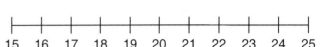

Dana a levé 4 doigts. Donc 4 soustrait de 22 donne 18.

---

1. Quel nombre dois-tu <u>soustraire</u> du plus grand nombre
   pour obtenir le plus petit nombre?

a) 23   20   b) 24   19   c) 21   16   d) 22   15

e) 24   17   f) 19   16   g) 23   17   h) 25   19

2. Trouve l'intervalle entre les nombres en comptant
   à reculons sur tes doigts.

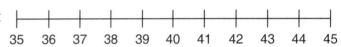

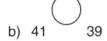

a) 42   38   b) 41   39   c) 42   37   d) 38   37

e) 41   37   f) 40   36   g) 42   35   h) 43   35

3. Trouve l'intervalle entre les nombres en comptant à reculons sur tes doigts (ou sans compter sur tes
   doigts si tu connais tes soustractions).

a) 86   81   b) 58   52   c) 50   48   d) 80   78

e) 52   47   f) 67   63   g) 45   36   h) 62   56

i) 58   51   j) 101   97   k) 82   76   l) 97   89

Quel nombre **soustrait** de 8 donne 5?

$8 - \boxed{?} = 5$

Sur une **droite numérique**, Rita met son doigt sur le 8.

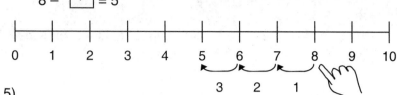

Elle compte (à reculons de 3 espaces jusqu'à 5) pour trouver le nombre d'espaces entre 8 et 5.

donc : $8 - \boxed{3} = 5$ et :   5 est 3 **de moins que** 8

---

4. Utilise la droite numérique pour trouver la différence entre les deux nombres. Écris ta réponse dans la boîte.

a) $27 - \boxed{} = 24$

b) $26 - \boxed{} = 23$

c) $29 - \boxed{} = 27$

d) $25 - \boxed{} = 21$

e) $28 - \boxed{} = 24$

f) $30 - \boxed{} = 25$

g) $32 - \boxed{} = 29$

h) $35 - \boxed{} = 34$

i) $30 - \boxed{} = 24$

5. Quel nombre dois-tu <u>soustraire</u> du plus grand nombre pour obtenir le plus petit nombre?

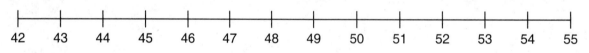

a) 47 ⟨-3⟩ 44

b) 45 ◯ 43

c) 51 ◯ 48

d) 54 ◯ 43

e) 48 ◯ 41

f) 49 ◯ 44

g) 54 ◯ 47

h) 52 ◯ 43

BONUS
6. Trouve le nombre qui manque.

a) 47 est ____ de moins que 50

b) 51 est ____ de moins que 55

c) 46 est ____ de moins que 51

d) 49 est ____ de moins que 51

e) 48 est ____ de moins que 54

f) 45 est ____ de moins que 52

g) 44 est ____ de moins que 49

h) 43 est ____ de moins que 51

i) 52 est ____ de moins que 55

Les régularités et l'algèbre 1

PA4-5 : Suites décroissantes

Dans une **suite décroissante**, chaque nombre est un de moins que le nombre précédent.
Quel nombre est 3 de moins que 9? (Ou : 9 – 3 = ?)

Keitha trouve la réponse en comptant sur ses doigts.
Elle dit « 9 » avec son poing fermé et compte à reculons
jusqu'à ce qu'elle ait levé 3 doigts :

9   8   7   6

Le nombre 6 est 3 **de moins que** 9.

- -

1. Soustrait le nombre dans le cercle du nombre à gauche. Écris ta réponse dans l'espace vide.

   a) 3 ⊙(-2) _____   b) 12 ⊙(-3) _____   c) 8 ⊙(-4) _____   d) 9 ⊙(-1) _____

   e) 8 ⊙(-5) _____   f) 10 ⊙(-4) _____   g) 5 ⊙(-1) _____   h) 9 ⊙(-2) _____

   BONUS

   i) 28 ⊙(-4) _____   j) 35 ⊙(-6) _____   k) 57 ⊙(-8) _____   l) 62 ⊙(-4) _____

2. Trouve les nombres qui manquent :

   a) ___ est 4 de moins que 7   b) ___ est 2 de moins que 9   c) ___ est 3 de moins que 8

   d) ___ est 5 de moins que 17   e) ___ est 4 de moins que 20   f) ___ est 6 de moins que 25

   g) ___ est 7 de moins que 28   h) ___ est 4 de moins que 32   i) ___ est 5 de moins que 40

3. Prolonge les régularités <u>décroissantes</u> suivantes :

Exemple :

11 , 9 , 7 , ____ , ____ , ____

<u>Étape 1</u> :

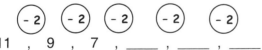

11 , 9 , 7 , ____ , ____ , ____

<u>Étape 2</u> : (-2)(-2)(-2)(-2)(-2)

11 , 9 , 7 , _5_ , _3_ , _1_

a) 10 , 9 , 8 , ____ , ____ , ____

b) 14 , 12 , 10 , ____ , ____ , ____

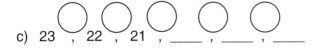

c) 23 , 22 , 21 , ____ , ____ , ____

d) 24 , 21 , 18 , ____ , ____ , ____

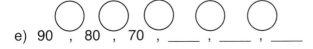

e) 90 , 80 , 70 , ____ , ____ , ____

f) 45 , 40 , 35 , ____ , ____ , ____

jump math
MULTIPLYING POTENTIAL

Les régularités et l'algèbre 1

1. Prolonge les régularités en te servant de l'intervalle donné.

Exemple 1 :

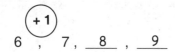

$$\overset{+1}{}$$

6 , 7 , _8_ , _9_

Exemple 2 :

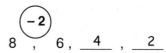

$$\overset{-2}{}$$

8 , 6 , _4_ , _2_

a) $\overset{+5}{}$ 5 , 10 , ____ , ____ , ____

b) $\overset{+3}{}$ 1 , 4 , ____ , ____ , ____

c) $\overset{+3}{}$ 3 , 6 , ____ , ____ , ____

d) $\overset{+2}{}$ 6 , 8 , ____ , ____ , ____

e) $\overset{+2}{}$ 12 , 14 , ____ , ____ , ____

f) $\overset{+5}{}$ 10 , 15 , ____ , ____ , ____

g) $\overset{-1}{}$ 14 , 13 , ____ , ____ , ____

h) $\overset{-2}{}$ 16 , 14 , ____ , ____ , ____

2. Prolonge les régularités en trouvant l'intervalle en premier.

Exemple :

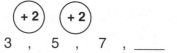

3 , 5 , 7 , ____

Étape 1 :

$$\overset{+2}{}\ \overset{+2}{}$$

3 , 5 , 7 , ____

Étape 2 :

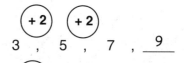

$$\overset{+2}{}\ \overset{+2}{}$$

3 , 5 , 7 , _9_

a) 5 , 8 , 11 , ____ , ____

b) 2 , 4 , 6 , ____ , ____

c) 6 , 10 , 14 , ____ , ____

d) 1 , 3 , 5 , ____ , ____

e) 21 , 24 , 27 , ____ , ____

f) 12 , 17 , 22 , ____ , ____

g) 25 , 23 , 21 , ____ , ____

h) 59 , 54 , 49 , ____ , ____

BONUS

3. 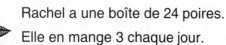 Rachel a une boîte de 24 poires.

Elle en mange 3 chaque jour.

Combien lui en reste-t-il après 5 jours? _____

4. Emi a épargné 17 $. Chaque jour, elle épargne 4 $ de plus.

Combien aura-t-elle épargné après 4 jours? _____

PA4-7 : Les attributs

Cathy fait une régularité en utilisant 4 **formes** à 2 dimensions (2-D) différentes :

cercle

triangle

carré

pentagone

Elle utilise 3 **couleurs** : rouge = R
jaune = J
bleu = B

Elle utilise 2 différentes **grosseurs** :

gros   petit

La FORME, la COULEUR et la GROSSEUR sont les **attributs** *d'une forme.*

ENSEIGNANT : Assurez-vous que les élèves comprennent que même si les cercles ci-haut sont de différentes grosseurs, ils ont la même forme.

- -

1. Encercle l'attribut (<u>un seul</u>) qui change dans chaque régularité.

   INDICE : Regarde les attributs un à la fois. Demande-toi en premier : « Est-ce que la <u>forme</u> change? » Demande-toi ensuite : « Est-ce que la <u>couleur</u> change? » Demande-toi enfin : « Est-ce que la <u>grosseur</u> change? »

a)

forme   couleur   grosseur

b)

forme   couleur   grosseur

c)

forme   couleur   grosseur

d)

forme   couleur   grosseur

e)

forme   couleur   grosseur

f)

forme   couleur   grosseur

2. Écris l'attribut (<u>un seul</u>) qui change dans chaque régularité.

a)

_____

b)

_____

c)

_____

d)

_____

3. Encercle les <u>deux</u> attributs qui changent dans chaque suite.

a)

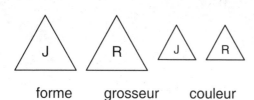

forme   grosseur   couleur

b)

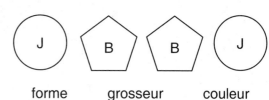

forme   grosseur   couleur

c)

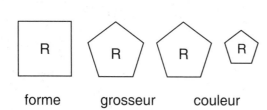

forme   grosseur   couleur

d)

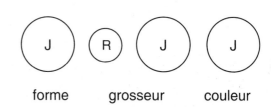

forme   grosseur   couleur

4. Écris les <u>deux</u> attributs qui changent dans chaque régularité.

a)

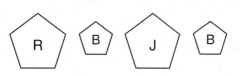

_____

b)

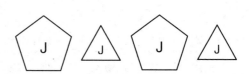

_____

c)

 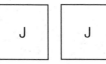

_____

d)

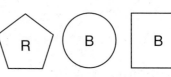

_____

5. Écris <u>un</u>, <u>deux</u> ou <u>trois</u> attributs qui changent dans chaque suite.

a)

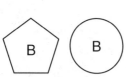

_____

b)

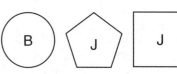

_____

c)

_____

d)

_____

PA4-8 : Régularités répétitives

Marco fait une régularité **répétitive** en utilisant des blocs :

Voici le **cœur** de la régularité de Marco.

Le **cœur** d'une régularité est la partie qui se répète.

- -

1. Encercle le **cœur** des régularités suivantes. Le premier est déjà fait pour toi.

a)

b)

c)

d)

e)

f)

g)

h) C B B C B B C B B

i) 1 2 4 1 2 4 1 2 4

j) 9 8 7 8 9 8 7 8 9 8 7 8

k)

l) X Y Z X Y Z X Y Z

2. Encercle le cœur de la régularité. Continue ensuite la régularité.

a)  ____ ____ ____ ____ ____

b)

c) A B C A B C A ___ ___ ___ ___

d) A B A A B A ___ ___ ___ ___

e) 3 0 0 4 3 0 0 4 ___ ___ ___ ___

f) 1 8 1 1 8 1 1 8 1 ___ ___ ___ ___

Les régularités et l'algèbre 1

PA4-9 : Prolonger une régularité en utilisant une règle

1. Continue les suites suivantes en <u>additionnant</u> les nombres donnés.

   a) (additionne 3) 31, 34, ____, ____, ____

   b) (additionne 5) 70, 75, ____, ____, ____

   c) (additionne 2) 24, 26, ____, ____, ____

   d) (additionne 10) 50, 60, ____, ____, ____

   e) (additionne 4) 31, 35, ____, ____, ____

   f) (additionne 9) 11, 20, ____, ____, ____

   g) (additionne 6) 10, 16, ____, ____, ____

   h) (additionne 7) 70, 77, ____, ____, ____

2. Continue les suites suivantes en <u>soustrayant</u> les nombres donnés.

   a) (soustrais 2) 14, 12, ___, ___, ___

   b) (soustrais 3) 15, 12, ___, ___, ___

   c) (soustrais 5) 75, 70, ___, ___, ___

   d) (soustrais 3) 66, 63, ___, ___, ___

   e) (soustrais 4) 46, 42, ___, ___, ___

   f) (soustrais 7) 49, 42, ___, ___, ___

   g) (soustrais 3) 91, 88, ___, ___, ___

   h) (soustrais 5) 131, 126, ____, ____, ____

BONUS

3. Crée ta propre régularité dans les espaces vides. Donne-nous ensuite la règle que tu as utilisée.

   _____ , _____ , _____ , _____ , _____   Ma règle : _____

4. Quelle suite suivante a été faite en ajoutant 3? Encercle-la.
   INDICE : Vérifie tous les nombres dans la suite.

   a) 3, 5, 9, 12

   b) 3, 6, 8, 12

   c) 3, 6, 9, 12

5.   **72, 64, 56, 48, 40...**

   Zannat dit que la suite ci-dessus a été faite en soustrayant 7 à chaque fois.
   Faruq dit qu'elle a été faite en soustrayant 8.
   Qui a raison? Explique.

   _____

   _____

   _____

PA4-10 : Identifier les règles de régularités

1. Pour chaque cas, quel nombre a été additionné pour faire la régularité?

   a) 2, 5, 8, 11   additionne _____   b) 3, 6, 9, 12   additionne _____

   c) 15, 17, 19, 21   additionne _____   d) 44, 46, 48, 50   additionne _____

   e) 41, 46, 51, 56   additionne _____   f) 19, 22, 25, 28   additionne _____

   g) 243, 245, 247, 249   additionne _____   h) 21, 27, 33, 39   additionne _____

   i) 15, 18, 21, 24   additionne _____   j) 41, 45, 49, 53   additionne _____

2. Pour chaque cas, quel nombre a été soustrait pour faire la régularité?

   a) 18, 16, 14, 12   soustrais _____   b) 35, 30, 25, 20   soustrais _____

   c) 100, 99, 98, 97   soustrais _____   d) 41, 38, 35, 32   soustrais _____

   e) 17, 14, 11, 8   soustrais _____   f) 99, 97, 95, 93   soustrais _____

   g) 180, 170, 160, 150   soustrais _____   h) 100, 95, 90, 85   soustrais _____

   i) 27, 25, 23, 21   soustrais _____   j) 90, 84, 78, 72   soustrais _____

3. Énonce la règle pour les régularités suivantes.

   a) 119, 112, 105, 98, 91 soustrais _____   b) 1, 9, 17, 25, 33, 41   additionne _____

   c) 101, 105, 109, 113 _____   d) 110, 99, 88, 77 _____

4. Trouve la règle pour la régularité suivante. Continue la régularité en remplissant les espaces vides.

   12, 17, 22, _____, _____, _____   La règle est : _____

5.   **5, 8, 11, 14, 17...**

   Keith dit que la règle est : « Commence à 5 et soustrait 3 à chaque fois. »
   Jane dit que la règle est : « Additionne 4 à chaque fois. »
   Molly dit que la règle est : « Commence à 5 et additionne 3 à chaque fois. »

   a) Qui a la bonne règle? _____

   b) Quelles erreurs ont fait les autres?_____

   _____

Les régularités et l'algèbre 1

Abdul fait une **régularité croissante** avec des blocs.

Il inscrit le nombre de blocs dans chaque figure dans un tableau en T. Il inscrit aussi le nombre de blocs qu'il ajoute chaque fois qu'il fait une nouvelle figure.

Figure 1   Figure 2   Figure 3

Figure	# de blocs
1	3
2	5
3	7

Nombre de blocs
ajoutés chaque fois

Le nombre de blocs dans les figures est 3, 5, 7, …

Abdul écrit une règle pour cette régularité numérique.

RÈGLE : Commence à 3 et additionne 2 à chaque fois.

----

1. Abdul fait d'autres régularités croissantes avec des blocs. Combien de blocs ajoute-t-il pour faire chaque nouvelle figure? Écris ta réponse dans les cercles. Écris ensuite une règle pour la régularité.

a)

Figure	Nombre de blocs
1	3
2	7
3	11

Règle :

b)

Figure	Nombre de blocs
1	2
2	6
3	10

Règle :

c)

Figure	Nombre de blocs
1	2
2	4
3	6

Règle :

d)

Figure	Nombre de blocs
1	1
2	6
3	11

Règle :

e)

Figure	Nombre de blocs
1	5
2	9
3	13

Règle :

f)

Figure	Nombre de blocs
1	12
2	18
3	24

Règle :

g)

Figure	Nombre de blocs
1	2
2	10
3	18

Règle :

h)

Figure	Nombre de blocs
1	3
2	6
3	9

Règle :

i)

Figure	Nombre de blocs
1	6
2	13
3	20

Règle :

BONUS

2. Prolonge la régularité numérique. Combien de blocs seraient utilisés dans la figure 6?

a)

Figure	Nombre de blocs
1	2
2	7
3	12

b)

Figure	Nombre de blocs
1	3
2	6
3	9

c)

Figure	Nombre de blocs
1	3
2	8
3	13

3. Amy fait une régularité croissante avec des blocs. Après avoir fait la figure 3, il ne lui reste que 14 blocs. A-t-elle assez de blocs pour compléter la figure 4?

a)

Figure	Nombre de blocs
1	3
2	7
3	11

OUI   NON

b)

Figure	Nombre de blocs
1	7
2	10
3	13

OUI   NON

c)

Figure	Nombre de blocs
1	1
2	5
3	9

OUI   NON

4. Dans ton cahier, fais un tableau pour montrer combien de carrés seraient utilisés pour faire la figure 5 dans chaque régularité.

a)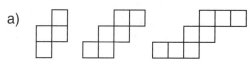

b)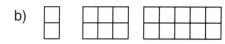

1. Compte le nombre de segments de ligne dans chaque figure.

   INDICE : En premier, compte les segments de ligne autour de l'extérieur des figures. Fais une marque sur les lignes quand tu les comptes.

Exemple :

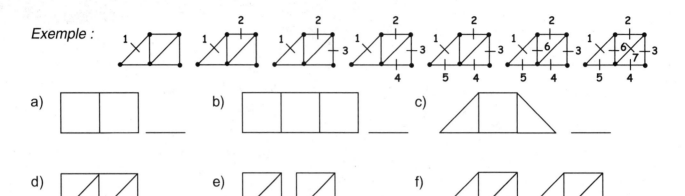

a) ____

b) ____

c) ____

d) ____

e) ____

f) ____

2. Continue la régularité suivante et complète le tableau.

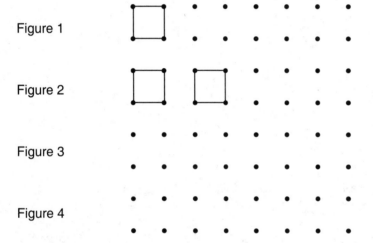

Figure 1

Figure 2

Figure 3

Figure 4

Figure	Nombre de segments de ligne
1	4
2	8
3	
4	

Combien de segments de ligne seraient utilisés pour la figure 5?

_____

3. Continue la régularité suivante et complète le tableau.

Figure 1

Figure 2

Figure 3

Figure 4

Figure	Nombre de segments de ligne
1	
2	
3	
4	

Combien de segments de ligne seraient utilisés pour la figure 5?

_____

4. Continue la régularité suivante et complète le tableau.

Figure 1

Figure 2

Figure 3

Figure 4

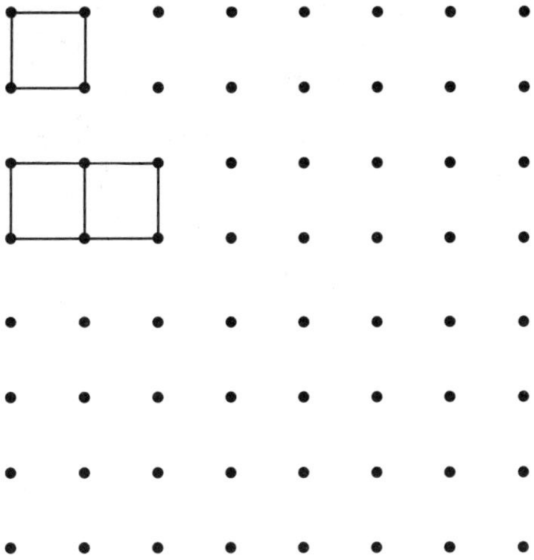

Figure	Nombre de segments de ligne
1	
2	
3	
4	

a) Combien de segments de ligne seraient utilisés pour la figure 5? _____

b) Combien de segments de ligne seraient utilisés pour la figure 6? _____

c) Combien de segments de ligne seraient utilisés pour la figure 7? _____

5. Continue la régularité suivante et complète le tableau.

Figure 1

Figure 2

Figure 3

Figure 4

Figure 5

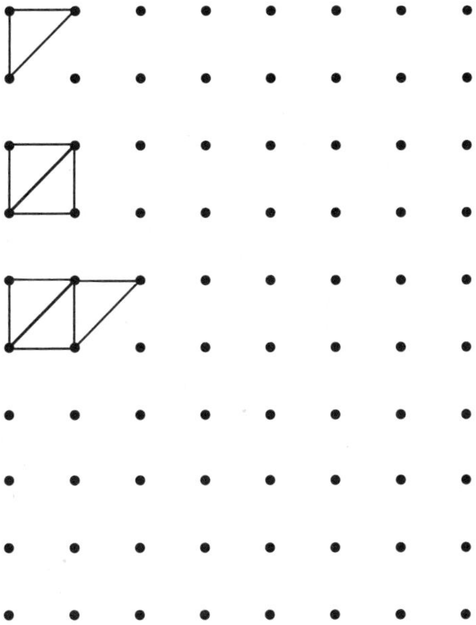

Figure	Nombre de segments de ligne
1	
2	
3	
4	
5	

a) Combien de segments de ligne seraient utilisés pour la figure 6? _____

b) Combien de segments de ligne seraient utilisés pour la figure 7? _____

c) Combien de segments de ligne seraient utilisés pour la figure 8? _____

6. Prolonge la régularité pour trouver combien de petits 5 animaux auraient.

a)
Renard arctique	Nombre de petits
1	5
2	10

b)
Marmotte	Nombre de petits
1	4
2	8

c)
Chevreuil	Nombre de petits
1	2
2	4

d)
Aigle-pêcheur	Nombre d'oeufs
1	3
2	6

7. Combien d'argent gagnerait Claude en 4 heures de travail?

a)
Heures de travail	Dollars gagnés par heure
1	9 $

b)
Heures de travail	Dollars gagnés par heure
1	10 $

c)
Heures de travail	Dollars gagnés par heure
1	8 $

8. Étape 1

Étape 2

Étape 3

Hexagones	Triangles

Pierre veut faire un dessin en utilisant des triangles et des hexagones. Il a 6 hexagones et 9 triangles.

A-t-il assez de triangles pour utiliser les 6 hexagones? _____

9. Hanna fait des décorations de Noël semblables au dessin ci-dessous. Elle a 5 trapézoïdes (partie coloriée).

Écris le nombre de triangles dont elle aura besoin.

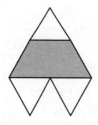

Trapézoïdes	Triangles

PA4-13 : Les régularités et le temps

Pour faire les exercices de cette page, tu devras savoir :

Les jours de la semaine : **lundi, mardi, mercredi, jeudi, vendredi, samedi, dimanche.**

Les mois de l'année : **janvier, février, mars, avril, mai, juin, juillet, août, septembre, octobre, novembre, décembre.**

---

1. Harry commence à travailler mardi matin.
   Il répare 4 bicyclettes chaque jour.

Jour	Nombre total de bicyclettes réparées
mardi	4

Combien de bicyclettes aura-t-il réparé entre mardi et vendredi soir?

2. Meryl a épargné 20 $ en juillet.
   Elle épargne 10 $ chaque mois suivant.

Mois	Montant d'argent épargné
juillet	20 $

Combien d'argent aura-t-elle épargné d'ici la fin d'octobre?

3. Au cours d'une tempête, il tombe 5 cm de neige avant 6 pm.
   Ensuite, il tombe 3 cm de neige par heure.

Heure	Quantité de neige
6 pm	5 cm

Combien y aura-t-il de neige à 9 pm?

4. Le petit érable d'Adria grandit de 3 cm en mai.
   Par la suite, il grandit de 6 cm par mois.

Mois	Hauteur de l'érable
mai	

Quelle grandeur aura l'érable à la fin du mois d'août?

5. Karen écrit 14 pages de son livre en février. Par la suite, elle écrit 8 pages par mois. Combien de pages aura-t-elle écrites à la fin du mois de juin?

6. Mario commence à travailler mercredi matin.
   Il plante 5 arbres chaque jour.
   Combien d'arbres aura-t-il planté entre mercredi matin et vendredi soir?

Les régularités et l'algèbre 1

7. Sandhu allume une chandelle à 6 pm. Elle mesure 30 cm de haut. À 7 pm, la chandelle mesure 27 cm de haut. À 8 pm, elle mesure 24 cm de haut.

a) La chandelle brûle de combien de cm par heure?

Écris tes réponses (avec un signe moins) dans les cercles.

b) La chandelle sera de quelle hauteur à 11 pm? _____

Heure	Hauteur de la chandelle
6 pm	30 cm
7 pm	27 cm
8 pm	24 cm
9 pm	
10 pm	

8. Abdullah a 35 $ dans son compte d'épargne à la fin du mois de mars.

Il dépense 7 $ chaque mois.

Mois	Épargnes
mars	35 $

Combien d'argent aura-t-il dans son compte à la fin du mois de juin?

9. Allishah a 38 $ dans son compte d'épargne à la fin du mois d'octobre.

Elle dépense 6 $ chaque mois.

Mois	Épargnes

Combien d'argent aura-t-elle dans son compte à la fin du mois de janvier?

10. Karen a 57 $ dans son compte d'épargne à la fin du mois de juin.

Elle dépense 6 $ chaque mois.

Mois	Épargnes

Combien d'argent aura-t-elle à la fin du mois de septembre?

11. Un aquarium contient 20 L d'eau à 5 pm.

L'aquarium perd 3 L d'eau chaque heure.

Heure	Montant d'eau

Combien d'eau restera-t-il dans l'aquarium à 8 pm?

Les régularités et l'algèbre 1

Réponds aux questions suivantes dans ton cahier.

1. La marina loue des canoës à 7 $ pour la première heure, et à 4 $ de l'heure par la suite. Combien cela coûterait-il de louer un canoë pendant 6 heures?

2. Une librairie a une vente spéciale : le premier livre que tu achètes te coûtera 10 $; par la suite, tu ne paieras que 5 $ pour chaque livre que tu achètes.

Claude a 25 $.

A-t-il assez d'argent pour acheter cinq livres?

3. Il y a 19 cm de neige à 3 pm.
Il tombe 5 cm de neige chaque heure.
Combien y aura-t-il de neige à 7 pm?

4. Jacob épargne 30 $ en juillet. Il épargne 4 $ chaque mois suivant.

Amanda épargne 22 $ en juillet. Elle épargne 6 $ chaque mois suivant.

Qui aura épargné le plus d'argent d'ici la fin du mois de janvier?

5. Dessine une image ou fait des modèles (avec des blocs ou des compteurs) pour illustrer les régularités suivantes.

a)

Figure	Nombre d'objets
1	4
2	6
3	8

b)

Figure	Nombre d'objets
1	3
2	6
3	9

c)

Figure	Nombre d'objets
1	4
2	7
3	10

6. Le petit érable d'Edith grandit de 5 cm en juillet.
Par la suite, il grandit de 7 cm par mois.
Le petit érable de Ron grandit de 7 cm en juillet.
Par la suite, il grandit de 3 cm par mois.
Quel érable sera le plus grand à la fin du mois de septembre?

7. La chandelle de Chloé mesure 28 cm de haut à 5 pm. Elle brûle de 4 cm par heure.

La chandelle de Dora mesure 21 cm de haut à 5 pm. Elle brûle de 3 cm par heure.

Quelle chandelle sera la plus haute à 10 pm?

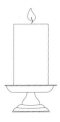

1. Écris la valeur de position du chiffre souligné.

SOUVIENS-TOI :

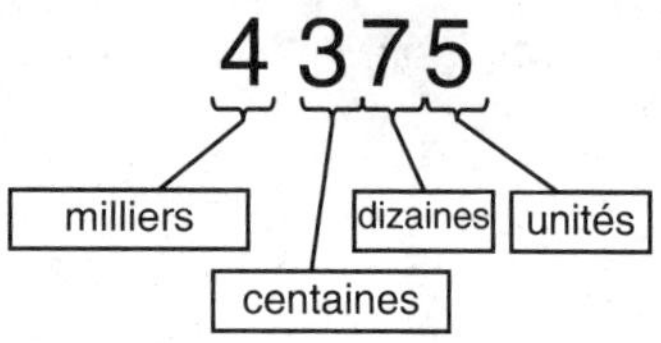

4 3 7 5

milliers dizaines unités
centaines

a) 35<u>6</u>4   dizaines   b) 1<u>3</u>36

c) 25<u>6</u>   d) <u>1</u>230

e) <u>3</u>859   f) 5<u>7</u>45   g) 2<u>3</u>8

h) 6<u>2</u>14   i) 8<u>7</u>   j) <u>9</u>430

2. Donne la valeur de position du chiffre 5 dans chacun des nombres ci-dessous.
   INDICE : En premier, souligne le 5 dans chaque question.

a) 5 640   b) 547   c) 451

d) 2 415   e) 1 257   f) 5 643

g) 1 563   h) 56   i) 205

3. Tu peux aussi écrire les nombres en utilisant un tableau de valeur de position.

   Exemple : Dans un tableau de valeur de position, 3 264 est :

milliers	centaines	dizaines	unités
3	2	6	4

Écris les nombres suivants dans le tableau de valeur de position.

	milliers	centaines	dizaines	unités
a) 5 231	5	2	3	1
b) 8 053				
c) 489				
d) 27				
e) 9 104				
f) 4 687				

jump math
MULTIPLYING POTENTIAL.

Logique numérale 1

NS4-2 : Valeur de position

Le nombre 2 836 est un **nombre à 4 chiffres**.

- Le **chiffre** 2 vaut 2 000 – la **valeur** du chiffre 2 est 2 000.
- Le **chiffre** 8 vaut 800 – la **valeur** du chiffre 8 est 800.
- Le **chiffre** 3 vaut 30 – la **valeur** du chiffre 3 est 30.
- Le **chiffre** 6 vaut 6 – la **valeur** du chiffre 6 est 6.

---

1. Écris la **valeur** de chaque chiffre.

a) 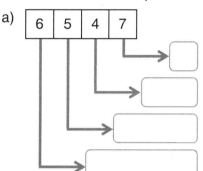 b) 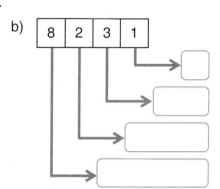 c)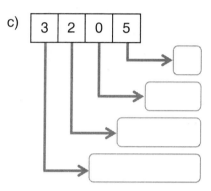

2. Que vaut le **chiffre** 3 dans chacun des nombres? Le premier a été fait pour toi.

a) 237

   30

b) 5 235

c) 6 382

d) 3 280

e) 4 305

f) 6 732

g) 3 092

h) 5 883

i) 3 852

j) 1 003

k) 1 300

l) 231

3. Remplis les espaces vides.

a) Dans le nombre 6 572, le <u>chiffre</u> 5 vaut _____ .

b) Dans le nombre 4 236, le <u>chiffre</u> 3 vaut _____ .

c) Dans le nombre 2 357, le <u>chiffre</u> 7 vaut _____ .

d) Dans le nombre 8 021, la <u>valeur</u> du chiffre 8 est _____ .

e) Dans le nombre 6 539, la <u>valeur</u> du chiffre 5 est _____ .

f) Dans le nombre 3 675, la <u>valeur</u> du chiffre 7 est _____ .

g) Dans le nombre 1 023, le chiffre _____ est dans la <u>place des dizaines</u>.

h) Dans le nombre 1 729, le chiffre _____ est dans la <u>place des centaines</u>.

i) Dans le nombre 7 253, le chiffre _____ est dans la <u>place des milliers</u>.

1. Écris les nombres pour les adjectifs numéraux.

   a) sept _____

   b) six _____

   c) huit _____

   d) vingt-trois _____

   e) trente-deux _____

   f) quatre-vingt-quinze_____

   g) deux cent soixante-dix _____

   h) quatre cent soixante-dix-sept _____

   i) neuf mille deux cent dix-sept _____

   j) cinq mille trois cent quatre-vingt et onze _____

Adjectifs numéraux pour la position des unités	
zéro	cinq
un	six
deux	sept
trois	huit
quatre	neuf

2. Écris les adjectifs numéraux pour les nombres.

   a) 1 _____

   b) 7 _____

   c) 9 _____

   d) 6 _____

   e) 2 _____

   f) 3 _____

   g) 21 _____

   h) 67 _____

   i) 43 _____

   j) 55 _____

   k) 90 _____

   l) 13 _____

Adjectifs numéraux pour la position des dizaines	
dix	soixante
vingt	soixante-dix
trente	quatre-vingts
quarante	quatre-vingt-dix
cinquante	

3. Écrire les nombres 100 à 9 999.

   Étape 1 : Souligne le chiffre le plus à gauche. Écris sa valeur.

   a) <u>4</u> 2 5 5　　<u>quatre mille</u>

   b) <u>2</u> 4 6　　<u>deux cents</u>

   c) 3 1 6 _____

   d) 7 8 2 6 _____

   e) 9 4 7 2 _____

   f) 6 7 5 2 _____

   Étape 2 : Cache le chiffre le plus à gauche. Écris l'adjectif numéral pour les chiffres qui restent.

   g) 4 4 2　　<u>quatre cent quarante-deux</u>

   h) 6 9 7　　<u>six cent</u>

   i) 3 6 6 2　　<u>trois mille</u>

Complète les adjectifs numéraux ci-dessous.

   j) 4 621 : quatre mille _____<u>six</u>_____ cent _____<u>vingt et un</u>_____

   k) 9 876 : neuf mille _____ cent _____

   l) 2 473 : deux mille _____

   m) 1 764 : mille _____

   n) 3 502 : trois mille _____

   o) 4 110 : _____

NS4-3 : Écrire des nombres *(suite)*

4. Écris les adjectifs numéraux pour les nombres suivants.

   a) 121 _____

   b) 672 _____

   c) 8 375 _____

   d) 6 211 _____

   e) 73 _____

   f) 9 999 _____

5. Écris les adjectifs numéraux pour les nombres fournis, dans l'espace indiqué.

a)

STOP

(4)

Arrêt à _____ sens

b)

Maison à vendre

(265)

_____

_____

Rue Broadway Street

Entrez pour plus de renseignements.

c)

Marque :

_____ points
(15)

d)

Venez voir la plus grande citrouille au monde!

_____ kg
(681)

e)

(6255)

_____ prix en tout!

NS4-4 : Représentation de matériaux de la base dix

1. Écris chaque nombre en forme décomposée (chiffres et mots), et ensuite comme nombre.

Exemple :

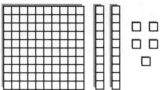

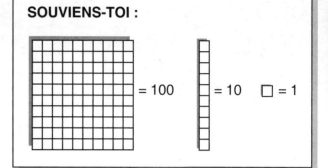

SOUVIENS-TOI :

= 100   = 10   □ = 1

_1_ centaine + _2_ dizaines + _5_ unités = | 125 |

a)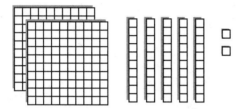

___centaines + ___dizaines + ___unités = [ ]

b)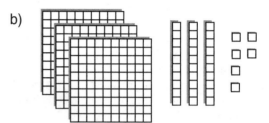

___centaines + ___dizaines + ___unités = [ ]

c)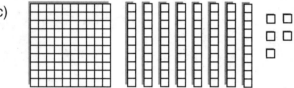

___centaine + ___dizaines + ___unités = [ ]

d)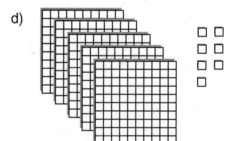

___ centaines + ___ dizaines + ___ unités = [ ]

2. En utilisant le papier quadrillé ci-dessous, dessine les nombres suivants à la base dix.

a) 123

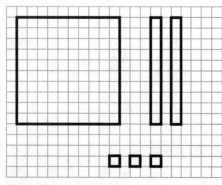

b) 132

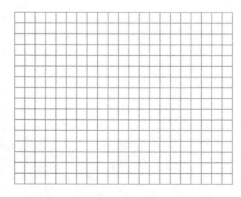

3. Dessine les modèles en base de dix pour :   a) 68   b) 350   c) 249

Logique numérale 1

4. Écris chaque nombre en forme décomposée (chiffres et mots), et ensuite comme nombre.

Exemple :

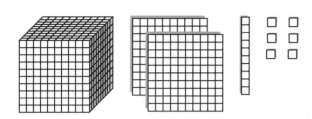

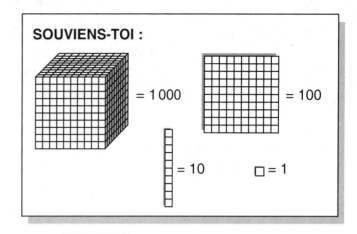

SOUVIENS-TOI :

= 1 000   = 100   = 10   = 1

__1__ millier + __2__ centaines + __1__ dizaine + __6__ unités = [1 216]

a)

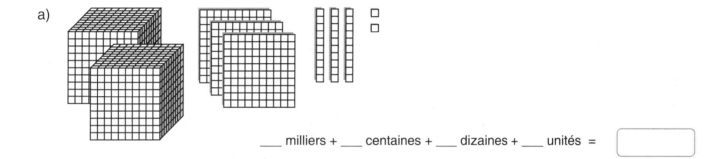

___ milliers + ___ centaines + ___ dizaines + ___ unités = [   ]

b)

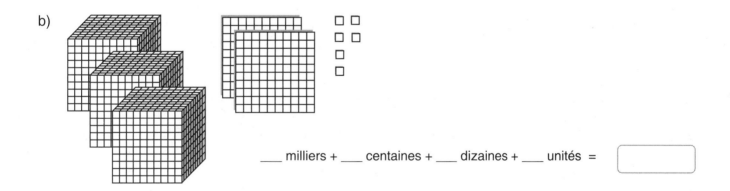

___ milliers + ___ centaines + ___ dizaines + ___ unités = [   ]

c)

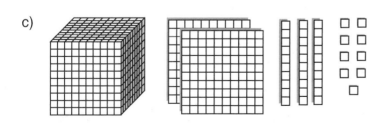

_____ = [   ]

Logique numérale 1

NS4-5 : Représentation en forme décomposée

Étapes pour tracer un cube des milliers :

Étape 1 :
Trace un carré.

Étape 2 :
*Trace des lignes
à partir de trois
sommets.*

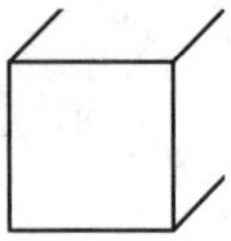

Étape 3 :
Relie les lignes.

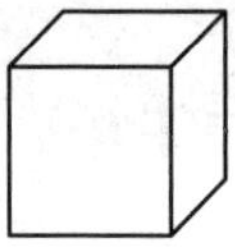

1. Utilise les blocs de base dix pour représenter les nombres dans le tableau de valeur de position. Le premier a été commencé pour toi.

	Nombre	Milliers	Centaines	Dizaines	Unités
a)	2 314	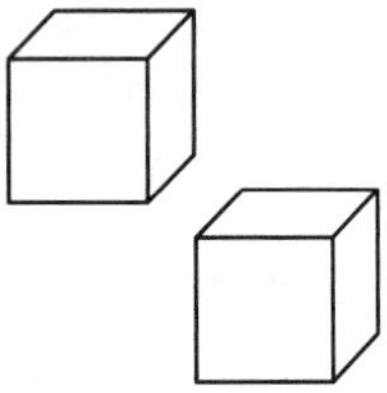	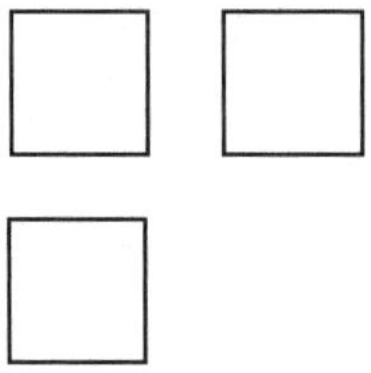		
b)	1 245				
c)	3 143				

2. Écris les nombres montrés par les blocs de base dix.

	Milliers	Centaines	Dizaines	Unités	Nombre
a)	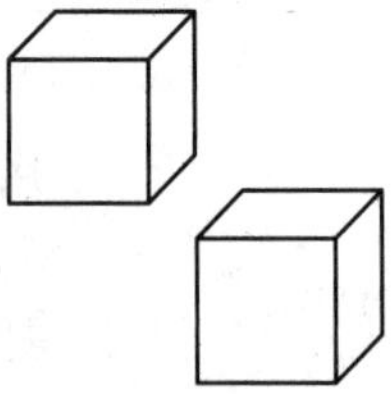	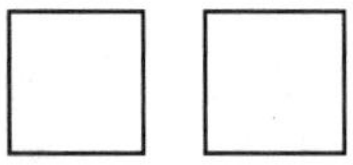	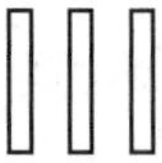	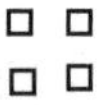	_____
b)	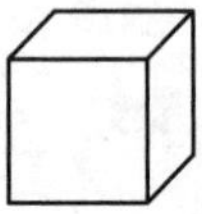	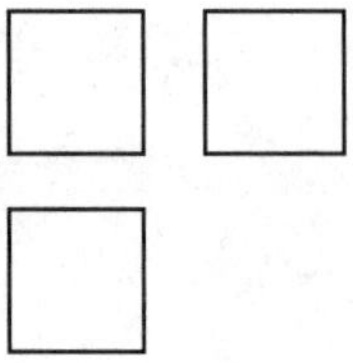	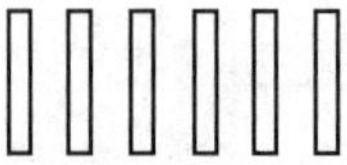		_____

3. Décompose les nombres suivants en <u>chiffres</u> et en <u>mots</u>. Le premier a été fait pour toi.

   a) 2427 = __2__ milliers + __4__ centaines + __2__ dizaines + __7__ unités

   b) 4569 = _____ milliers + _____ centaines + _____ dizaines + _____ unités

   c) 3875 = _____

   d) 7210 = _____

   e) 623 = _____

4. Décompose le nombre en utilisant des chiffres. Le premier a été fait pour toi.

   a) 2613 = $2\,000 + 600 + 10 + 3$ b) 27 =

   c) 48 =   d) 1232 =

   e) 6103 =   f) 3570 =

   g) 598 =   h) 2901 =

5. Écris le nombre pour chaque somme.

   a) $30 + 6 =$ b) $50 + 2 =$ c) $60 + 5 =$

   d) $400 + 60 + 8 =$ e) $500 + 20 + 3 =$ f) $3\,000 + 200 + 50 + 3 =$

   g) $5\,000 + 700 + 20 + 1 =$ h) $600 + 40 + 5 =$ i) $8\,000 + 900 + 70 + 2 =$

   BONUS
   j) $600 + 7 =$ k) $900 + 6 =$ l) $800 + 70 =$

   m) $5\,000 + 100 =$ n) $5\,000 + 20 =$ o) $6\,000 + 2 =$

   p) $8\,000 + 10 + 3 =$ q) $9\,000 + 4 =$ r) $4\,000 + 100 + 5 =$

   s) $6\,000 + 300 + 20 =$ t) $8\,000 + 200 =$ u) $3\,000 + 10 =$

6. Trouve le nombre qui manque.

a) 200 + 70 + _____ = 273

b) 300 + _____ + 6 = 386

c) 6 000 + 800 + _____ + 7 = 6 827

d) 1 000 + 400 + _____ + 5 = 1 475

e) 9 000 + _____ + 20 + 5 = 9 825

f) 5 000 + _____ + 60 + 3 = 5 263

BONUS

g) 7 000 + 200 + _____ = 7 202

h) 6 000 + 300 + _____ = 6 320

i) _____ + 300 = 7 300

j) 6 000 + _____ = 6 080

k) 9 000 + _____ + _____ = 9 260

l) 1 000 + _____ + _____ = 1 703

m) 7 000 + _____ + _____ = 7 021

n) 9 000 + _____ = 9 900

7. Écris chaque nombre en forme décomposée. Dessine ensuite le modèle en base de dix.

Exemple :   3213 = | 3 000 + 200 + 10 + 3 |

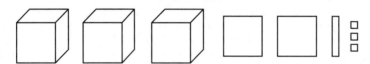

a) 2 317 = | _____ + _____ + _____ + _____ |

b) 1 446 = | _____ + _____ + _____ + _____ |

BONUS

8. Feliz a ...

- 1 000 timbres du Canada
- 200 timbres du Portugal
- 30 timbres de l'Espagne
- 9 timbres de l'Égypte

Combien de timbres a-t-il en tout? _____

Eugène fait un **modèle** du nombre 342 en utilisant des matériaux de base dix. Il écrit le nombre en **forme décomposée** en utilisant des **chiffres et des mots** et ensuite en **chiffres seulement**.

342 = 3 centaines + 4 dizaines + 2 unités *forme décomposée (chiffres et mots)*

342 = 300 + 40 + 2 *forme décomposée (chiffres seulement)*

----

1. Dessine un modèle. Écris le nombre en forme décomposée en utilisant des chiffres et des mots <u>et</u> des chiffres.

   a) 125

   125 = ___1 centaine + 2 dizaines + 5 unités_____

   125 = ___100 + 20 + 5_____

   b) 234

   234 = _____

   234 = _____

   c) 307

   307 = _____

   307 = _____

2. Écris les chiffres pour les adjectifs numéraux suivants.

   a) quarante et un
   b) vingt-neuf
   c) sept cent trente et un

   d) cent quatre-vingt-dix
   e) soixante-cinq
   f) cinq cent deux

   g) trois cent quarante-six
   h) mille six cent douze
   i) quatre mille sept

3. Écris les adjectifs numéraux pour les nombres suivants.

   a) 952   b) 3 000   c) 4 700   d) 6 040   e) 2 981   f) 5 862

4. Représente le nombre 275 avec un modèle, des adjectifs numéraux et en forme décomposée.

NS4-7 : Comparer des nombres

1. Écris le nombre dans la boîte. Écris les mots pour chaque nombre sur la ligne en dessous. Encercle ensuite le plus grand nombre de chaque paire.

a) (i)

(ii)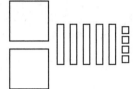

_____

_____

b) (i)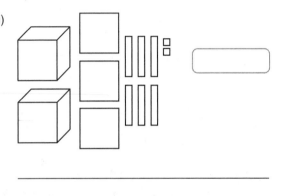

(ii)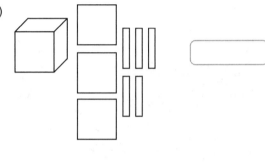

_____

_____

_____

_____

c) Explique comment tu savais quel nombre de la question 1 b) était plus grand.

_____

_____

2. Écris le nombre dans la boîte. Encercle ensuite le plus grand nombre de chaque paire.

   INDICE : S'il y a la même quantité de milliers, compte la quantité de centaines ou de dizaines.

a) (i)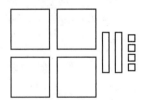

(ii)

b) (i)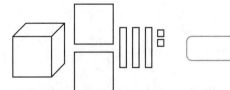

(ii)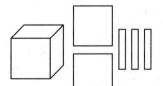

3. Dessine un modèle en base de dix pour les paires suivantes. Encercle le plus grand nombre.

   a) quatre cent seize   460   b) mille trois cents   1 007

NS4-8 : Comparer et mettre des nombres en ordre

1. Écris la **valeur** de chaque chiffre. Complète ensuite la phrase.

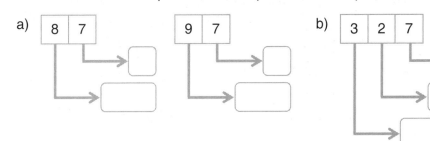

a)

| 8 | 7 |

| 9 | 7 |

b)

| 3 | 2 | 7 |

| 4 | 2 | 7 |

_____ est plus grand que _____   _____ est plus grand que _____

2. Encercle les deux chiffres qui sont différents dans chaque paire de nombres.
   Écris ensuite le plus grand nombre dans la boîte.

a) 2475
   2465

   [2 475]

b) 1360
   1260

   [ ]

c) 4852
   4858

   [ ]

d) 6325
   7325

   [ ]

e) 384
   584

   [ ]

f) 2906
   2904

   [ ]

g) 875
   865

   [ ]

h) 238
   231

   [ ]

3. Lis les nombres de gauche à droite.
   Encercle la première paire de chiffres qui sont différents.
   Écris ensuite le plus grand nombre dans la boîte.

a) 1583
   1597

   [1597]

b) 6293
   6542

   [ ]

c) 5769
   6034

   [ ]

d) 9432
   9431

   [ ]

4. Lis les nombres de gauche à droite.
   Souligne la première paire de chiffres qui sont différents.
   Encercle ensuite le plus grand nombre.

a) 2 3<u>4</u>2   (2 3<u>5</u>1)

b) 5 201   5 275

c) 6 327   6102

d) 7 851   7923

e) 5542   5540

f) 9234   8723

g) 3502   3501

h) 6728   7254

i) 2113   2145

5. Encercle le plus grand nombre.

    a) 2 175   ou   3 603   b) 4 221   ou   5 012   c) 6 726   ou   6 591

    d) 3 728   ou   3 729   e) 8 175   ou   8 123   f) 5 923   ou   6 000

    g) 387   ou   389   h) 418   ou   481   i) 2 980   ou   298

6. Écris < (plus petit que) ou > (plus grand que) dans la boîte, afin que l'expression soit vraie.

    a) 3 275 ☐ 4 325   b) 2 132 ☐ 2 131   c) 5 214 ☐ 5 216

    d) 528 ☐ 3 257   e) 7 171 ☐ 7 105   f) 287 ☐ 25

7. Encercle le plus grand nombre de chaque paire.

    a) 62 ou soixante-trois   b) cent quatre-vingt-huit ou 191   c) soixante-seize ou 71

    d) 3725 ou quatre mille trente   e) huit mille deux cent cinquante ou 8 350

    f) mille cent six ou 2 107   g) 6 375 ou six mille trois cent quatre-vingt-cinq

8. Place chaque nombre sur la droite numérique. Encercle ensuite le plus grand nombre.

    A. 5 800   **B.** 5 700   **C.** 5 200

    5 000 |————|————|————|————|————|————|————|————|————|————| 6 000

9. Place des chiffres dans les boîtes pour rendre l'expression mathématique vraie.

    a) ☐ ☐ 7 < 3 ☐ 2   b) ☐ 2 ☐ > 5 ☐ 9

10. Si tu places des chiffres (n'utilise pas zéro) dans les boîtes ci-dessous, quel nombre sera plus grand?
Explique.

    ☐ 4 7   or   ☐ ☐ 2 3

11. Combien y a-t-il de nombres entiers entre 5 900 et 6 000 qui sont plus grands que 5 900 et plus petits que 6 000?

12. Montréal est à 539 km de Toronto.
Ottawa est à 399 km.
Quelle ville est la plus loin de Toronto?

NS4-9 : Différences de 10, 100 et de 1000

1. Écris « 10 de plus » ou « 10 de moins » dans les espaces vides.

   a) 90 est _____ que 80

   b) 30 est _____ que 40

   c) 10 est _____ que 20

   d) 100 est _____ que 90

2. Écris « 100 de plus » ou « 100 de moins » dans les espaces vides.

   a) 600 est _____ que 500

   b) 700 est _____ que 800

   c) 700 est _____ que 600

   d) 800 est _____ que 900

3. Écris « 1 000 de plus » ou « 1 000 de moins » dans les espaces vides.

   a) 7 000 est _____ que 6 000

   b) 1 000 est _____ que 2 000

4. Écris la valeur de chaque chiffre. Dis ensuite combien « de plus » ou « de moins » est le premier par rapport au deuxième.

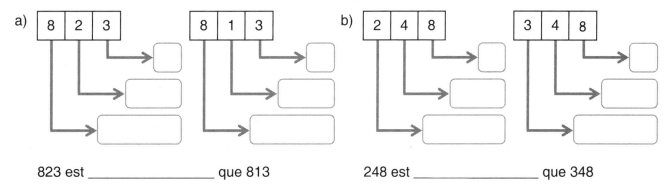

   a)

   823 est _____ que 813

   b)

   248 est _____ que 348

5. Encercle la paire de chiffres qui sont différents. Complète ensuite les espaces vides.

   a) 2652
       2752

   2652 est ___100 de moins___
   que 2752

   b) 1382
       1482

   1382 est _____
   que 1482

   c) 6830
       7830

   6830 est _____
   que 7830

   d) 3621
       2621

   3621 est _____
   que 2621

   e) 8405
       8415

   8405 est _____
   que 8415

   f) 5871
       5872

   5871 est _____
   que 5872

Logique numérale 1

NS4-10 : Différences de 10, 100 et de 1000 (avancé)

1. Remplis les espaces vides.

   a) _____ est 10 de plus que 287

   b) _____ es 10 de moins que 363

   c) _____ est 10 de moins que 1 982

   d) _____ est 10 de plus que 3 603

   e) _____ est 100 de plus que 592

   f) _____ est 100 de moins que 4 135

   g) _____ est 100 de plus que 6 821

   h) _____ est 100 de moins que 3 295

   i) _____ est 1 000 de moins que 8 305

   j) _____ est 1 000 de plus que 4 253

2. Remplis les espaces vides.

   a) 743 + 10 = _____

   b) 2 382 + 10 = _____

   c) 9 035 + 10 = _____

   d) 1 270 + 100 = _____

   e) 1 952 + 100 = _____

   f) 8 321 + 1 000 = _____

   g) 357 – 10 = _____

   h) 683 – 10 = _____

   i) 932 – 100 = _____

   j) 2 487 – 100 = _____

   k) 1 901 – 100 = _____

   l) 5 316 – 1 000 = _____

3. Remplis les espaces vides.

   a) 485 + _____ = 495

   b) 503 + _____ = 603

   c) 1 483 + _____ = 1 493

   d) 2 617 + _____ = 2 717

   e) 3 210 – _____ = 2 210

   f) 6 287 – _____ = 6 187

   g) 287 – _____ = 187

   h) 325 – _____ = 315

   i) 4 392 – _____ = 4 292

   j) 7 001 – _____ = 6 001

   k) 2 301 – _____ = 2 201

   l) 8 027 + _____ = 8 127

4. Remplis les espaces vides.

   a) 93 + 10 = _____

   b) 295 + 10 = _____

   c) 394 + 10 = _____

   d) 2 492 + 10 = _____

   e) 5 395 + 10 = _____

   f) 8 096 + 10 = _____

   g) 3 972 + 100 = _____

   h) 4 923 + 100 = _____

   i) 6 902 + 100 = _____

   j) 892 + _____ = 902

   k) 597 + _____ = 607

   l) 7 922 + _____ = 8 022

   m) 301 – 10 = _____

   n) 2 507 – 10 = _____

   o) 9 397 + 10 = _____

BONUS

5. Continue la régularité numérale.

   a) 508, 518, 528, _____, _____

   b) 6 532, 6 542, 6 552, _____, _____

   c) 1 482, 1 492, _____, 1 512, _____

   d) 8 363, _____, _____, 8 393, 8 403

Logique numérale 1

1. Compte par 10 pour continuer la régularité.

   a) 30, 40, 50, _____, _____, _____
   b) 10, 20, 30, _____, _____, _____

   c) 50, 60, 70, _____, _____, _____
   d) 23, 33, 43, _____, _____

   e) 27, 37, 47, _____, _____, _____
   f) 15, 25, 35, _____, _____, _____

   g) 49, 59, 69, _____, _____, _____
   h) 1, 11, 21, _____, _____

   i) 100, 110, 120, _____, _____, _____
   j) 160, 170, 180, _____, _____, _____

2. Compte par 100 pour continuer la régularité.

   a) 100, 200, 300, _____, _____, _____
   b) 600, 700, 800, _____, _____, _____

   c) 300, 400, 500, _____, _____, _____
   d) 1 000, 1 100, 1 200, _____, _____, _____

3. Il y a 100 billes dans un sac. Combien de billes y aurait-il dans …

   a) 2 sacs? _____
   b) 4 sacs? _____
   c) 5 sacs? _____

4. Compte par 100 pour compléter la régularité. La première a été faite pour toi.

   a) 101, 201, 301, __401__, __501__
   b) 110, 210, 310, _____, _____

   c) 227, 327, 427, _____, _____, _____
   d) 399, 499, 599, _____, _____, _____

   e) 45, 145, 245, _____, _____, _____
   f) 525, 625, 725, _____, _____, _____

5. Compte par 1 000 pour continuer la régularité.

   a) 1 000, 2 000, _____, _____, _____
   b) 6 000, 7 000, _____, _____, _____

6. Il y a 1 000 clous dans un sac. Combien de clous y aurait-il dans …

   a) 3 sacs? _____
   b) 4 sacs? _____
   c) 5 sacs? _____

7. Compte par 100 en ordre décroissant.

   a) 700, 600, 500, _____, _____, _____
   b) 1 000, 900, 800, _____, _____, _____

   c) 2 200, 2 100, _____, _____, _____
   d) 5 100, 5 000, _____, _____, _____

8. Compte par 1 000 en ordre décroissant.

   a) 9 000, 8 000, 7 000, _____, _____
   b) 5 000, 4 000, _____, _____, _____

1. Crée le plus grand nombre possible à <u>3 chiffres</u> en te servant des chiffres donnés (n'utilise chaque chiffre qu'une seule fois).

   a) 4, 3, 2 [   ]   b) 7, 8, 9 [   ]   c) 0, 4, 1 [   ]

   BONUS
   Maintenant crée le plus grand nombre à <u>4 chiffres</u>.

   d) 5, 1, 2, 8 [   ]   e) 4, 9, 1, 5 [   ]   f) 6, 1, 5, 4 [   ]

2. Utilise les chiffres pour créer le plus grand nombre, le plus petit nombre, et un nombre entre les deux (n'utilise chaque chiffre qu'une seule fois dans chaque nombre).

	Chiffres	Plus grand nombre	Nombre entre les deux	Plus petit nombre
a)	5 7 2 1			
b)	4 9 8 6			
c)	2 7 7 5			

3. Mets les nombres en ordre croissant en commençant avec le <u>plus petit</u> nombre.

   a) 175, 162, 187   b) 7 251, 7 385, 7 256

   _____ , _____ , _____   _____ , _____ , _____

   c) 3 950, 3 850, 3 270   d) 9 432, 9 484, 9 402

   _____ , _____ , _____   _____ , _____ , _____

   e) 2 023, 2 027, 2 100   f) 4 201, 4 110, 4 325

   _____ , _____ , _____   _____ , _____ , _____

4. Fais une liste de tous les nombres à 3 chiffres que tu peux faire en utilisant les chiffres donnés. Encercle ensuite le plus grand nombre.
   NOTE : N'utilise chaque chiffre qu'une seule fois.

   a) 3, 4 et 5   b) 6, 1 et 7

Carl a 5 blocs de dizaines et 17 blocs d'unités. Il regroupe 10 blocs d'unités en 1 bloc de dizaines.

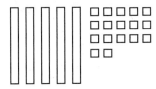   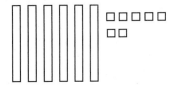

5 dizaines + 17 unités   =   6 dizaines + 7 unités

----

1. Regroupe chaque groupe de 10 unités en un bloc de dizaines.

a)
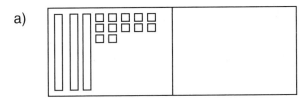

__ dizaines + __ unités = __ dizaines + __ unités

b)
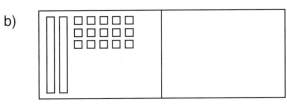

__ dizaines + __ unités = __ dizaines + __ unités

c)
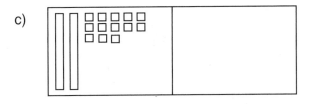

__ dizaines + __ unités = __ dizaines + __ unités

d)
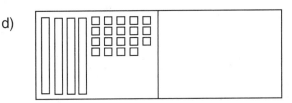

__ dizaines + __ unités = __ dizaines + __ unités

2. Complète les tableaux en regroupant autant d'unités en dizaines que tu peux. Le premier a été fait pour toi.   **SOUVIENS-TOI : 10 unités = 1 dizaine, 20 unités = 2 dizaines, 30 unités = 3 dizaines, et ainsi de suite.**

a)

dizaines	unités
6	(2)5
6 +(2)= 8	5

= 85

b)

dizaines	unités
8	32

=

c)

dizaines	unités
5	31

=

d)

dizaines	unités
7	17

=

e)

dizaines	unités
6	29

=

f)

dizaines	unités
1	52

=

3. Regroupe les unités en dizaines.

a) 23 unités = __ dizaines + __ unités

b) 56 unités = __ dizaines + __ unités

c) 86 unités = __ dizaines + __ unités

d) 58 unités = __ dizaines + __ unités

e) 18 unités = __ dizaines + __ unités

f) 72 unités = __ dizaines + __ unités

g) 80 unités = __ dizaines + __ unités

h) 7 unités = __ dizaines + __ unités

i) 98 unités = __ dizaines + __ unités

Mehmet a 2 blocs de centaines, 15 blocs de dizaines et 6 blocs d'unités. Il regroupe 10 blocs de dizaines en un bloc de centaines.

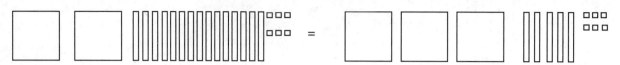

2 centaines + 15 dizaines + 6 unités   3 centaines + 5 dizaines + 6 unités

---

4. Complète les tableaux en regroupant 10 dizaines en 1 centaine.

    ENSEIGNANT : Pour au moins une des questions ci-dessous, demandez aux élèves de dessiner un modèle en utilisant des matériaux de base de dix pour montrer comment ils ont fait l'échange.

a)

centaines	dizaines
5	11
5 + 1 = 6	1

b)

centaines	dizaines
2	15

c)

centaines	dizaines
6	17

d)

centaines	dizaines
6	12

e)

centaines	dizaines
2	17

f)

centaines	dizaines
5	10

5. Regroupe autant de dizaines en centaines que tu peux.

    SOUVIENS-TOI : 10 dizaines = 1 centaine, 20 dizaines = 2 centaines, 30 dizaines = 3 centaines, et ainsi de suite.

    a) 3 centaines + 13 dizaines + 4 unités = _____ centaines + _____ dizaines + _____ unités

    b) 5 centaines + 21 dizaines + 1 unité = _____ centaines + _____ dizaines + _____ unité

    c) 3 centaines + 10 dizaines + 5 unités = _____

    d) 1 centaine + 34 dizaines + 7 unités = _____

6. Regroupe les dizaines en centaines ou les unités en dizaines. Le premier a été fait pour toi.

    a) 4 centaines + 2 dizaines + 19 unités = _4 centaines + 3 dizaines + 9 unités_____

    b) 7 centaines + 25 dizaines + 2 unités = _____

    c) 2 centaines + 43 dizaines + 6 unités = _____

    d) 7 centaines + 1 dizaine + 61 unités = _____

    e) 0 centaines + 26 dizaines + 3 unités = _____

Logique numérale 1

Maya a 1 bloc de milliers, 11 blocs de centaines, 1 bloc de dizaines et 2 blocs d'unités.
Elle regroupe 10 blocs de centaines en un bloc de milliers.

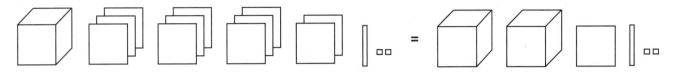

1 millier + 11 centaines + 1 dizaine + 2 unités   2 milliers + 1 centaine + 1 dizaine + 2 unités

----

7. Complète les tableaux en regroupant 10 centaines en 1 millier.

   ENSEIGNANT : Pour au moins une des questions ci-dessous, demandez aux élèves de dessiner un modèle en utilisant des matériaux de base de dix pour montrer comment ils ont fait l'échange.

a)

milliers	centaines
3	12
3 + 1 = 4	2

b)

milliers	centaines
4	13

c)

milliers	centaines
7	14

8. Regroupe les centaines en milliers, les dizaines en centaines, les unités en dizaines (le premier est fait).

   a) 5 milliers + 12 centaines + 3 dizaines + 1 unité = __6__ milliers + __2__ centaines + __3__ dizaines + __1__ unité

   b) 3 milliers + 15 centaines + 1 dizaine + 6 unités = ____ milliers + ____ centaines + ____ dizaines + ____ unités

   c) 3 milliers + 26 centaines + 5 dizaines + 1 unité = ____ milliers + ____ centaines + ____ dizaines + ____ unité

   d) 6 milliers + 14 centaines + 6 dizaines + 5 unités = _____

   _____

   e) 2 milliers + 18 centaines + 0 dizaines + 7 unités = _____

   _____

   f) 6 milliers + 6 centaines + 23 dizaines + 5 unités = _____

   _____

9. Roger veut créer un modèle représentant le nombre trois mille deux cent douze.

   Il a 3 blocs de milliers, 1 bloc de centaines et 24 blocs d'unités.

   Peut-il créer le modèle?

   Utilise des diagrammes et des nombres pour expliquer ta réponse.

NS4-14 : Additionner des nombres à deux chiffres

1. Trouve la <u>somme</u> des nombres ci-dessous en dessinant une image et en additionnant les chiffres. Il n'est pas nécessaire de dessiner le modèle avec trop de détails.

a) **15 + 43**

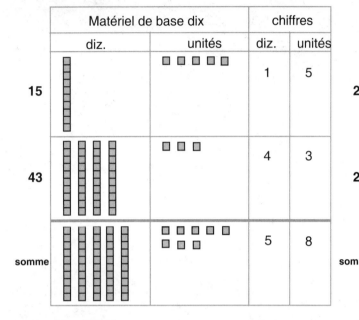

	Matériel de base dix		chiffres	
	diz.	unités	diz.	unités
15			1	5
43			4	3
somme			5	8

b) **25 + 22**

	Matériel de base dix		chiffres	
	diz.	unités	diz.	unités
25				
22				
somme				

c) **31 + 27**

	Matériel de base dix		chiffres	
	diz.	unités	diz.	unités
31				
27				
somme				

d) **13 + 24**

	Matériel de base dix		chiffres	
	diz.	unités	diz.	unités
13				
24				
somme				

2. Additionne les nombres en additionnant les chiffres.

a)
$$\begin{array}{r} 3\ 4 \\ +\ 4\ 3 \\ \hline \end{array}$$

b)
$$\begin{array}{r} 7\ 7 \\ +\ 1\ 2 \\ \hline \end{array}$$

c)
$$\begin{array}{r} 5\ 4 \\ +\ 3\ 5 \\ \hline \end{array}$$

d)
$$\begin{array}{r} 1\ 0 \\ +\ 4\ 9 \\ \hline \end{array}$$

e)
$$\begin{array}{r} 1\ 6 \\ +\ 2\ 3 \\ \hline \end{array}$$

f)
$$\begin{array}{r} 1\ 6 \\ +\ 2\ 1 \\ \hline \end{array}$$

g)
$$\begin{array}{r} 5\ 2 \\ +\ 2\ 4 \\ \hline \end{array}$$

h)
$$\begin{array}{r} 8\ 1 \\ +\ 1\ 1 \\ \hline \end{array}$$

i)
$$\begin{array}{r} 4\ 3 \\ +\ 3\ 1 \\ \hline \end{array}$$

j)
$$\begin{array}{r} 7\ 5 \\ +\ 1\ 4 \\ \hline \end{array}$$

Logique numérale 1

NS4-15 : Additionner en regroupant (ou avec report)

1. Additionne les nombres ci-dessous en dessinant une image et en additionnant les chiffres. Utilise le matériel de base dix pour montrer comment combiner les nombres et comment regrouper.

a) **16 + 25**

	Matériel de base de dix		chiffres	
	diz.	unités	diz.	unités
16			1	6
25			2	5
somme		*échange 10 unités pour 1 dizaine*	3	11
	après avoir regroupé		4	1

b) **25 + 37**

	Matériel de base de dix		chiffres	
	diz.	unités	diz.	unités
25				
37				
somme				

c) **29 + 36**

	Matériel de base dix		chiffres	
	diz.	unités	diz.	unités
29				
36				
somme				

d) **17 + 35**

	Matériel de base dix		chiffres	
	diz.	unités	diz.	unités
17				
35				
somme				

2. Additionne les nombres en regroupant.

Étape 1 : *Regroupe 10 unités en 1 dizaine.*

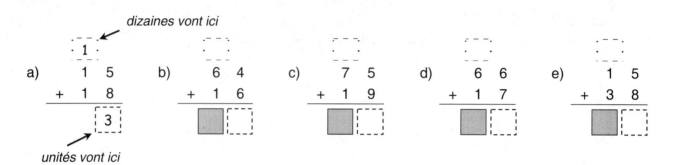

dizaines vont ici

a)
```
    1
   1 5
 + 1 8
 ───────
     3
```

unités vont ici

b)
```
   6 4
 + 1 6
```

c)
```
   7 5
 + 1 9
```

d)
```
   6 6
 + 1 7
```

e)
```
   1 5
 + 3 8
```

f)
```
    1
   1 3
 + 1 9
```

g)
```
   2 4
 + 3 8
```

h)
```
   5 4
 + 1 8
```

i)
```
   2 7
 + 6 9
```

j)
```
   4 6
 + 4 8
```

Étape 2 : *Additionne les nombres dans la colonne des dizaines.*

k)
```
    1
   1 2
 + 1 8
 ───────
   3 0
```

l)
```
    1
   1 3
 + 1 7
 ───────
     0
```

m)
```
    1
   1 5
 + 2 8
 ───────
     3
```

n)
```
    1
   2 6
 + 2 6
 ───────
     2
```

o)
```
    1
   3 8
 + 2 7
 ───────
     5
```

3. Additionne les nombres en regroupant. Le premier a été fait pour toi.

a)
```
    1
   3 6
 + 1 8
 ───────
   5 4
```

b)
```
   3 7
 + 1 8
```

c)
```
   5 9
 + 1 8
```

d)
```
   3 7
 + 4 3
```

e)
```
   5 7
 + 2 6
```

f)
```
   6 3
 + 2 9
```

g)
```
   5 8
 + 4 7
```

h)
```
   1 8
 + 7 7
```

i)
```
   5 9
 + 1 3
```

j)
```
   7 5
 + 1 6
```

NS4-16 : Additionner avec de l'argent

1. Réécris chaque montant d'argent avec des pièces de dix cents et des pièce de un cent.

   a) 51 ¢ = __5__ dix cents _+ 1_ cent   b) 23 ¢ = _____ dix cents _+___ cents

   c) 67 ¢ = _____ dix cents _+___ cents   d) 92 ¢ = _____ dix cents _+___ cents

   e) 84 ¢ = _____ dix cents _+___ cents   f) 70 ¢ = _____ dix cents _+___ cents

   g) 2 ¢ = _____ dix cents _+___ cents   h) 5 ¢ = _____ dix cents _+___ cents

2. Montre comment regrouper 10 pièces de un cent en 1 pièce de dix cents.

a)

dix cents	cents
2	12
3	2

après avoir regroupé

b)

dix cents	cents
5	13

c)

dix cents	cents
7	17

d)

dix cents	cents
4	18

3. Trouve le montant total de pièces de dix cents et de pièces de un cent. Regroupe ensuite.

a)

dix cents	cents
3	5
2	6
5	11
6	1

total après avoir regroupé

b)

dix cents	cents
2	6
3	6

c)

dix cents	cents
5	2
2	9

d)

dix cents	cents
3	3
4	9

4. Additionne en regroupant 10 pièces de un cent en une pièce de dix cents.

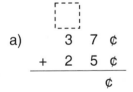 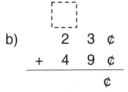 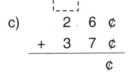 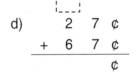 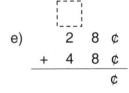

a)
```
    3 7 ¢
  + 2 5 ¢
  _____
        ¢
```
b)
```
    2 3 ¢
  + 4 9 ¢
  _____
        ¢
```
c)
```
    2 6 ¢
  + 3 7 ¢
  _____
        ¢
```
d)
```
    2 7 ¢
  + 6 7 ¢
  _____
        ¢
```
e)
```
    2 8 ¢
  + 4 8 ¢
  _____
        ¢
```

5. Additionne en alignant, dans le tableau, les pièces de dix cents et les pièces de un cent.

   a) 15 ¢ + 17 ¢   b) 23 ¢ + 27 ¢   c) 48 ¢ + 59 ¢   d) 26 ¢ + 34 ¢   e) 27 ¢ + 85 ¢

	1	5	¢														
+	1	7	¢														

Logique numérale 1

Dalha additionne 152 + 273 en utilisant du matériel de base dix.

152 = 1 centaine + 5 dizaines + 2 unités

+ 273 = 2 centaines + 7 dizaines + 3 unités

= 3 centaines + 12 dizaines + 5 unités

Alors, pour obtenir la réponse finale, Dalha regroupe 10 dizaines en 1 centaine.

= 4 centaines + 2 dizaines + 5 unités

- -

1. Additionne les nombres en utilisant le matériel de base dix ou une image (inscris ton travail ci-dessous).

   a) **353** _____ centaines + _____ dizaines + _____ unités

   + 164 + _____ centaines + _____ dizaines + _____ unités

   = _____ centaines + _____ dizaines + _____ unités

   après avoir regroupé = _____ centaines + _____ dizaines + _____ unités

   b) **462** _____ centaines + _____ dizaines + _____ unités

   + 375 + _____ centaines + _____ dizaines + _____ unités

   = _____ centaines + _____ dizaines + _____ unités

   après avoir regroupé = _____ centaines + _____ dizaines + _____ unités

2. Additionne. Tu vas devoir regrouper. On a commencé le premier pour toi.

   a) [1] 5 2 6   b) 6 4 5   c) 3 7 4   d) 4 8 2   e) 2 8 4
       + 2 9 3   + 1 8 3   + 4 6 2   + 4 7 7   + 5 9 5
       _____   _____   _____   _____   _____
            1 9

3. Additionne. Tu vas devoir regrouper les unités en dizaines.

   a) 3 2 8   b) 2 4 7   c) 9 1 5   d) 3 4 6   e) 2 1 8
       +   1 4   + 5 1 6   +   4 5   + 2 0 5   + 3 4 8
       _____   _____   _____   _____   _____

4. Additionne, en regroupant si nécessaire.

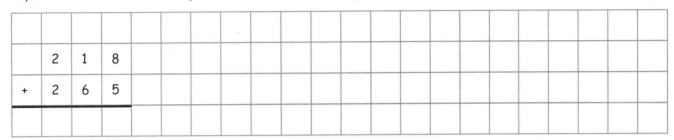

a)		5	6	4	b)		2	4	8	c)		5	2	6	d)		1	6	4	e)		4	4	4	f)		8	5	6
	+	1	5	3		+	4	2	4		+	3	4	8		+	6	7	2		+	2	0	9		+	1	3	4

5. Additionne en alignant les nombres correctement dans le tableau. On a commencé le premier pour toi.

    a) 218 + 265   b) 272 + 213   c) 643 + 718   d) 937 + 25

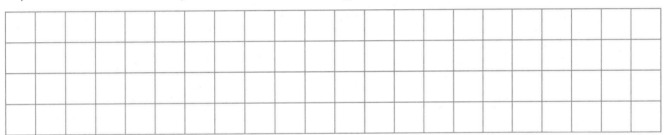

    e) 146 + 273   f) 816 + 925   g) 369 + 119   h) 847 + 910

    i) 387 + 203   j) 822 + 978   k) 27 + 132   l) 586 + 9

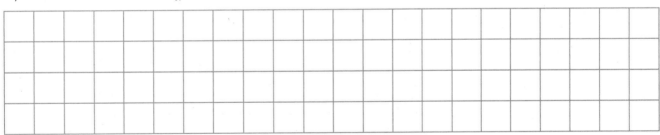

BONUS

6. Utilise la régularité dans a), b) et c) pour trouver les sommes pour d) et e) sans additionner.

a)			9	b)			9	9	c)		9	9	9		d)		9	9	9	9	e)		9	9	9	9	9
	+		9		+		9	9		+	9	9	9			+	9	9	9	9		+	9	9	9	9	9

7. Comment penses-tu que tu pourrais additionner les nombres suivants?

    a) 22 + 36 + 21   b) 324 + 112 + 422   c) 131 + 204 + 351

Amber additionne 1 852 + 2 321 en utilisant du matériel de base dix.

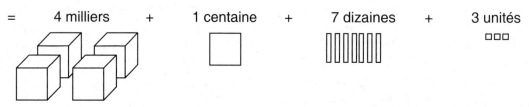

1 852 = 1 millier + 8 centaines + 5 dizaines + 2 unités

+ 2 321 = 2 milliers + 3 centaines + 2 dizaines + 1 unité

= 3 milliers + 11 centaines + 7 dizaines + 3 unités

Alors, pour obtenir la réponse finale, Amber regroupe 10 centaines en 1 millier.

= 4 milliers + 1 centaine + 7 dizaines + 3 unités

----

1. Additionne les nombres en utilisant le matériel de base dix ou une image (inscris ton travail ci-dessous).

a) **2 543** _____ milliers + _____ centaines + _____ dizaines + _____ unités

+ 3 621 + _____ milliers + _____ centaines + _____ dizaines + _____ unités

_____ milliers + _____ centaines + _____ dizaines + _____ unités

après avoir regroupé _____ milliers + _____ centaines + _____ dizaines + _____ unités

b) **3 824** _____ milliers + _____ centaines + _____ dizaines + _____ unités

+ 1 654 + _____ milliers + _____ centaines + _____ dizaines + _____ unités

_____ milliers + _____ centaines + _____ dizaines + _____ unités

après avoir regroupé _____ milliers + _____ centaines + _____ dizaines + _____ unités

2. Additionne. (Tu vas devoir regrouper.) On a commencé le premier pour toi.

a)
```
   1
   5 2 6 5
 + 2 9 1 2
   1 7 7
```

b)
```
   6 4 5 4
 + 1 8 3 3
```

c)
```
   3 7 4 7
 + 2 6 2 1
```

d)
```
   1 8 2 1
 + 2 7 7 2
```

e)
```
   1 8 2 4
 + 5 7 7 3
```

NS4-18 : Additionner des nombres à quatre chiffres *(suite)*

3. Additionne. Tu devras reporter à la colonne des centaines.

a) 3 4 8 3
  + 1 3 3 4

b) 2 5 6 9
  + 1 2 6 0

c) 5 4 8 6
  + 1 1 3 1

d) 8 3 6 4
  + 1 4 7 2

e) 1 2 9 4
  + 5 0 9 3

4. Additionne. Tu devras reporter à la colonne des dizaines.

a) 2 4 3 6
  + 1 1 2 5

b) 8 1 2 7
  + 1 7 4 3

c) 7 5 8 8
  + 2 1 0 8

d) 5 4 2 5
  + 2 3 4 7

e) 6 2 5 4
  + 2 6 3 9

5. Additionne (tu devras peut-être reporter).

a) 2 3 5 4
  + 2 8 3 1

b) 4 6 8 3
  + 1 7 4 2

c) 3 8 3 1
  + 4 8 3 3

d) 6 5 2 5
  + 1 5 3 3

e) 3 8 4 4
  + 2 7 2 3

f) 3 5 4 6
  + 4 8 2 2

g) 7 6 2 4
  + 1 6 0 1

h) 5 6 4 0
  + 3 7 1 2

i) 2 9 2 5
  + 1 7 5 1

j) 3 2 4 5
  + 3 4 3 1

6. Additionne en alignant les nombres correctement dans le tableau. Pour certaines réponses, tu devras peut-être reporter deux fois.

a) 4 534 + 2 542   b) 6 754 + 1 360   c) 3 214 + 4 852   d) 2 509 + 621

7. Comment penses-tu que tu pourrais additionner les nombres suivants?

a) 2 5 3 7 2
  + 6 0 5 2 1

b) 5 3 8 2 7
  + 2 4 1 1 3

c) 3 8 7 6 9 1
  + 1 3 4 1 2 0

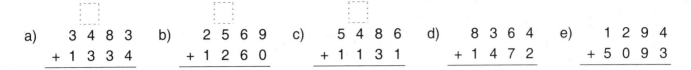

jump math
MULTIPLYING POTENTIAL

Logique numérale 1

NS4-19 : Soustraire des nombres

Bradley soustrait 48 – 32 en faisant un modèle de 48.
Il enlève 3 dizaines et 2 unités (parce que 32 = 3 dizaines + 2 unités).

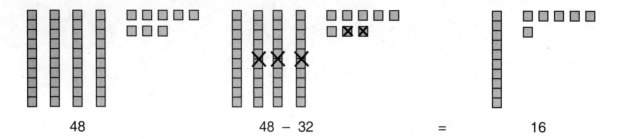

48   48 – 32   =   16

----

1. Fais les soustractions, marquant d'un X les blocs de dizaines et d'unités. Dessine ta réponse finale dans la boîte de droite.

a)

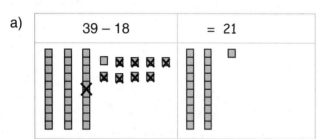

39 – 18   = 21

b)

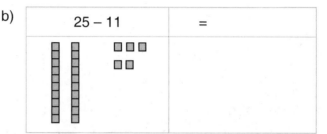

25 – 11   =

c)   43 – 21   =

d)   45 – 32   =

2. Écris la quantité de dizaines et d'unités dans chaque nombre. Soustrais ensuite le nombre.

a)   45 = 4 dizaines + 5 unités

  –   32 = 3 dizaines + 2 unités
  _____

      = 1 dizaine + 3 unités

      = 13

b)   57 = ___ dizaines + ___ unités

  –   34 = ___ dizaines + ___ unités
  _____

      = ___ dizaines + ___ unités

      = ____

c)   84 = ___ dizaines + ___ unités

  –   63 = ___ dizaines + ___ unités
  _____

      = ___ dizaines + ___ unités

      = ____

d)   89 = ___ dizaines + ___ unités

  –   56 = ___ dizaines + ___ unités
  _____

      = ___ dizaines + ___ unités

      = ____

e)   77 = ___ dizaines + ___ unités

  –   44 = ___ dizaines + ___ unités
  _____

      = ___ dizaines + ___ unités

      = ____

f)   67 = ___ dizaines + ___ unités

  –   45 = ___ dizaines + ___ unités
  _____

      = ___ dizaines + ___ unités

      = ____

Logique numérale 1

3. Soustrais en écrivant la quantité de dizaines et d'unités dans chaque nombre.

a)
$$36 = 30 + 6$$
$$- \quad 24 = 20 + 4$$
$$\overline{ = 10 + 2}$$
$$= 12$$

b)
$$84 =$$
$$- \quad 52 =$$
$$\overline{ =}$$
$$=$$

c)
$$98 =$$
$$- \quad 37 =$$
$$\overline{ =}$$
$$=$$

d)
$$73 =$$
$$- \quad 12 =$$

e)
$$26 =$$
$$- \quad 24 =$$

f)
$$88 =$$
$$- \quad 33 =$$

4. Soustrais les nombres en soustrayant les chiffres.

a)
$$\begin{array}{r} 5\ 4 \\ -\ 2\ 3 \\ \hline \end{array}$$

b)
$$\begin{array}{r} 8\ 6 \\ -\ 7\ 3 \\ \hline \end{array}$$

c)
$$\begin{array}{r} 3\ 6 \\ -\ 1\ 5 \\ \hline \end{array}$$

d)
$$\begin{array}{r} 6\ 4 \\ -\ 3\ 2 \\ \hline \end{array}$$

e)
$$\begin{array}{r} 9\ 5 \\ -\ 4\ 2 \\ \hline \end{array}$$

f)
$$\begin{array}{r} 8\ 9 \\ -\ 4\ 0 \\ \hline \end{array}$$

5. a) Fais un dessin de 543 en utilisant des blocs de centaines, de dizaines et d'unités.
Montre comment tu pourrais soustraire 543 − 421.

b) Soustrais maintenant les nombres en alignant les chiffres et en les soustrayant. Obtiens-tu la même réponse?

6. Comment penses-tu que tu pourrais soustraire les nombres suivants? Écris ce que tu penses être la bonne réponse.

a)
$$\begin{array}{r} 7\ 5\ 3\ 2 \\ -\ 4\ 1\ 2\ 1 \\ \hline \end{array}$$

b)
$$\begin{array}{r} 6\ 5\ 3\ 5\ 6 \\ -\ 4\ 4\ 2\ 4\ 5 \\ \hline \end{array}$$

c)
$$\begin{array}{r} 9\ 5\ 5\ 7\ 6\ 3 \\ -\ 5\ 2\ 3\ 0\ 1\ 1 \\ \hline \end{array}$$

Farkan soustrait 46 − 18 en utilisant du matériel de base dix.

<u>Étape 1 :</u>

Farkan représente 46 en utilisant du matériel de base dix.

dizaines	unités
4	6

<u>Étape 2 :</u>

8 (le chiffre d'unité dans 18) est plus grand que 6 (le chiffre d'unité dans 46) alors Farkan regroupe 1 bloc de dizaines en 10 blocs d'unités.

dizaines	unités
3	16

<u>Étape 3 :</u>

Farkan soustrait 18 (il enlève 1 bloc de dizaines et 8 blocs d'unités).

dizaines	unités
2	8

Voici comment Farkan écrit les chiffres pour montrer son travail :

$$\begin{array}{r} 46 \\ -\ 18 \end{array}$$

Voici comment Farkan a regroupé :

$$\begin{array}{r} ^{3\ 16} \\ \cancel{46} \\ -\ 18 \end{array}$$

Et voici comment Farkan peut soustraire 16 − 8 unités et 3 − 1 dizaines :

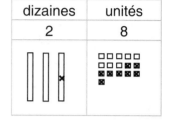

$$\begin{array}{r} ^{3\ 16} \\ \cancel{46} \\ -\ 18 \\ \hline 28 \end{array}$$

----

1. Dans ces questions, Farkan n'a pas assez d'unités pour soustraire. Aide-le à regrouper 1 bloc de dizaines en 10 blocs d'unités. Montre comment il pourrait réécrire son expression mathématique de soustraction.

a) **63 − 26**

dizaines	unités
6	3

	6	3
−	2	6

dizaines	unités
5	13

	5	13
	~~6~~	~~3~~
−	2	6

b) **64 − 39**

dizaines	unités
6	4

	6	4
−	3	9

dizaines	unités

	6	4
−	3	9

c) **42 − 19**

dizaines	unités
4	2

	4	2
−	1	9

dizaines	unités

	4	2
−	1	9

d) **35 − 27**

dizaines	unités
3	5

	3	5
−	2	7

dizaines	unités

	3	5
−	2	7

2. Soustrais en regroupant. Le premier a été fait pour toi.

a)
```
      3  13
      4  3̶
  -   2  7
  ─────────
      1  6
```

b)
```
      5  6
  -   1  8
```

c)
```
      6  4
  -   3  9
```

d)
```
      7  6
  -   2  8
```

e)
```
      5  5
  -   3  7
```

f)
```
      8  2
  -   5  7
```

g)
```
      3  8
  -   1  9
```

h)
```
      2  2
  -      6
```

i)
```
      4  4
  -      9
```

j)
```
      9  3
  -   7  5
```

3. Pour les questions où tu dois regrouper, écris « À l'aide! » dans l'espace fourni. Écris « OK » si tu ne dois pas regrouper. Trouve ensuite la réponse.

a)
```
    4 14
    5̶ 4̶
  - 1 9
  ──────
    3 5
```
À l'aide!

4 est moins que 9

b)
```
    7 7
  - 5 6
  ──────
    2 1
```
OK

c)
```
    8 5
  - 5 3
```
_____

d)
```
    9 5
  - 1 8
```
_____

e)
```
    6 6
  - 5 4
```
_____

f)
```
    8 4
  - 1 7
```
_____

g)
```
    8 2
  - 2 9
```
_____

h)
```
    2 6
  - 1 5
```
_____

i)
```
    1 5
  -   9
```
_____

j)
```
    1 2
  -   8
```
_____

k)
```
    3 6
  - 1 9
```
_____

l)
```
    5 2
  -   9
```
_____

m)
```
    4 7
  - 1 9
```
_____

n)
```
    2 3
  -   8
```
_____

o)
```
    6 0
  - 4 9
```
_____

p)
```
    8 2
  - 4 1
```
_____

q)
```
    9 3
  - 2 4
```
_____

r)
```
    7 9
  - 4 2
```
_____

4. Soustrais en regroupant les centaines en dizaines. Le premier a été commencé pour toi.

a)
```
    2  11
    3̸  1̸  5
 -  1  6  2
```

b)
```
    5  3  8
 -  2  9  5
```

c)
```
    3  1  7
 -  1  8  6
```

d)
```
    9  4  2
 -  5  7  0
```

5. Pour les questions ci-dessous, tu devras regrouper <u>deux fois</u>.

Exemple :

Étape 1	Étape 2	Étape 3	Étape 4	Étape 5
4 14 8 5̸ 4̸ − 3 6 7	4 14 8 5̸ 4̸ − 3 6 7 7	14 7 4̸ 14 8̸ 5̸ 4̸ − 3 6 7 7	14 7 4̸ 14 8̸ 5̸ 4̸ − 3 6 7 8 7	14 7 4̸ 14 8̸ 5̸ 4̸ − 3 6 7 4 8 7

---

a)
```
    6  3  4
 -  1  5  6
```

b)
```
    5  8  5
 -     9  6
```

c)
```
    5  0  2
 -  2  3  5
```

d)
```
    8  5  4
 -  3  7  7
```

6. Pour soustraire 3 245 − 1 923, Sara regroupe 1 bloc de milliers en 10 blocs de centaines.

milliers	centaines	diz.	unités
3	2	4	5

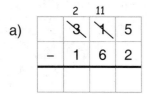

milliers	centaines	diz.	unités
2	12	4	5

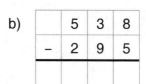

milliers	centaines	diz.	unités
2	3	2	2

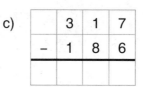

Soustrais en regroupant 1 bloc de milliers en 10 blocs de centaines. Le premier a été fait pour toi.

a)
```
    7  13
    8̸  3̸  6  4
 -  4  8  3  1
    3  5  3  3
```

b)
```
    5  6  9  3
 -  2  7  1  1
```

c)
```
    5  7  5  8
 -  2  9  4  2
```

7. Regroupe si c'est nécessaire.

a)

	3	3	1	7
−	1	4	0	5

b)

	6	4	6	8
−	2	1	7	2

c)

	7	2	6	5
−	3	0	4	2

8. Pour les questions ci-dessous, tu devras regrouper deux ou <u>trois fois</u>.

a)

	8	5	3	2
−	2	7	5	4

b)

	7	6	4	1
−	4	7	5	3

c)

	6	1	3	0
−	2	2	8	3

d)

	4	3	0	2
−	1	7	2	3

e)

	3	8	5	1
−	1	9	0	9

f)

	2	8	2	3
−	1	3	2	9

g)

	5	2	8	6
−	1	7	9	8

h)

	9	2	5	7
−	4	5	2	8

9. Pour les questions ci-dessous, tu devras regrouper deux ou trois fois.

Exemple :

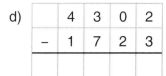

Étape 1   Étape 2   Étape 3   Étape 4

a)

	1	0	0	0
−		4	5	7

b)

	1	0	0
−		7	5

c)

	1	0	0	0
−		6	3	3

d)

	1	0	0	0
−		8	8	9

10. Fais les soustractions dans ton cahier, en regroupant si c'est nécessaire.

a) 8 504 − 1 230   b) 4 484 − 2 511   c) 4 302 − 1 723   d) 1 000 − 769

ENSEIGNANT :
Voir le guide de l'enseignant pour une méthode de soustraction rapide quand le nombre à partir duquel il faut soustraire est 100, 1 000, 10 000 ... (par exemple, 1 000 − 723).

NS4-21 : Les portions et le total

1. Les boîtes coloriées représentent le nombre de pommes vertes et rouges. Remplis les espaces vides.

a) 5 pommes rouges
   3 pommes vertes

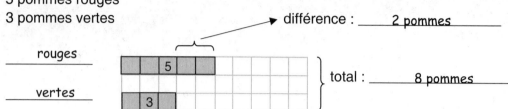

différence : ___2 pommes___

rouges _____

total : ___8 pommes___

vertes _____

b) 4 pommes vertes
   2 pommes rouges de plus que de pommes vertes

différence : _____

_____

total : _____

_____

c) 7 pommes vertes
   3 pommes vertes de plus que de pommes rouges

différence : _____

_____

total : _____

_____

d) 10 pommes au total
   3 pommes vertes

différence : _____

_____

total : _____

_____

2. Trouve les nombres qui manquent.

Pommes rouges	Pommes vertes	Nombre total de pommes	Combien de pommes d'une couleur de plus que de l'autre?
2	5	7	3 pommes vertes de plus que de pommes rouges
3		8	
	2	9	
4			1 pomme rouge de plus que de pommes vertes

3. Fais un dessin (comme dans la question 1) et fais un tableau pour chaque question.

a) 4 pommes rouges
   4 pommes vertes de plus que de pommes rouges

b) 12 pommes au total
   7 pommes vertes

BONUS
c) 10 pommes au total
   2 pommes rouges de plus que de pommes vertes

NS4-22 : Les portions et le total (avancé)

1. Les opérations apparentées pour l'addition **2 + 4 = 6** sont : **4 + 2 = 6, 6 − 4 = 2** et **6 − 2 = 4**.
   Écris les opérations apparentées des équations d'addition suivantes :

   a) 3 + 4 = 7 _____

   b) 5 + 4 = 9 _____

2. Complète le tableau.

	Raisins verts	Raisins rouges	Nombre total de raisins	Opérations apparentées		Combien de raisins d'une couleur de plus que de l'autre?
a)	7	2	9	9 − 2 = 7 9 − 7 = 2	7 + 2 = 9 2 + 7 = 9	5 verts de plus que de rouges
b)	6		10			
c)	2	9				
d)		5				4 verts de plus que de rouges

3. Utilise le bon symbole (+ or −).

   a) Nombre de pommes rouges [ ] Nombre de pommes vertes = Nombre total de pommes

   b) Nombre de pommes rouges [ ] Nombre de pommes vertes = Combien de pommes rouges de plus que de vertes?

   c) Nombre de raisins verts [ ] Nombre de raisins rouges = Combien de verts de plus que de rouges?

   d) Nombre de raisins rouges [ ] Nombre de raisins verts = Nombre total de raisins

4. Fais un dessin sur du papier quadrillé (comme dans la question 1, page 56) pour chaque question.

   a) Ron a 13 autocollants rouges et 6 autocollants bleus. Combien d'autocollants a-t-il?

   b) Claire a 6 animaux domestiques. 2 sont des chiens, et les autres sont des chats. Combien de chats a-t-elle?

   c) Pierre a marché 7 km. Layi a marché 3 km. Quelle distance Pierre a-t-il marché de plus?

1. Un verre peut contenir 255 ml d'eau.
   Combien d'eau 2 verres peuvent-ils contenir?

2. La classe d'Alice a ramassé 312 $ pour une œuvre de charité. La classe de Sophie a ramassé 287 $.

   a) Quelle classe a ramassé le plus d'argent? Comment le sais-tu?

   b) Combien les deux classes ont-elles ramassé ensemble?

3. 324 enfants sont inscrits au programme de baseball au camp d'été. 128 enfants de <u>plus</u> que ça sont inscrits au programme de natation.

   a) Combien d'enfants sont inscrits dans le programme de natation?

   b) Combien d'enfants sont inscrits en tout (les deux programmes ensemble)?

4. Quel est le plus grand nombre à trois chiffres que tu peux ajouter à 275 sans avoir à faire de regroupement?

275

5. Emma voyage 2 457 km le premier jour, et 1 357 km le jour suivant.

   Combien de kilomètres a-t-elle voyagé en deux jours?

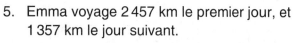

6. Le plus grand arbre du monde mesure 110 mètres. La tour Skylon Tower à Niagara Falls mesure 156 m.

   De combien de mètres la tour Skylon est-elle plus haute que le plus grand arbre?

7. 2 375 personnes ont participé à une expo-sciences le premier jour, et 3 528 personnes le jour suivant. Cela fait combien de participants sur deux jours?

8. La caverne Whistling sur l'île de Vancouver mesure 780 mètres de long. La caverne Grueling mesure 700 mètres de long.

   La caverne Whistling fait combien de mètres de plus que la caverne Grueling?

9. La frontière entre les États-Unis et le Canada mesure environ 8 960 km de long. La longueur totale de la Grande Muraille de Chine, y compris toutes ses sections, est de 6 320 km. La frontière entre les États-Unis et le Canada fait combien de mètres de plus que la Grande Muraille de Chine?

NS4-24 : Les grands nombres (avancé)

NS4-24 : Les grands nombres (avancé)

page 59

1. Écris la valeur de position du chiffre souligné.

   a) 1 **2** 6 4 3

   [milliers]

   b) **2** 3 1 2 1

   [ ]

   c) 6 0 **1** 7 2

   [ ]

   d) **9** 3 7 5

   [ ]

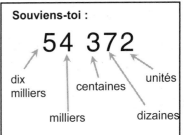

   Souviens-toi :

   54 372

   dix milliers — milliers — centaines — dizaines — unités

2. Écris le nombre correspondant aux adjectifs numéraux suivants :

   a) vingt-deux mille cinq cent quarante-quatre

   _____

   b) mille quatre cent vingt

   _____

   c) soixante-trois mille neuf cent trente-six

   _____

   d) quatre-vingt-dix-neuf mille neuf cent un

   _____

3. Écris l'adjectif numéral correspondant aux nombres suivants :

   a) 61 145 = _____

   b) 84 929 = _____

4. Écris chaque nombre en forme décomposée (en utilisant des chiffres).

   a) 17359 = _10 000 + 7 000 + 300 + 50 + 9_   b) 14 972 = _____

   c) 72 664 = _____   d) 92 425 = _____

   e) 50 137 = _____   f) 20 001 = _____

5. Encercle le plus grand nombre.

   a) 14 727 or 25 848   b) 32 165 or 32 166   c) 98 400 or 97 500

6. Additionne ou soustrais.

   a)
   ```
     1 4 2 6 3
   + 7 2 3 3 4
   ```

   b)
   ```
     7 7 6 5 1
   + 1 2 3 4 8
   ```

   c)
   ```
     8 1 6 4 2
   +     9 3 2 1
   ```

   d)
   ```
     7 2 3 4 7
   - 3 1 1 1 2
   ```

   e)
   ```
     5 7 8 3 6
   - 1 7 4 1 2
   ```

   f)
   ```
     1 0 0 0 0
   -     7 1 6 2
   ```

jump math
MULTIPLYING POTENTIAL.

Logique numérale 1

Réponds aux questions suivantes dans ton cahier.

1. Dans une classe de 62 élèves, 17 sont des garçons. Combien de filles y a-t-il dans la classe? Montre comment tu as trouvé ta réponse. Explique comment tu peux vérifier ta réponse avec une addition.

2.

Lac Ontario	193 km
Lac Supérieur	350 km
Lac Michigan	307 km
Lac Huron	206 km
Lac Érié	241 km

Ce tableau montre la longueur des Grands Lacs.

a) Écris les longueurs, du lac le moins long au lac le plus long.

b) De combien de kilomètres le lac Huron est-il plus long que le lac Michigan?

c) De combien de kilomètres le lac le plus long est-il plus long que le lac le moins long?

3. Place les nombres 1, 2, 3, 4, 5, 6 dans les boîtes pour créer la plus grande somme possible et la plus grande différence possible.

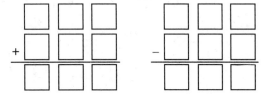

4. Trouve l'erreur dans la somme d'Ezra.

$$\begin{array}{r} 2 \\ 45 \\ + \underline{27} \\ 81 \end{array}$$

5. Léonard de Vinci, le grand inventeur et artiste italien, est né en 1452 et est mort en 1519.

a) Quel âge avait-il quand il est mort?

b) Léonard a peint sa célèbre œuvre La Joconde en 1503. Quel âge avait-il?

6. Écris le nombre qui est ...

a) dix de moins que 1 000

b) dix de plus que 1 000

c) 100 de moins que 1 000

d) 100 de plus que 1 000

7. Des stylos coûtent 49 ¢. Des gommes à effacer coûtent 45 ¢. Ben a 95 ¢. A-t-il assez d'argent pour acheter un stylo et une gomme à effacer? (Explique comment tu le sais.)

8. Josh veut additionner les nombres ci-dessous. Il commence en additionnant les chiffres d'unités.

Explique pourquoi Josh a écrit le nombre 1 ici.

$$\begin{array}{r} 1 \\ 35 \\ + \underline{47} \\ 2 \end{array}$$

NS4-26 : Les matrices

Quand tu multiplies une paire de nombres, le résultat s'appelle le **produit** des nombres.
Exemple : 3 × 5, ou 15, est le produit de 3 et 5.

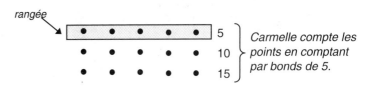

rangée

Carmelle compte les points en comptant par bonds de 5.

Dans la matrice ci-contre, il y a 3 **rangées** de points.
Il y a 5 points **dans chaque rangée**.

Carmelle écrit une expression mathématique de multiplication pour la matrice :
3 × 5 = 15 (3 rangées de 5 points est 15 points)

----

1. Combien de rangées? Combien de points dans chaque rangée? Écris une expression mathématique de multiplication pour chaque matrice.

   a)

   __3__ rangées

   __4__ points par rangée

   ___3 × 4 = 12___

   b)

   _____ rangées

   _____ points par rangée

   _____

   c)

   _____

   _____

   _____

2. Trouve les produits.

   a)
   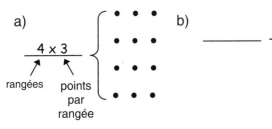
   __4 × 3__
   rangées   points par rangée

   b) _____

   c) _____

   d) _____

   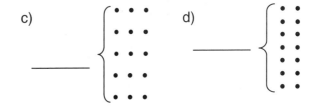

3. Dessine une matrice pour ces multiplications.

   a) 5 × 5

   b) 3 × 5

   c) 2 × 4

   d) 4 × 3

   e) 1 × 6

   f) 0 × 5

4. Dessine une matrice et écris une expression mathématique de multiplication pour chaque question.

   a) Dans un jardin, il y a 3 rangées de plantes. Il y a 5 plantes par rangée. Combien de plantes y a-t-il en tout?

   b) Dans un autobus, 4 personnes peuvent s'asseoir dans une rangée. Il y a 6 rangées de sièges dans l'autobus. Combien de personnes peuvent prendre l'autobus?

   c) Jenny plante 8 graines par rangée. Il y a 4 rangées de graines. Combien de graines a-t-elle planté?

5. Dessine une matrice qui montre 4 × 3 et 3 × 4.

   a) Les produits sont-ils pareils ou différents?

   b) Est-ce que 6 × 4 est égal à 4 × 6? Explique.

Logique numérale 1

NS4-27 : La multiplication et l'addition

La multiplication est une courte façon d'écrire l'addition : $4 \times 5 = \underbrace{5 + 5 + 5 + 5}$

additionne 5,
quatre fois

---

1. Écris une addition pour chaque multiplication. Le premier a été fait pour toi.

   a) $3 \times 4 = 4 + 4 + 4$ b) $2 \times 8 =$ c) $5 \times 6 =$

   d) $4 \times 2 =$ e) $3 \times 5 =$ f) $6 \times 3 =$

   g) $5 \times 7 =$ h) $2 \times 1 =$ i) $1 \times 8 =$

2. Écris une multiplication pour chaque addition. Le premier a été fait pour toi.

   a) $4 + 4 + 4 = 3 \times 4$ b) $5 + 5 + 5 =$ c) $4 + 4 =$

   d) $7 + 7 + 7 + 7 =$ e) $9 + 9 =$ f) $8 + 8 + 8 =$

   g) $2 + 2 + 2 =$ h) $9 + 9 + 9 + 9 =$ i) $1 + 1 + 1 =$

   j) $6 + 6 + 6 + 6 + 6 =$ k) $8 + 8 + 8 + 8 + 8 + 8 =$ l) $3 + 3 + 3 + 3 =$

3. Écris une addition et une multiplication pour chaque image. Le premier a été fait pour toi.

   a) 3 boîtes; 2 crayons par boîte   b) 3 boîtes; 4 crayons par boîte

   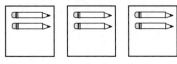

   $2 + 2 + 2$

   3×2

   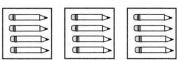

   c) 4 boîtes; 3 crayons par boîte   d) 2 boîtes; 5 crayons par boîte

   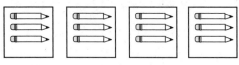

   e) 5 boîtes; 3 crayons par boîte   f) 4 boîtes; 2 crayons par boîte

   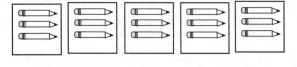

   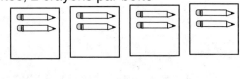

jump math
MULTIPLYING POTENTIAL.

Logique numérale 1

4. Additionne les nombres. Écris le sous-total dans la boîte.

Exemple :   4 + 5 + 7 = ___   *additionne 4 + 5* → [9]   4 + 5 + 7 = ___   *additionne 9 + 7* → [9]   4 + 5 + 7 = 16
                              (= 9)   *(= 16)*

a) 2 + 3 + 5 = ___ [ ]

b) 3 + 3 + 7 = ___ [ ]

c) 5 + 4 + 3 = ___ [ ]

d) 6 + 4 + 2 = ___ [ ]

e) 8 + 3 + 4 = ___ [ ]

f) 9 + 1 + 6 = ___ [ ]

g) 4 + 3 + 3 + 2 = ___ [ ][ ]

h) 4 + 5 + 5 + 3 = ___ [ ][ ]

i) 6 + 7 + 3 + 5 = ___ [ ][ ]

5. Écris une expression mathématique d'addition pour chaque image. Additionne les nombres pour trouver combien de pommes il y a en tout. Vérifie ta réponse en comptant les pommes.

a) 3 boîtes; 3 pommes par boîte

_____

b) 4 boîtes; 2 pommes par boîte

_____

c) 4 boîtes; 4 pommes par boîte

_____

d) 3 boîtes; 5 pommes par boîte

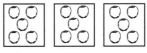

_____

6. Fais un dessin et écris une expression mathématique d'addition et de multiplication pour ton dessin.

a) 3 fourgonnettes
   7 passagers par fourgonnette

b) 4 sacs
   5 livres par sac

c) 6 boîtes
   4 stylos par boîte

d) 5 bateaux
   4 enfants par bateau

7. Écris une expression mathématique d'addition et de multiplication pour chaque question.

a) 6 assiettes
   8 biscuits par assiette

b) 7 paquets
   3 cadeaux par paquet

c) 4 paniers
   7 bananes par panier

Zainab trouve le produit de **3** et **5** en comptant par bonds sur une droite numérique.
Elle compte trois 5.

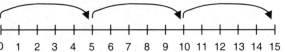

$3 \times 5 =$ 5   +   5   +   5 $= 15$

Zainab peut voir, dans son illustration, que le **produit** de 3 et 5 est 15.

- -

1. Montre comment trouver les produits en comptant par bonds. Utilise des flèches comme dans l'illustration de Zainab ci-dessus.

   a) **4 × 3 =**

   b) **7 × 2 =**

2. Utilise une droite numérique pour compter par 4, 6 et 7. Complète les boîtes en comptant.

0 1 2 3 4 5 6 7 8 9 **10** 11 12 13 14 15 16 17 18 19 **20** 21 22 23 24 25 26 27 28 29 **30** 31 32 33 34 35 36 37 38 39 **40** 41 42

a)
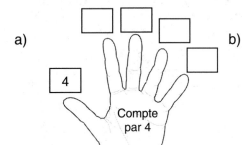

4

Compte par 4

b)
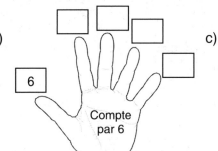

6

Compte par 6

c)
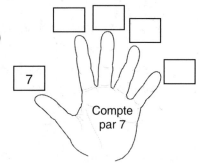

7

Compte par 7

3. Trouve les produits en comptant par bonds sur tes doigts. Utilise les mains à la question 2 pour t'aider.

 7   **14**   **21**   **28**

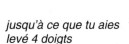 jusqu'à ce que tu aies levé 4 doigts

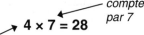 **4 × 7 = 28** compte par 7

   a) 4 × 5 =   b) 5 × 2 =   c) 4 × 4 =   d) 2 × 6 =   e) 7 × 1 =

   f) 3 × 7 =   g) 3 × 3 =   h) 6 × 1 =   i) 2 × 7 =   j) 5 × 5 =

   k) 2 × 2 =   l) 3 × 7 =   m) 2 × 1 =   n) 4 × 6 =   o) 3 × 6 =

4. Trouve le nombre d'articles en comptant par bonds. Écris une multiplication pour chaque illustration.

   a)

   b)

   _____   _____

NS4-29 : Multiplier en rajoutant

Marisol sait comment trouver 3 × 6 en additionnant trois 6 (6 + 6 + 6 = 18). Son enseignant lui demande comment elle peut trouver 4 × 6 <u>rapidement</u> (sans additionner quatre 6).

Marisol sait que 4 × 6 est un 6 de plus que 3 × 6. Elle le montre de deux façons :

<u>Avec une illustration</u>   <u>En additionnant</u>

quatre 6 {
• • • • • •
• • • • • • } trois 6
• • • • • •
• • • • • • } plus un autre 6

$$4 \times 6 = \underbrace{6 + 6 + 6}_{} + 6$$
quatre 6   trois 6   plus un autre 6

                trois 6   plus un autre 6

Marisol sait que :   **4 × 6 = 3 × 6 + 6**

Elle trouve alors 4 × 6 en ajoutant 6 à 3 × 6 (= 18) : 4 × 6 = **18** + 6 = **24**.

---

1. Écris une multiplication pour chaque matrice.

a) $\underset{\text{rangées} \quad \text{points par rangée}}{\underline{4 \times 3}}$

b) _____

c) _____

d) _____

2. Écris les produits qui manquent.

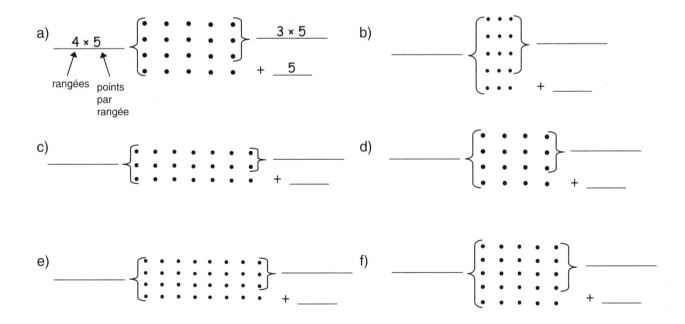

a) $\underset{\text{rangées} \quad \text{points par rangée}}{\underline{4 \times 5}}$ $\underline{\quad 3 \times 5 \quad}$

                      + $\underline{\quad 5 \quad}$

b) _____   _____   + _____

c) _____   _____   + _____

d) _____   _____   + _____

e) _____   _____   + _____

f) _____   _____   + _____

Logique numérale 1

3. Écris les produits qui manquent. Écris ensuite une expression mathématique de multiplication.

a)
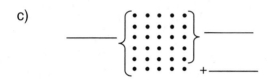

4 x 4   3 x 4 _____

+ _____

___4 x 4 = 3 x 4 + 4_____

b)
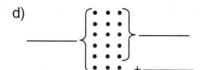

_____ {......} _____

+ _____

_____

c)

_____ {......} _____

+ _____

_____

d)

_____ {......} _____

+ _____

_____

4. Tu peux toujours transformer un produit en un plus petit produit et une somme.

$5 \times 3 = \mathbf{4} \times 3 + \mathbf{3}$

Enlève 1 de 5.   *Ajoute un autre 3.*

$9 \times 4 = \mathbf{8} \times 4 + \mathbf{4}$

Enlève 1 de 9.   *Ajoute un autre 4.*

Transforme chaque produit en un plus petit produit et une somme.

a) $4 \times 2 = 3 \times \underline{\ 2\ } + \underline{\hspace{1cm}}$

b) $5 \times 7 = 4 \times \underline{\hspace{1cm}} + \underline{\hspace{1cm}}$

c) $8 \times 3 = 7 \times \underline{\hspace{1cm}} + \underline{\hspace{1cm}}$

d) $3 \times 6 = 2 \times \underline{\hspace{1cm}} + \underline{\hspace{1cm}}$

e) $7 \times 4 = \underline{\hspace{1cm}} \times \underline{\hspace{1cm}} + \underline{\hspace{1cm}}$

f) $9 \times 6 = \underline{\hspace{1cm}} \times \underline{\hspace{1cm}} + \underline{\hspace{1cm}}$

g) $5 \times 3 = \underline{\hspace{3cm}}$

h) $8 \times 7 = \underline{\hspace{3cm}}$

i) $7 \times 6 = \underline{\hspace{3cm}}$

j) $6 \times 4 = \underline{\hspace{3cm}}$

5. Trouve chaque réponse en transformant le produit en un plus petit produit et une somme.

a) $5 \times 3 = 4 \times 3 + 3$

$= 12 + 3$

$= 15$

b) $6 \times 3 =$

$=$

$=$

c) $6 \times 4 =$

$=$

$=$

d) $4 \times 4 =$

$=$

$=$

e) 6×6

f) 3×7

g) 7×5

h) 6×8

Logique numérale 1

Pour multiplier 3 × 20, Christie fait 3 groupes avec 2 blocs de dizaines chacun (20 = 2 dizaines).

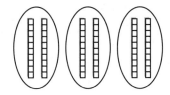

Pour multiplier 3 × 200, Christie fait 3 groupes avec 2 blocs de centaines chacun (200 = 2 centaines).

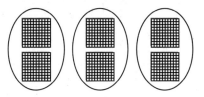

3 × 20 = 3 × 2 dizaines = 6 dizaines = 60

3 × 200 = 3 × 2 centaines = 6 centaines = 600

Christie remarque une régularité :   **3 × 2 = 6**   **3 × 20 = 60**   **3 × 200 = 600**

---

1. Dessine un modèle pour chaque expression mathématique de multiplication. Calcule ensuite la réponse. Le premier a été commencé pour toi.

   a) 4 × 20

   b) 2 × 30

   4 × 20 = 4 × __2__ diz. = _____ diz. = _____

   2 × 30 = 2 × _____ diz. = _____ diz. = _____

2. Regroupe pour trouver la réponse. Le premier a été fait pour toi.

   a) 3 × 70 = 3 × ___7___ dizaines = __21___ dizaines = __210___

   b) 3 × 50 = 3 × _____ dizaines = _____ dizaines = _____

   c) 5 × 50 = 5 × _____ dizaines = _____ dizaines = _____

   d) 4 × 60 = 4 × _____ dizaines = _____ dizaines = _____

3. Complète la régularité en multipliant.

   a) 2 × 2 = _____   b) 5 × 1 = _____   c) 2 × 4 = _____   d) 3 × 3 = _____

       2 × 20 = _____   5 × 10 = _____   2 × 40 = _____   3 × 30 = _____

       2 × 200 = _____   5 × 100 = _____   2 × 400 = _____   3 × 300 = _____

4. Multiplie.

   a) 4 × 30 = _____   b) 5 × 30 = _____   c) 4 × 40 = _____   d) 2 × 50 = _____

   e) 3 × 100 = _____   f) 4 × 500 = _____   g) 3 × 60 = _____   h) 6 × 400 = _____

   i) 2 × 700 = _____   j) 6 × 70 = _____   k) 8 × 40 = _____   l) 2 × 900 = _____

5. Dessine un modèle de base dix (cubes = milliers) pour montrer : 4 × 1000 = 4 000.

6. Tu sais que 3 × 2 = 6. Base-toi sur ce fait pour multiplier 3 × 2 000.

Logique numérale 1

1. Écris une expression mathématique de multiplication pour chaque matrice.

a)

_3 × 20_

b)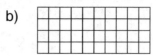

_____

c)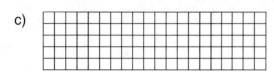

_____

d)

_____

2. Écris une multiplication pour toute la matrice, et ensuite pour la partie ombragée (comme dans a)).

a)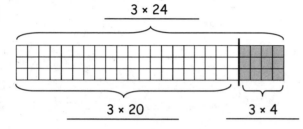

_3 × 24_

_3 × 20_   _3 × 4_

b)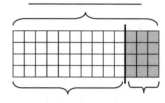

_____   _____

c)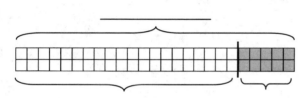

_____   _____

d)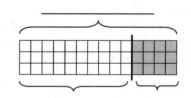

_____   _____

3. Remplis les espaces vides (comme dans a)).

a)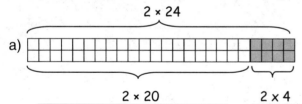

_2 × 24_

_2 × 20_   _2 × 4_

_2 × 24 = 2 × 20 + 2 × 4_

b)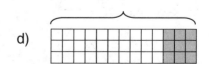

_____   _____

_____

c)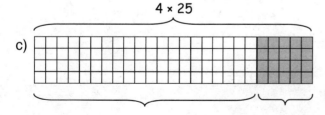

_4 × 25_

_____   _____

_____

d)

_____   _____

_____

NS4-32 : Le calcul mental

Pour multiplier 3×23, Rosa réécrit 23 sous forme de somme : **23 = 20 + 3**

Elle multiplie 20 par 3 : **$3 \times 20 = 60$**

Elle multiplie ensuite 3×3 : **$3 \times 3 = 9$**

Enfin, elle additionne le résultat : **60 + 9 = 69**

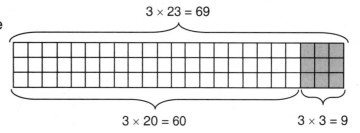

$3 \times 23 = 69$

$3 \times 20 = 60$ $3 \times 3 = 9$

L'illustration montre comment Rosa est arrivée au bon résultat : **$3 \times 23 = 3 \times 20 + 3 \times 3 = 60 + 9 = 69$**

---

1. Réécris chaque expression mathématique de multiplication sous forme de somme.

   a) $2 \times 24 = $ ___2×20___ + ___2×4___

   b) $2 \times 23 = $ _____ + _____

   c) $3 \times 32 = $ _____ + _____

   d) $4 \times 12 = $ _____ + _____

2. Multiplie en utilisant la méthode de Rosa. Le premier a été fait pour toi.

   a) $3 \times 13 = $ ___3×10___ + ___3×3___ = ___$30 + 9$___ = ___39___

   b) $3 \times 21 = $ _____ + _____ = _____ = _____

   c) $2 \times 14 = $ _____ + _____ = _____ = _____

   d) $3 \times 213 = $ ___3×200___ + ___3×10___ + ___3×3___ = ___$600 + 30 + 9$___ = ___639___

   e) $2 \times 231 = $ _____ + _____ + _____ = _____ = _____

   f) $2 \times 342 = $ _____ + _____ + _____ = _____ = _____

3. Calcule dans ta tête (mentalement) en multipliant les chiffres séparément.

   a) $3 \times 12 = $ _____   b) $2 \times 31 = $ _____   c) $4 \times 12 = $ _____   d) $5 \times 11 = $ _____

   e) $4 \times 21 = $ _____   f) $2 \times 43 = $ _____   g) $2 \times 32 = $ _____   h) $3 \times 33 = $ _____

   i) $4 \times 112 = $ _____   j) $2 \times 234 = $ _____   k) $3 \times 233 = $ _____   l) $5 \times 111 = $ _____

   m) $3 \times 132 = $ _____   n) $2 \times 422 = $ _____   o) $4 \times 212 = $ _____   p) $3 \times 333 = $ _____

4. Yen a planté 3 rangées d'arbres avec 223 arbres dans chaque rangée. Combien d'arbres a-t-elle planté en tout?

5. Paul a deux sacs de billes. Il a mis 240 billes dans chaque sac. Combien de billes a-t-il mis dans les sacs?

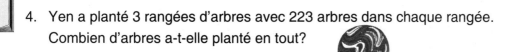

NS4-33 : Le calcul mental : les doubles

1. Compte par 2.

   2 , 4 , 6 , _____ , _____ , _____ , _____ , _____ , _____

2. Double chaque nombre mentalement en doublant le chiffre des unités et celui des dizaines séparément.

	24	14	12	32	64	22	13
Double	48						

	82	51	34	54	92	74	71
Double							

3. Double les unités et les dizaines séparément. Additionne le résultat : $2 \times 27 = 2 \times 20 + 2 \times 7 = 40 + 14 = 54$

	16	15	25	37	28	18	48
Double							

	17	45	66	35	46	29	55
Double							

4. Utilise des doubles pour trouver les produits qui manquent.

Si	$2 \times 7 = 14$	$3 \times 7 = 21$	$4 \times 7 = 28$	$2 \times 6 = 12$
Alors	$4 \times 7 =$	$6 \times 7 =$	$8 \times 7 =$	$4 \times 6 =$

$3 \times 6 = 18$	$4 \times 6 = 24$	$2 \times 8 = 16$	$4 \times 8 = 32$
$6 \times 6 =$	$8 \times 6 =$	$4 \times 8 =$	$8 \times 8 =$

$2 \times 9 = 18$	$3 \times 9 = 27$	$4 \times 9 = 36$	$2 \times 12 = 24$
$4 \times 9 =$	$6 \times 9 =$	$8 \times 9 =$	$4 \times 12 =$

5. Calcule mentalement le coût total de 2 articles.

   a) 2 oranges à 42 ¢ chacune _____   b) 2 crayons à 37 ¢ chacun _____

   c) 2 timbres à 48 ¢ chacun _____   d) 2 poissons rouges à 35 ¢ chacun _____

NS4-34 : La méthode d'algorithme standard

Clara utilise un tableau pour multiplier 3 × 42 :

Étape 1
Elle multiplie le chiffre des unités de 42 par 3 (3 × 2 = 6).

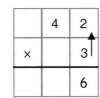

Étape 2
Elle multiplie le chiffre des dizaines de 42 par 3 (3 × 4 diz. = 12 diz.).

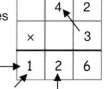

Elle regroupe 10 dizaines en 1 centaine.

centaines   dizaines

1. Utilise la méthode de Clara pour trouver les produits.

a) 31 × 4 b) 53 × 2 c) 41 × 4 d) 21 × 6 e) 31 × 3

f) 71 × 2 g) 62 × 3 h) 84 × 2 i) 52 × 4 j) 22 × 2

k) 21 × 5 l) 53 × 3 m) 42 × 4 n) 43 × 3 o) 64 × 2

p) 73 × 3 q) 54 × 2 r) 62 × 4 s) 72 × 3 t) 91 × 2

u) 63 × 3 v) 81 × 2 w) 51 × 5 x) 72 × 4 y) 61 × 5

z) 72 × 2 aa) 83 × 3 bb) 91 × 9 cc) 41 × 6 dd) 61 × 8

ee) 92 × 4 ff) 85 × 1 gg) 43 × 2 hh) 61 × 7 ii) 71 × 8

2. Trouve les produits suivants.

a) 3 × 62   b) 2 × 74   c) 5 × 21   d) 4 × 62   e) 5 × 41   f) 7 × 21

Jane utilise un tableau pour multiplier 3 × 24 :

Étape 1
Elle multiplie 4 unités par 3 (4 × 3 = 12).

Elle regroupe 10 unités en 1 dizaine.

Étape 2
Elle multiplie 2 dizaines par 3
(3 × 2 dizaines = 6 dizaines).

Elle additionne 1 dizaine au résultat
(6 + 1 = 7 dizaines) :

1. En utilisant la méthode de Jane, complète la première étape de la multiplication. La première est faite.

a) 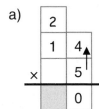   b) 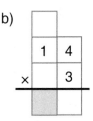   c) 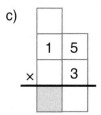   d) 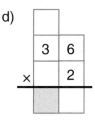   e)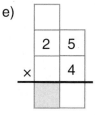

2. En utilisant la méthode de Jane, complète la deuxième étape de la multiplication.

a) 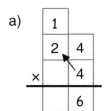   b) 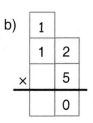   c) 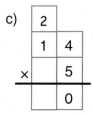   d) 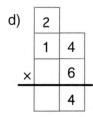   e)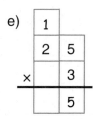

f) 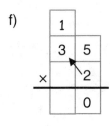   g) 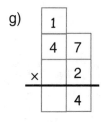   h) 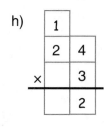   i)   j)

3. En utilisant la méthode de Jane, complète la première et la deuxième étape de la multiplication.

a)   b)   c)   d)

ENSEIGNANT :
Donnez des questions de pratique supplémentaires à vos élèves pour assurer qu'ils comprennent bien.

e) 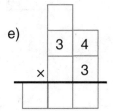   f) 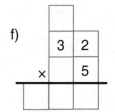   g) 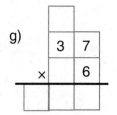   h) 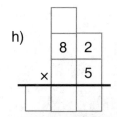   i)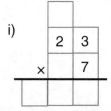

Kim multiplie 2 × 213 de 3 façons différentes.

| | 1. **Avec un tableau :** | 2. **En forme décomposée :** | 3. **Avec des matériaux de base dix :** |

1. Avec un tableau :

	centaines	diz.	unités
	2	1	3
×			2
	4	2	6

2. En forme décomposée :

$$200 + 10 + 3$$
$$\times\ 2$$
$$= 400 + 20 + 6$$
$$= 426$$

3. Avec des matériaux de base dix :

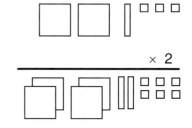

× 2

---

1. Réécris l'expression mathématique de multiplication sous forme développée. Fais la multiplication.

a) 321   _____ + _____ + _____

    × 3   × 3

        = _____ + _____ + _____

        = _____

b) 432   _____ + _____ + _____

    × 2   × 2

        = _____ + _____ + _____

        = _____

2. Multiplie.

a)
1	2	4
×		2

b)
2	1	3
×		3

c)
1	2	2
×		4

d)
3	2	3
×		3

e)
4	1	3
×		2

3. Multiplie en regroupant les unités en dizaines.

a)
1	2	3
×		4

b)
3	2	5
×		3

c)
1	1	4
×		5

d)
3	1	6
×		2

e)
1	1	2
×		6

4. Multiplie en regroupant les dizaines en centaines. Dans e), regroupe aussi les unités en dizaines.

a)
2	4	1
×		4

b)
1	5	1
×		5

c)
2	4	2
×		3

d)
1	5	2
×		3

e)
2	5	4
×		3

5. Multiplie.

a) 4 × 242   b) 5 × 312   c) 7 × 123   d) 8 × 314   e) 9 × 253   f) 6 × 241

6. Fais un dessin pour montrer le résultat de la multiplication.

a)

× 3

b)

× 3

c)

× 3

1. Remplis les espaces vides.

a)

$3 \times \underline{2} + 3 \times \underline{1}$

$= 3 \times (\underline{2 + 1})$

$= 3 \times \underline{3}$

b)

$3 \times \underline{} + 3 \times \underline{}$

$= 3 \times (\underline{ + })$

$= 3 \times \underline{}$

c)

$3 \times \underline{} + 3 \times \underline{}$

$= 3 \times (\underline{ + })$

$= 3 \times \underline{}$

d) $3 \times 5 + 3 \times 4$

$= 3 \times (\underline{5 + 4})$

$= 3 \times \underline{9}$

e) $3 \times 2 + 3 \times 6$

$= 3 \times (\underline{ + })$

$= 3 \times \underline{}$

f) $7 \times 4 + 7 \times 3$

$= 7 \times (\underline{ + })$

$= 7 \times \underline{}$

2. a) Kyle : 　　　　　Rema :

Rema a _____ fois plus d'autocollants que Kyle.

b) Sam : 　　　　　Ravi :

Ravi a _____ fois plus d'autocollants que Sam.

3. Trouve les nombres qui manquent.

a)

	5
×	4
1	4	

b)

	4
×	3
1	0	

c)

	7
×	5
4	3	

d)

	4
×	6
5	0	

4. Ajoute les nombres 3, 4, 5 pour faire … a) le plus grand produit : b) le plus petit produit :

a) ☐ ☐ × ☐

b) ☐ ☐ × ☐

5. Trouve.

a) $0 \times 5 = $ _____

b) $0 \times 7 = $ _____

c) $0 \times 9 = $ _____

d) $17 \times 0 = $ _____

6. Eschi a multiplié un nombre par 5 et il a obtenu 0. Quel nombre a été multiplié par 5? _____

Réponds à ces questions dans ton cahier.

1. Une pieuvre a 240 ventouses sur chaque bras. Combien de ventouses a-t-elle en tout?

2. Un verre contient 176 millilitres d'eau. Combien faut-il de millilitres pour remplir 6 verres?

3. En moyenne, chaque habitant de l'Amérique du Nord utilise 240 litres d'eau par jour.
   a) Environ combien d'eau un Nord-Américain utilise-t-il chaque semaine?
   b) Environ combien d'eau une famille de 4 utiliserait-elle en une journée?

4. Le **produit** de 3 et 2 est 6 (3 × 2 = 6).

   La **somme** de 3 et 2 est 5 (3 + 2 = 5).

   Quel est le plus grand : la **somme** ou le **produit**?

5. Essaie de trouver la **somme** et le **produit** d'autres paires de nombres. (Par exemple, essaie 3 et 4, 2 et 5, 5 et 6, 1 et 7.)

   Que remarques-tu? Est-ce que le produit est toujours plus grand que la somme?

6. Kyle a multiplié deux nombres. Le produit était l'un des nombres. Quel était l'autre nombre?

7. Écris toutes les paires de nombres auxquelles tu peux penser qui donnent 20 quand tu les multiplies.

   (Pour un défi supplémentaire, trouve toutes les paires qui donnent 40 quand tu les multiplies.)

8. Une cigale peut s'enfouir dans la terre et y rester pendant 10 ans.
   a) Pendant combien de mois une cigale peut-elle rester enfouie dans la terre?
   b) Les cigales peuvent parfois rester enfouies dans la terre pendant 20 ans. Comment peux-tu utiliser ta réponse à la question a) pour calculer le nombre de mois dans 20 ans?

9. Il y a 4 façons de placer 6 points dans des rangées pour que chaque rangée contienne le même nombre de points.

   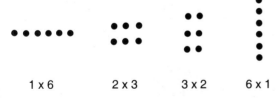

   | 1 x 6 | 2 x 3 | 3 x 2 | 6 x 1 |

   Combien de façons y a-t-il de mettre le nombre de points suivants dans des rangées égales?

   Écris une multiplication pour chaque matrice.
   a) 4 points?
   b) 8 points?
   c) 12 points?
   d) 16 points?

10. Roger a fait le tour d'un champ à six côtés à cheval. Chaque côté mesure 324 mètres de long. Quelle distance Roger a-t-il fait à cheval?

1. Fais une flèche vers le 0 ou le 10 pour montrer si le nombre encerclé est plus près de **0 ou de 10**.

a)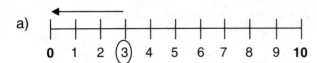

b)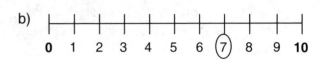

c)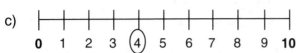

d)

2. a) Quels nombres à un chiffre sont plus près de 0? _____

   b) Lesquels sont plus près de 10? _____

   c) Pourquoi 5 est-il un cas spécial? _____

3. Fais une flèche pour montrer si tu arrondis à **10 ou 20 ou 30**.

a)

```
10  11  12 (13) 14  15  16  17  18  19  20  21  22  23  24  25  26  27  28  29  30
```

b)

```
10  11  12  13  14  15  16  17  18  19  20  21 (22) 23  24  25  26  27  28  29  30
```

c)

```
10  11  12  13  14  15  16  17  18  19  20  21  22  23  24  25  26 (27) 28  29  30
```

4. Fais une flèche pour montrer quel multiple de dix est le plus près du nombre encerclé.

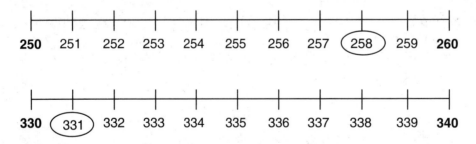

```
250  251  252  253  254  255  256  257 (258) 259  260
```

```
330 (331) 332  333  334  335  336  337  338  339  340
```

5. Encercle la bonne réponse. Utilise les droites numériques aux questions 3 et 4 pour t'aider.

   a) 27 est plus près de : 20 ou 30

   b) 24 est plus près de : 20 ou 30

   c) 19 est plus près de : 10 ou 20

   d) 14 est plus près de : 10 ou 20

   e) 26 est plus près de : 20 ou 30

   f) 12 est plus près de : 10 ou 20

   g) 251 est plus près de : 250 ou 260

   h) 258 est plus près de : 250 ou 260

   i) 333 est plus près de : 330 ou 340

   j) Le nombre 339 est plus près de : 330 or 340

6. Fais une flèche pour montrer quel multiple de dix est le plus près du nombre encerclé. Arrondis ensuite à la dizaine près.

a)

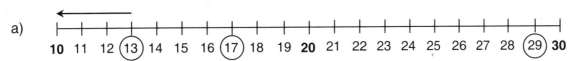

Arrondis à :   10   _____   _____

b)

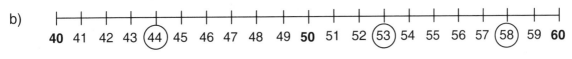

Arrondis à :   _____   _____   _____

c)

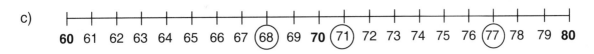

Arrondis à :   _____ _____   _____

d)

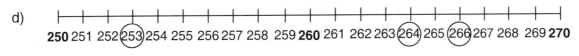

Arrondis à :   _____   _____ _____

e)

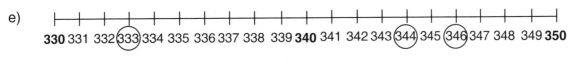

Arrondis à :   _____   _____ _____

7. Encercle la bonne réponse. Arrondis ensuite à la dizaine près.

a) 27 est plus près de 20 ou 30. Arrondis à _30_.

b) 16 est plus près de 10 ou 20. Arrondis à _____.

c) 39 est plus près de 30 ou 40. Arrondis à _____.

d) 31 est plus près de 30 ou 40. Arrondis à _____.

e) 62 est plus près de 60 ou 70. Arrondis à _____.

f) 251est plus près de 250 ou 260. Arrondis à _____.

g) 348 est plus près de 340 ou 350. Arrondis à _____.

h) 258 est plus près de 250 ou 260. Arrondis à _____.

i) 341 est plus près de 340 ou 35. Arrondis à _____.

j) 256 est plus près de 250 ou 260. Arrondis à _____.

1. Fais une flèche pour montrer si le nombre dans le cercle est plus près de 0 ou de 100.

a)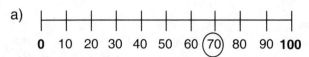

b)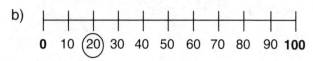

c)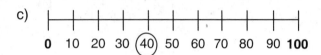

d)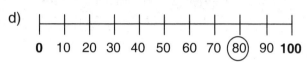

2. Est-ce que 50 est plus près de 0 ou de 100? Pourquoi 50 est-il un cas spécial?

_____

3. Encercle la bonne réponse.

a) 80 est plus près de : 0 ou 100   b) 20 est plus près de : 0 ou 100

c) 40 est plus près de : 0 ou 100   d) 10 est plus près de : 0 ou 100

e) 60 est plus près de : 0 ou 100   f) 90 est plus près de : 0 ou 100

4. Fais une flèche pour montrer à quel multiple de 100 tu arrondirais le nombre dans le cercle.

a)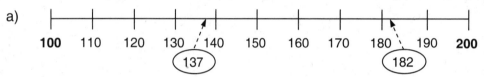

Arrondis à : _____   _____

b)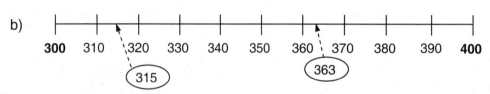

Arrondis à _____   _____

5. Encercle la bonne réponse.

a) 153 est plus près de : 100 ou 200   b) 189 est plus près de : 100 ou 200

c) 117 est plus près de : 100 ou 200   d) 135 est plus près de : 100 ou 200

e) 370 est plus près de : 300 ou 400   f) 332 est plus près de : 300 ou 400

BONUS

6. Montre la position approximative de chaque nombre sur la droite numérique. À quel multiple de 100 l'arrondirais-tu?

a) 518   b) 576   c) 687   d) 629

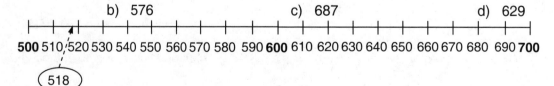

Arrondis à : _____

1. Fais une flèche pour montrer si le nombre dans le cercle est plus près de 0 ou de 1 000.

a)

b)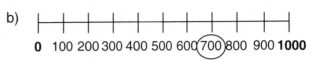

c)

d)

2. Est-ce que 500 est plus près de 0 ou de 1 000? Pourquoi 500 est-il un cas spécial?

_____

3. Encercle la bonne réponse.

   a) 100 est plus près de 0 ou 1 000

   b) 900 est plus près de 0 ou 1 000

   c) 600 est plus près de 0 ou 1 000

   d) 400 est plus près de 0 ou 1 000

4. Fais une flèche pour montrer à quel multiple de 1 000 tu arrondirais le nombre dans le cercle.

a)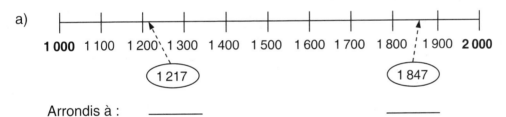

   Arrondis à : _____   _____

b)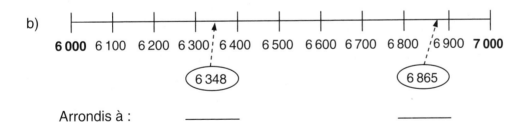

   Arrondis à : _____   _____

5. Encercle la bonne réponse.

   a) Le nombre 1 953 est plus près de : 1 000 ou 2 000

   b) Le nombre 6 293 est plus près de : 6 000 ou 7 000

   c) Le nombre 5 521 est plus près de : 5 000 ou 6 000

   d) Le nombre 3 190 est plus près de : 3 000 ou 4 000

6. Écris une règle pour arrondir un nombre à 4 chiffres au millier près.

NS4-42 : Arrondir

1. Arrondis à la **dizaine** près.

   a) 16 ☐

   b) 23 ☐

   c) 72 ☐

   d) 66 ☐

   e) 81 ☐

   f) 93 ☐

   g) 14 ☐

   h) 59 ☐

   i) 68 ☐

   j) 37 ☐

   k) 45 ☐

   > **SOUVIENS-TOI :**
   >
   > Si le chiffre des unités est :
   >
   > 0, 1, 2, 3 ou 4 – arrondis vers le <u>bas</u>
   > 5, 6, 7, 8 or 9 – arrondis vers le <u>haut</u>

2. Arrondis à la **dizaine** près. Souligne le chiffre des dizaines en premier. Mets ensuite ton crayon sur le chiffre à sa droite (unités). C'est ce chiffre qui te dit d'arrondir vers le haut ou vers le bas.

   a) 14<u>5</u> ↓ 150

   b) 172 ☐

   c) 320 ☐

   d) 255 ☐

   e) 784 ☐

   f) 667 ☐

   g) 441 ☐

   h) 939 ☐

   i) 316 ☐

   j) 520 ☐

   k) 985 ☐

   l) 534 ☐

   m) 758 ☐

   n) 845 ☐

   o) 293 ☐

3. Arrondis les nombres suivants à la **centaine** près. Souligne le chiffre des centaines en premier. Mets ensuite ton crayon sur le chiffre à sa droite (dizaines).

   > **SOUVIENS-TOI :**   ↓ 3<u>4</u>5
   > Pour arrondir à la centaine près, tu dois regarder le chiffre des dizaines.
   >
   > 0, 1, 2, 3 ou 4 – arrondis vers le <u>bas</u>
   > 5, 6, 7, 8 ou 9 – arrondis vers le <u>haut</u>

   a) ↓ <u>3</u>40 300

   b) 880 ☐

   c) 650 ☐

   d) 170 ☐

   e) 240 ☐

   f) 620 ☐

   g) 710 ☐

   h) 580 ☐

   i) 980 ☐

   j) 930 ☐

   k) 650 ☐

   l) 290 ☐

   m) 851 ☐

   n) 158 ☐

   o) 338 ☐

   p) 411 ☐

   q) 658 ☐

   r) 149 ☐

   s) 291 ☐

   t) 372 ☐

   u) 868 ☐

   v) 207 ☐

   w) 525 ☐

   x) 459 ☐

   y) 801 ☐

jump math
MULTIPLYING POTENTIAL

Logique numérale 1

NS4-42 : Arrondir *(suite)*

4. Arrondis les nombres suivants à la **centaine** près.
    Souligne le chiffre des centaines en premier. Mets ensuite
    ton crayon sur le chiffre à sa droite (dizaines).

> **SOUVIENS-TOI :** 2 5̲31
>
> Pour arrondir à la centaine près, tu dois regarder le chiffre des dizaines.
>
> 0, 1, 2, 3 ou 4 – arrondis vers le <u>bas</u>
> 5, 6, 7, 8 ou 9 – arrondis vers le <u>haut</u>

a) 2 1̲56   `2 200`

b) 4 389

c) 3 229

d) 1 905

e) 5 251

f) 9 127

g) 6 472

h) 8 783

i) 7 255

j) 1 098

k) 3 886

l) 4 624

m) 8 077

n) 6 382

o) 9 561

p) 2 612

q) 5 924

BONUS
r) 2 963

s) 997

t) 3 982

5. Arrondis les nombres suivants au **millier** près. Souligne le
    chiffre des milliers en premier. Mets ensuite ton crayon sur
    le chiffre à sa droite (centaines).

> **SOUVIENS-TOI :** 7̲ 826
>
> Pour arrondir au millier près, tu dois regarder le chiffre des centaines.
>
> 0, 1, 2, 3 ou 4 – arrondis vers le <u>bas</u>
> 5, 6, 7, 8 ou 9 – arrondis vers le <u>haut</u>

a) 2̲ 757   `3 000`

b) 9 052

c) 6 831

d) 3 480

e) 5 543

f) 4 740

g) 8 193

h) 2 607

i) 6 107

j) 9 125

k) 5 114

l) 7 649

m) 1 336

n) 9 538

o) 4 226

p) 7 311

q) 8 644

r) 2 750

s) 9 928

Logique numérale 1

1. Souligne le chiffre auquel tu veux arrondir. Dis ensuite s'il faut arrondir vers le haut ou vers le bas.

a) *centaines*

| 2 | 3 | 4 | 5 |

vers le haut
~~vers le bas~~

b) *centaines*

| 6 | 5 | 6 | 3 |

vers le haut
vers le bas

c) *centaines*

| 3 | 8 | 5 | 2 |

vers le haut
vers le bas

d) *dizaines*

| 2 | 1 | 3 | 5 |

vers le haut
vers le bas

e) *dizaines*

| 2 | 0 | 7 | 5 |

vers le haut
vers le bas

f) *milliers*

| 7 | 8 | 4 | 2 |

vers le haut
vers le bas

2. Complète les deux premières étapes pour arrondir. Suis ensuite les étapes ci-dessous.

> Arrondis le chiffre souligné (vers le haut ou le bas).
> • Arrondir vers le haut : ajoute 1 au chiffre.
> • Arrondir ver le bas : le chiffre ne change pas.
>
>
>
> Les chiffres à la droite du chiffre arrondi deviennent des zéros.
> Les chiffres à la gauche ne changent pas.
>
>

a) *milliers*

| 3 | 2 | 0 | 1 |

h
b

b) *milliers*

| 6 | 8 | 7 | 5 |

h
b

c) *centaines*

| 4 | 3 | 1 | 7 |

h
b

d) *centaines*

| 8 | 6 | 8 | 1 |

h
b

e) *dizaines*

| 5 | 2 | 3 | 7 |

h
b

f) *dizaines*

| 3 | 9 | 2 | 1 |

h
b

g) *centaines*

| 2 | 8 | 5 | 7 |

h
b

h) *dizaines*

| 6 | 3 | 1 | 2 |

h
b

i) *milliers*

| 5 | 0 | 0 | 7 |

h
b

3. Parfois quand tu arrondis, tu dois regrouper.

> *Exemple :*
> Arrondis 3 995 à la centaine près.
>
> | 3 | 9 | 8 | 5 |
> | 10 | | | |
>
> 900 s'arrondit à 1 000.
>
> | 3 | 9 | 8 | 5 |
> | 4 | 0 | | |
>
> Regroupe les 10 centaines en 1 (millier) et ajoute-le au 3 (milliers).
>
> | 3 | 9 | 8 | 5 |
> | 4 | 0 | 0 | 0 |
>
> Finis d'arrondir.

Arrondis chaque nombre au chiffre donné (regroupe si tu dois).

a) 2 195 *dizaines*   b) 3 942 *centaines*   c) 9 851 *milliers*   d) 13 291 *dizaines*

e) 4 921 *centaines*   f) 6 973 *centaines*   g) 1 239 *dizaines*   h) 7 896 *dizaines*

Logique numérale 1

NS4-44 : Estimer les sommes et les différences

1. Estime en arrondissant à la <u>dizaine</u> près.

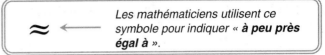

Les mathématiciens utilisent ce symbole pour indiquer « **à peu près égal à** ».

a) $52 \rightarrow$ 50
   $+ 34 \rightarrow +$ 30
   _____
   80

b) 19
   $+ 65$ $+$ _____

c) 47
   $- 11$ $-$ _____

d) 95
   $- 62$ $-$ _____

e) 32 + 11
   $\approx$ 30 + 10
   = 40

f) 74 + 32

g) 37 + 25

h) 84 + 28

i) **25 + 37**

j) **28 – 12**

k) **36 + 21**

l) **85 – 17**

2. Estime en arrondissant à la <u>centaine</u> près.

a)
   170 $\rightarrow$ 200
   $+ 350 \rightarrow +$ 400
   _____
   600

b)
   190
   $+ 650$ $+$ _____

c)
   470
   $- 110$ $-$ _____

d)
   950
   $- 620$ $-$ _____

e) 540 + 210
   $\approx$

f) 550 + 330

g) 210 + 770

h) 750 + 220

i) 380 + 420

j) 871 - 543

k) 483 - 283

l) 689 + 214

3. Estime en arrondissant au <u>millier</u> près.

a) 1 275 $\rightarrow$ 1 000
   $+ 3 940 \rightarrow +$ 4 000
   _____
   5 000

b) 4 729
   $- 3 132$ $-$ _____

c) 2 570
   $+ 634$ $+$ _____

d) 9 172
   $- 4 529$ $-$ _____

4. Arrondis à la <u>centaine</u> près. Trouve ensuite la somme ou la différence.

a) 3 272 + 1 235 $\approx$

b) 3 581 – 1 826 $\approx$

c) 4 821 – 3 670 $\approx$

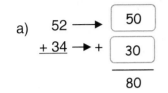

jump math
MULTIPLYING POTENTIAL.

Logique numérale 1

Anita amasse 21 livres et Marc amasse 28 livres pour donner à une œuvre de charité.
Ils ont estimé combien de livres ils ont amassé en tout.

Étape 1 : *En premier, ils ont arrondi les nombres à la dizaine près.* Étape 2 : *Ils ont ensuite additionné les résultats.*

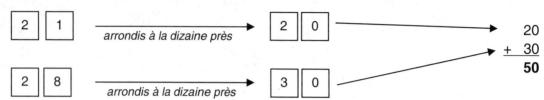

1. Estime combien de livres les enfants ont amassé. (Arrondis à la dizaine près.)

   a) Kishon amasse 24 livres et Jasjit amasse 32 livres.

   b) Mumtaz amasse 75 livres et Elizabeth amasse 18 livres.

   c) Annisha amasse 31 livres et Christina amasse 56 livres.

2. a) La classe 4A amasse 243 livres et la classe 4B amasse 456 livres pour une œuvre de charité.

   Environ combien de livres les classes 4A et 4B ont-elles amassé en tout?

   b) La classe 4C amasse 645 livres et la classe 4D amasse 129 livres.

   Environ combien de livres la classe 4C a-t-elle amassé de plus que la classe 4D?

   c) Environ combien de livres les classes de 4ᵉ année (4A, 4B, 4C, 4D) ont-elles amassé en tout?

3. Un magasin a les articles suivants à vendre :

   A. Sofa – 472 $ **B.** Fauteuil – 227 $ **C.** Table – 189 $ **D.** Bureau – 382 $ **E.** Lampe – 112 $

   Que pourrais-tu acheter si tu avais 800 $ à dépenser? Estime pour trouver la réponse.
   Maintenant additionne les prix actuels.

4. Estime. Additionne ou soustrais ensuite pour trouver la somme ou la différence.

   a) 376 + 212   b) 875 – 341   c) 907 – 588

NS4-46 : Estimer – Exercices supplémentaires

1. Estime les produits que tu penses être supérieurs à 7 000 et encercle-les. Vérifie ton estimation.

   a) 3897
       × 2

       Mon estimation [   ]

   b) 2318
       × 3

       Mon estimation [   ]

   c) 1387
       × 4

       Mon estimation [   ]

2. Si tu utilises la méthode d'**estimation initiale**, ignore tout sauf le premier chiffre du nombre.

   $$2\text{57} + 3\text{12} \approx 2\text{00} + 3\text{00} = 5\text{00}$$

   Remplis le tableau. Une estimation initiale donne-t-elle parfois un meilleur résultat pour l'addition?

	Arrondis à la centaine près	Estimation initiale	Somme réelle
a)	287 + 410 ≈ 300 + 400 = 700	287 + 410 ≈ 200 + 400 = 600	2 8 7 + 4 1 0 6 9 7
b)	647 + 452 ≈ =	647 + 452 ≈ =	6 4 7 + 4 5 2
c)	321 + 210 ≈	321 + 210 ≈ =	3 2 1 + 2 1 0

3. Quelles sommes sont supérieures à 700? Devine et vérifie ensuite en additionnant les nombres.

   a) 311 + 387   b) 452 + 286   c) 197 + 502

4. La différence estimée entre deux nombres est 400.
   Quels pourraient-être les nombres originaux?

5. Un éléphant pèse 4 574 kg.
   Une petite voiture pèse 1 623 kg.
   Estime combien de petites voitures égalent le poids d'un éléphant.

6. Les crayons se vendent dans des boîtes de 1 024.
   Estime environ combien de crayons il y a dans 8 boîtes.

BONUS
7. Écris une question de soustraction où l'estimation initiale donne un meilleur résultat estimé que si tu arrondissais à la centaine près.

NS4-47 : Compter des pièces de monnaie

1. Écris la valeur de chaque pièce.

a) Valeur _____

b) Valeur _____

c) Valeur _____

d) Valeur _____

2. Réponds aux questions suivantes.

a) Combien de pièces de un cent te faut-il pour faire cinq cents? _____

b) Combien de pièces de un cent te faut-il pour faire dix cents? _____

c) Combien de pièces de cinq cents te faut-il pour faire dix cents? _____

d) Combien de pièces de cinq cents te faut-il pour faire vingt-cinq cents? _____

e) Combien de pièces de un cent te faut-il pour faire vingt-cinq cents? _____

f) Combien de pièces de dix cents te faut-il pour faire vingt-cinq cents si tu as déjà une pièce de cinq cents? _____

3. Compte par 5 en commençant par les nombres donnés.

a) 80, _____, _____, _____

b) 40, _____, _____, _____

c) 60, _____, _____, _____

d) 70, _____, _____, _____

e) 105, _____, _____, _____

f) 120, _____, _____, _____

4. Compte par 5 en commençant par les nombres donnés.

a) 55, ____, ____, ____, ____

b) 75, ____, ____, ____, ____

c) 85, ____, ____, ____, ____

5. Compte par 10 en commençant par les nombres donnés.

a) 30, _____, _____, _____

b) 60, _____, _____, _____

c) 80, _____, _____, _____

d) 70, _____, _____, _____

e) 100, _____, _____, _____

f) 120, _____, _____, _____

6. Compte par 10 en commençant par les nombres donnés.

a) 55, ____, ____, ____, ____

b) 70, ____, ____, ____, ____

c) 85, ____, ____, ____, ____

Logique numérale 1

7. Compte par le premier nombre donné, et ensuite par le nombre indiqué après la ligne verticale.

a) _5_ , ___ , ___ , ___ , ___ | ___ , ___ , ___

   Compte par 5   *Continue de compter par 1*

b) _5_ , ___ , ___ , ___ | ___ , ___ , ___

   Compte par 5   *Continue de compter par 1*

8. Compte par le premier nombre donné, et ensuite par le nombre indiqué après la ligne verticale.

(10¢) (10¢)   (5¢) (5¢) (5¢) (5¢) (5¢)

a) _5_ , ___ , ___ | ___ , ___ , ___ , ___ , ___

   Compte par 10   *Continue de compter par 5*

(10¢) (10¢) (10¢)   (5¢) (5¢) (5¢) (5¢)

b) ___ , ___ , ___ | ___ , ___ , ___ , ___

   Compte par 10   *Continue de compter par 5*

(25¢) (25¢) (25¢)   (10¢) (10¢)

c) ___ , ___ , ___ | ___ , ___

   Compte par 25   *Compte par 10*

(25¢) (25¢) (25¢)   (5¢) (5¢)

d) ___ , ___ , ___ | ___ , ___

   Compte par 25   *Compte par 5*

9. Compte par le premier nombre donné, et ensuite par les nombres indiqués.

a) _25_ , _50_ , _75_ | _80_ , _85_ | _86_

   Compte par 25   *Compte par 5*   *Compte par 1*

b) ___ , ___ | ___ , ___ | ___ , ___ , ___

   Compte par 25   *Compte par 10*   *Compte par 5*

c) ___ , ___ | ___ | ___ , ___ , ___

   Compte par 25   *Compte par 10*   *Compte par 5*

d) ___ , ___ , ___ | ___ , ___ | ___ , ___

   Compte par 25   *Compte par 10*   *Compte par 1*

BONUS

e) ___ , ___ | ___ , ___ , ___ | ___ , ___ | ___ , ___

   Compte par 25   *Compte par 10*   *Compte par 5*   *Compte par 1*

10. Compte par la valeur de la première pièce donnée, et ainsi de suite à mesure que les pièces changent.

(10¢) (10¢) (10¢) (5¢) (5¢) (1¢)   (5¢) (5¢) (5¢) (10¢) (10¢) (1¢)

a) _10_ , _20_ , _30_ , _35_ , _40_ , _41_

b) ___ , ___ , ___ , ___ , ___ , ___

BONUS

(25¢) (25¢) (25¢) (25¢) (10¢) (10¢) (5¢) (5¢) (5¢) (1¢) (1¢) (1¢) (1¢)

c) ___ , ___ , ___ , ___ , ___ , ___ , ___ , ___ , ___ , ___ , ___ , ___ , ___

11. Complète chaque régularité.

a)

10 , 20 , 30	35 , 40	41
Compte par 10	Compte par 5	Compte par 1

b)

____ , ____	____ , ____	____ , ____ , ____
Compte par 25	Compte par 10	Compte par 1

c)

____ , ____	____ , ____	____ , ____
Compte par 25	Compte par 5	Compte par 1

d)

____ , ____ , ____	____ , ____	____ , ____
Compte par 25	Compte par 10	Compte par 5

BONUS   e)

____ , ____	____ , ____ , ____	____ , ____	____ , ____
Compte par 25	Compte par 10	Compte par 5	Compte par 1

12. Écris le montant total d'argent, en cents, pour le nombre de pièces de monnaie dans les tableaux.

INDICE : Compte le plus grand montant en premier.

a)

5 ¢	1 ¢
7	4

Montant total =

b)

25 ¢	10 ¢
4	2

Montant total =

c)

25 ¢	5 ¢
6	6

Montant total =

BONUS

d)

25 ¢	5 ¢	1 ¢
3	1	2

Montant total =

e)

25 ¢	10 ¢	5 ¢
2	2	5

Montant total =

f)

25 ¢	10 ¢	5 ¢	1 ¢
2	1	2	6

Montant total =

g)

25 ¢	10 ¢	5 ¢	1 ¢
5	3	4	9

Montant total =

13. Compte les pièces de monnaie données et écris le montant total. **INDICE : Compte le plus grand montant en premier.**

a) (25¢) (1¢) (1¢) (5¢) (5¢) (10¢)

Montant total = _____

b) (10¢) (1¢) (10¢) (25¢) (25¢) (1¢)

Montant total = _____

c) (10¢) (1¢) (25¢) (5¢) (10¢) (25¢)

Montant total = _____

d) (5¢) (10¢) (25¢) (5¢) (1¢) (5¢)

Montant total = _____

BONUS

e) (5¢) (1¢) (1¢) (5¢) (25¢) (5¢) (1¢) (10¢) (10¢) (25¢) (25¢)

Montant total = _____

ENSEIGNANT : Laissez vos élèves pratiquer la question 5 avec de la fausse monnaie.

Logique numérale 1

NS4-48 : Compter par différentes dénominations

1. Ajoute le montant qui manque, en comptant par 5.

   a) 14, _____ , 24 , 29

   b) 30, _____ , _____ , 45

   c) 67, _____ , _____ , 82

   d) 18, _____ , _____ , 33

   e) 71, _____ , _____ , 86

   f) 45, _____ , _____ , 60

2. Ajoute le montant qui manque, en comptant par 10.

   a) 63, _____ , 83

   b) 24, _____ , _____ , 54

   c) 39, _____ , _____ , 69

3. Pour chacune des questions ci-dessous, écris la pièce de monnaie qui manque pour compléter l'addition. Les réponses possibles pour chaque question sont données.

   a) 10¢ 5¢ ( ) = 16 ¢
   10 ¢ ou 1 ¢

   b) 10¢ 5¢ ( ) = 20 ¢
   10 ¢ ou 5 ¢

   c) 10¢ 10¢ ( ) = 21 ¢
   10 ¢ ou 1 ¢

   d) 25¢ 25¢ ( ) = 75 ¢
   25 ¢ ou 10 ¢

   e) 25¢ 10¢ ( ) = 40 ¢
   10 ¢ ou 5 ¢

   f) 10¢ 5¢ ( ) = 40 ¢
   25 ¢ ou 5 ¢

4. Pour chaque question, dessine les <u>pièces de cinq cents</u> qui manquent pour obtenir le total.

   a) 10¢   = 20 ¢

   b) 1¢ 1¢   = 12 ¢

   c) 10¢ 10¢ 1¢   = 31 ¢

   d) 10¢ 5¢ 1¢   = 26 ¢

   e) 25¢ 5¢   = 45 ¢

   f) 5¢ 5¢   = 40 ¢

5. Pour chaque question, dessine les <u>pièces de dix cents</u> qui manquent pour obtenir le total.

   a) 25¢ 5¢   = 50 ¢

   b) 25¢ 1¢
      25¢ 1¢   = 62 ¢

   c) 10¢ 10¢ 5¢   = 35 ¢

   d) 10¢ 5¢ 1¢   = 46 ¢

   e) 25¢ 25¢   = 80 ¢

   f) 5¢ 5¢   = 50 ¢

   g) 25¢ 25¢
      5¢ 5¢   = 80 ¢

   h) 25¢ 25¢
      25¢ 5¢   = 90 ¢

   i) 25¢ 25¢
      25¢ 5¢   = 110 ¢

6. Pour chaque question, dessine les <u>pièces de monnaie</u> qui manquent pour obtenir chaque total.

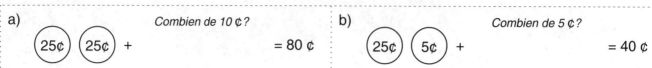

a)   Combien de 10 ¢ ?

(25¢) (25¢) +   = 80 ¢

b)   Combien de 5 ¢ ?

(25¢) (5¢) +   = 40 ¢

c)   Combien de 10 ¢

(10¢) (10¢) +   = 40 ¢

d)   Combien de 25 ¢ ?

(25¢) (25¢) +   = 100 ¢

BONUS

7. Dessine les pièces de monnaie qui manquent pour obtenir chaque total. Tu peux utiliser seulement **deux** pièces pour chaque question, soit : 1 ¢ et 5 ¢, 1 ¢ et 10 ¢, ou 5 ¢ et 10 ¢.

a)   21 ¢   (10¢)

b)   35 ¢   (10¢) (5¢)

c)   50 ¢   (25¢) (10¢)

d)   17 ¢   (5¢) (1¢)

e)   31 ¢   (10¢) (1¢)

f)   65 ¢   (25¢) (25¢)

8. Dessine les pièces de monnaie qui manquent pour obtenir chaque total. Tu peux utiliser seulement **deux** pièces pour chaque question, soit une pièce de un dollar ou une pièce de deux dollars.

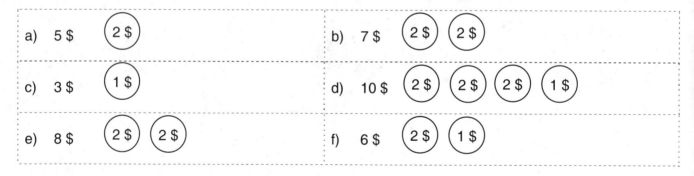

a)   5 $ (2 $)

b)   7 $ (2 $) (2 $)

c)   3 $ (1 $)

d)   10 $ (2 $) (2 $) (2 $) (1 $)

e)   8 $ (2 $) (2 $)

f)   6 $ (2 $) (1 $)

9. Dessine les pièces de monnaie additionnelles dont chaque enfant aura besoin pour acheter l'article qu'il veut. Utilise le moins de pièces possible.

   a) Tashi a 25 ¢. Il veut acheter un crayon pour 45 ¢.

   b) Zoltan a trois pièces de 25 ¢, un 10 ¢ et un 5 ¢. Il veut acheter un cahier pour 98 ¢.

   c) Marzuk a deux pièces de 2 $ et une pièce de 1 $. Il veut acheter un cahier pour 7,25 $.

10. Montre comment tu peux obtenir 80 ¢ en utilisant seulement :
    a) des 10 cents et des 25 cents   b) des 5 cents et des 25 cents

11. Écris un problème comme l'un de ceux dans la question 9, et trouve la solution.

NS4-49 : Le moins de pièces de monnaie possible

1. Utilise le moins de pièces de monnaie possible pour obtenir les totaux.
   INDICE : Commence en essayant de voir combien de pièces de dix cents il te faut.

a) 12 ¢   (10¢)(1¢)(1¢) *correct*

        (5¢)(5¢)(1¢)(1¢) *incorrect*

b) 16 ¢

c) 22 ¢

d) 8 ¢

e) 15 ¢

f) 20 ¢

g) 17 ¢

h) 24 ¢

i) 11 ¢

j) 15 ¢

k) 19 ¢

l) 23 ¢

2. Indique les montants : a) deux 25 cents = _____ ¢ b) trois 25 cents = _____ ¢ c) quatre 25 cents = _____ ¢

3. Quel est le plus grand montant que tu peux payer en pièces de 25 cents, sans dépasser le montant?
   (Dessine les pièces de 25 ¢ pour montrer ta réponse.)

Montant	Plus grand montant que tu pourrais payer en pièces de 25 ¢	Montant	Plus grand montant que tu pourrais payer en pièces de 25 ¢
a) 35 ¢		b) 53 ¢	
c) 78 ¢		d) 83 ¢	
e) 59 ¢		f) 64 ¢	
g) 49 ¢		h) 31 ¢	
i) 82 ¢		j) 95 ¢	
k) 29 ¢		l) 72 ¢	

Logique numérale 1

4. Trouve le plus grand montant que tu peux payer en pièces de 25 cents.
Représente ensuite le montant qui reste en utilisant le moins de pièces de monnaie possible.

Montant	Montant payé en pièces de 25 cents	Montant qui reste	Montant qui reste en pièces de monnaie
a) 83 ¢	75 ¢	83 ¢ - 75 ¢ = 8 ¢	(5¢) (1¢) (1¢) (1¢)
b) 56 ¢			
c) 33 ¢			
d) 85 ¢			
e) 97 ¢			

5. Utilise le **moins** de pièces de monnaie possible pour obtenir chaque total. Le premier a été fait pour toi.
INDICE : Commence en trouvant le plus grand montant que tu peux payer en pièces de 25 ¢ (comme à la question 4).

a) 30 ¢ (10¢) (10¢) (10¢) *incorrect* (25¢) (5¢) *correct*	b) 76 ¢
c) 40 ¢	d) 53 ¢

6. Montre comment obtenir 55 ¢ avec le moins de pièces possible (utilise de la fausse monnaie).

7. Échange des pièces pour obtenir chaque montant avec le moins de pièces possible. Fais un dessin pour montrer ta réponse finale.

a) (5¢) (5¢) (5¢) (10¢)

b) (25¢) (25¢) (25¢) (25¢)

c) (5¢) (5¢) (1 $) (1 $)

d) (10¢) (10¢) (5¢) (1 $)

e) (25¢) (10¢) (5¢) (2$) (25¢) (10¢) (25¢) (25¢)

f) (10¢) (10¢) (5¢) (1 $) (1 $) (1 $) (1 $) (1¢) (1¢) (1¢) (1¢) (1¢)

8. Comment peux-tu échanger les montants suivants pour moins de pièces de monnaie?

a) cinq pièces de 25 ¢

b) quatre 10 ¢ et deux 5 ¢

c) six pièces de 1 $

d) sept pièces de 1 $ et cinq 10 ¢

e) neuf pièces de 1 $, six 10 ¢, deux 5 ¢ et cinq 1 ¢

Logique numérale 1

1. Calcule la monnaie à rendre pour chaque achat.

    a) Prix d'un crayon = 42 ¢
       Montant payé = 50 ¢

       Monnaie = _____

    b) Prix d'une gomme à
       effacer = 34 ¢
       Montant payé = 50 ¢

       Monnaie = _____

    c) Prix d'un taille-crayon = 81 ¢
       Montant payé = 90 ¢

       Monnaie = _____

    d) Prix d'une règle = 56 ¢
       Montant payé = 60 ¢

       Monnaie = _____

    e) Prix d'un feutre = 78 ¢
       Montant payé = 80 ¢

       Monnaie = _____

    f) Prix d'un cahier = 63 ¢
       Montant payé = 70 ¢

       Monnaie = _____

2. Compte par 10 pour trouver la monnaie à rendre pour un dollar (100 ¢).

Prix payé	Monnaie	Prix payé	Monnaie	Prix payé	Monnaie
a) 90 ¢		d) 40 ¢		g) 20 ¢	
b) 70 ¢		e) 10 ¢		h) 60 ¢	
c) 50 ¢		f) 30 ¢		i) 80 ¢	

3. Trouve la monnaie à rendre pour chaque achat.
   INDICE : Compte par 10.

    a) Prix d'une sucette = 50 ¢
       Montant payé = 1 $

       Monnaie = _____

    b) Prix d'une gomme à
       effacer = 60 ¢
       Montant payé = 1 $

       Monnaie = _____

    c) Prix d'une pomme = 30 ¢
       Montant payé = 1 $

       Monnaie = _____

    d) Prix d'une banane = 60 ¢
       Montant payé = 1 $

       Monnaie = _____

    e) Prix d'un chausson = 80 ¢
       Montant payé = 1 $

       Monnaie = _____

    f) Prix d'un crayon = 20 ¢
       Montant payé = 1 $

       Monnaie = _____

    g) Prix d'une gomme = 10 ¢
       Montant payé = 1 $

       Monnaie = _____

    h) Prix d'un jus = 40 ¢
       Montant payé = 1 $

       Monnaie = _____

    i) Prix d'une glace = 70 ¢
       Montant payé = 1 $

       Monnaie = _____

4. Trouve le plus petit nombre à 2 chiffres qui se termine par zéro (10, 20, 30, 40...) qui est <u>plus grand</u> que le nombre donné.

    a) 72 [80]   b) 54 [   ]   c) 47 [   ]   d) 26 [   ]   e) 58 [   ]   f) 7 [   ]

jump math
MULTIPLYING POTENTIAL.

Logique numérale 1

5. Calcule la monnaie à rendre pour 1 $ pour les montants ci-dessous. Suis les étapes montrées pour 17 ¢.

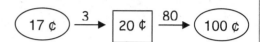

Étape 1 : Trouve le plus petit multiple de 10 plus grand que 17 ¢.

Étape 2 : Trouve les différences.   20 – 17 *et* 100 – 20

Étape 3 : Additionne les différences.   3 ¢ + 80 ¢   **Monnaie = 83 ¢**

a)

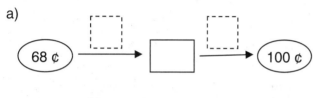

Monnaie = _____

b)

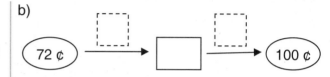

Monnaie = _____

c)

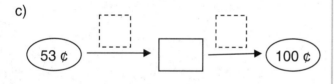

Monnaie = _____

d)

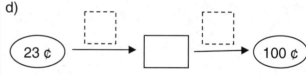

Monnaie = _____

e)

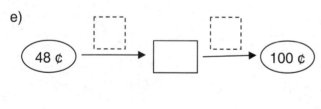

Monnaie = _____

f)

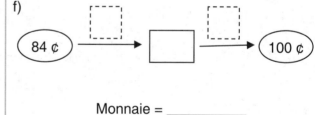

Monnaie = _____

6. Calcule la monnaie à rendre pour les montants suivants si tu paies avec 100 ¢ (calcule dans ta tête).

   a) 58 ¢ _____   b) 64 ¢ _____   c) 27 ¢ _____   d) 36 ¢ _____   e) 52 ¢ _____

   f) 29 ¢ _____   g) 97 ¢ _____   h) 14 ¢ _____   i) 89 ¢ _____   j) 91 ¢ _____

BONUS

7. Calcule la monnaie à rendre pour les montants suivants, dans ta tête.

   a) Prix : 37 ¢   Montant payé : 50 ¢   b) Prix : 58 ¢   Montant payé : 75 ¢

      Monnaie à rendre : _____   Monnaie à rendre : _____

NS4-51 : Les listes organisées

Plusieurs problèmes en mathématiques et en science ont plus d'une solution.

Si un problème implique deux quantités, fais la liste des valeurs d'une des quantités en ordre croissant. Tu trouveras ainsi toutes les solutions possibles.

Par exemple, pour trouver toutes les façons de faire 35 ¢ avec des dix cents et des cinq cents, commence en supposant que tu n'as pas de dix cents, ensuite que tu as un dix cents, et ainsi de suite jusqu'à trois dix cents (4 serait trop grand).

Dans chaque cas, compte par 5 jusqu'à 35 pour trouver combien de cinq cents il te faudra pour obtenir 35 ¢.

Étape 1 :

10 cents	5 cents
0	
1	
2	
3	

Étape 2 :

10 cents	5 cents
0	7
1	5
2	3
3	1

----

1. Ajoute le montant de cents, de cinq cents ou de dix cents dont tu as besoin pour ...

a) ... obtenir 19 ¢

10 cents	cents
0	
1	
2	

b) ... obtenir 45 ¢

10 cents	5 cents
0	
1	
2	
3	
4	

c) ... obtenir 24 ¢

5 cents	cents
0	
1	
2	
3	
4	

d) ... obtenir 35 ¢

10 cents	5 cents
0	
1	
2	
3	

e) ... obtenir 32 ¢

10 cents	cents
0	
1	
2	
3	

f) ... obtenir 30 ¢

10 cents	5 cents
0	
1	
2	
3	

2.

25 cents	5 cents
0	
1	
2	

Kyle veut trouver toutes les façons possibles de faire 55 ¢ en utilisant des pièces de 25 cents et des pièces de 5 cents. Il fait la liste du nombre de pièces de 25 cents en ordre croissant. Pourquoi a-t-il arrêté à deux pièces de 25 cents?

_____

_____

jump math
MULTIPLYING POTENTIAL.

Logique numérale 1

3. Ajoute le montant de cents, cinq cents, dix cents ou vingt-cinq cents dont tu as besoin pour ...
   INDICE : Tu n'auras peut-être pas besoin de te servir de toutes les rangées.

a) ... obtenir 13 ¢

10 cents	cents

b) ... obtenir 80 ¢

25 cents	5 cents

c) ... obtenir 90 ¢

25 cents	5 cents

ENSEIGNANT :
Donnez à vos élèves des questions de pratique comme celles ci-dessous avant de les laisser continuer.

4. Les oiseaux ont 2 pattes, les chats ont 4 pattes et les fourmis ont 6 pattes. Complète les tableaux pour trouver combien de pattes a chaque combinaison d'animaux.

a)

oiseaux	chats	nombre total de pattes
0	2	
1	1	
2	0	

b)

oiseaux	fourmis	nombre total de pattes
0	2	
1	1	
2	0	

5. Remplis les tableaux pour trouver la solution aux problèmes.

a)

oiseaux	chiens	nombre total de pattes

Deux animaux domestiques ont six pattes au total. Chaque animal est soit un oiseau ou un chien. Combien y a-t-il d'oiseaux et de chiens?

oiseaux	chats	nombre total de pattes

Trois animaux domestiques ont huit pattes au total. Chaque animal est soit un oiseau ou un chat. Combien y a-t-il d'oiseaux et de chats?

ME4-1 : Estimer les longueurs en centimètres

1. Un **centimètre** (cm) est une unité de mesure pour la **longueur** (ou la **hauteur** ou l'**épaisseur**).

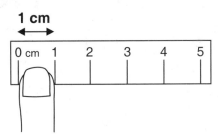

Ton index mesure approximativement un centimètre de large.

Mesure les objets suivants en utilisant ton index (ou le doigt qui mesure le plus près de 1 cm).

a) Mon crayon mesure environ _____ cm de long.   b) Mon soulier mesure environ _____ cm de long.

2. Choisis un autre objet dans la classe et mesure-le avec ton index.

_____ mesure environ _____ cm.

3.

Une pièce de 2 $ mesure environ 3 cm de large.

Combien de pièces de 2 $ te faudrait-il pour faire ...
INDICE : Compte par 3.

a) 15 cm? _____   b) 18 cm? _____   c) 30 cm? _____

4. Mets ta main sur une règle.

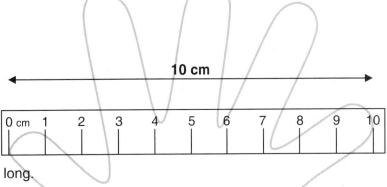

Combien dois-tu écarter les doigts pour que ta main mesure 10 cm de large?

Mesure maintenant les objets suivants en te servant de ta main écartée.

a) Mon pupitre mesure environ _____ cm de long.

b) Mon bras mesure environ _____ cm de long.

5. Choisis d'autres objets dans la classe que tu peux mesurer avec ta main.

a) 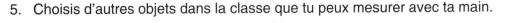_____ mesure environ _____ cm de long.

b) _____ mesure environ _____ cm de long.

ME4-2 : Mesurer en centimètres

Midori compte le nombre de centimètres entre les flèches en comptant les « bonds » nécessaires pour bouger entre elles.

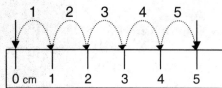

__5__ cm

---

1. Mesure la distance entre les flèches.

    a) 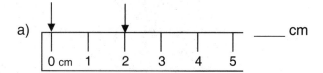 ____ cm

    b) 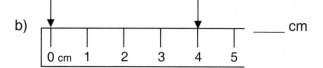 ____ cm

2. Mesure la distance entre les flèches. Fais attention en comptant, car la première flèche n'est pas au début de la règle.

    a) 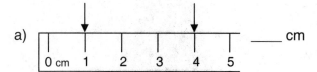 ____ cm

    b) 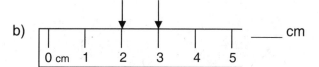 ____ cm

3. Mesure la distance entre les flèches.

    a) 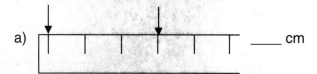 ____ cm

    b)  ____ cm

4. Mesure la longueur de chaque ligne ou objet.

    a) 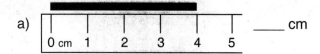 ____ cm

    b)  ____ cm

    c) 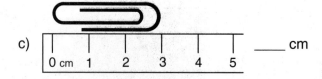 ____ cm

    d) 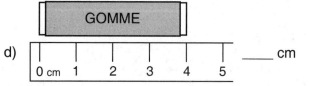 ____ cm

5. Mesure la longueur de la ligne et de l'objet ci-dessous.

    a) 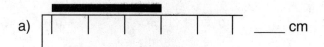 ____ cm

    b) 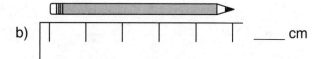 ____ cm

1. Mesure la longueur de chaque ligne avec ta règle.

a) _____ ____ cm

b) _____ ____ cm

c) _____ ____ cm

d) _____ ____ cm

2. Mesure la longueur de chaque objet avec ta règle.

a) _____ cm

b) _____ cm

3. Mesure tous les côtés des figures.

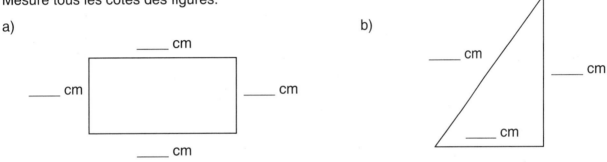

a) ____ cm   ____ cm   ____ cm   ____ cm

b) ____ cm   ____ cm   ____ cm

4. Sur chaque règle, dessine deux flèches pour indiquer la distance donnée. Le premier est fait pour toi.

a) flèches séparées par 4 cm   b) flèches séparées par 3 cm   c) flèches séparées par 5 cm

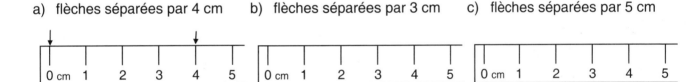

5. Utilise une règle pour tracer une ligne qui mesure …

a) 1 cm de long   b) 4 cm de long   c) 2 cm de long

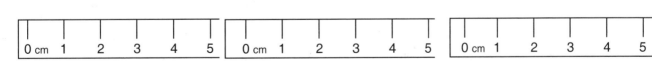

6. Trace une ligne …
    a) 3 cm de long
    b) 5 cm de long
    c) 10 cm de long

7. Dessine chaque objet exactement à la mesure donnée.
    a) Une chenille – 4 cm de long
    b) Une feuille – 11 cm de long
    c) Un crayon – 8 cm de long

8. Sur du papier quadrillé, trace un rectangle qui mesure 5 cm de long et 2 cm de large.

La mesure 1

Si tu regardes une règle qui mesure en millimètres, tu peux voir que 1 cm égale 10 mm :

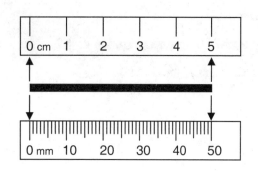

Combien mesure la ligne en mm? Et en cm?

Longueur en mm _____, ou longueur en cm _____.

Pour convertir une mesure exprimée en cm en une mesure exprimée en mm, tu dois multiplier la mesure par _____ .

---

1. Ton index mesure environ 1 cm (ou 10 mm) de large. Mesure les objets suivants en utilisant ton index et convertis ensuite la mesure en mm.

a)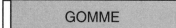

La gomme mesure environ __5__ index.

Elle mesure donc environ __50__ mm de long.

b)

Le crayon de couleur mesure environ _____ index.

Il mesure donc environ _____ mm de long.

c)

Le crayon mesure environ _____ index.

Il mesure donc environ _____ mm de long.

d)

La punaise mesure environ _____ index.

Elle mesure donc environ _____ mm de long.

2. L'épaisseur d'une pièce de 10 cents est d'environ 1 mm. La hauteur d'une pile de dix 10 ¢ serait donc d'environ 1 cm.

 1 pièce de 10 ¢ = 1mm

 10 pièces de 10 ¢ = 10 mm = 1 cm

Combien de pièces de 10 ¢ y aurait-il dans une pile qui mesure …

a) 2 cm en hauteur?   b) 3 cm en hauteur?   c) 5 cm en hauteur?   d) 10 cm en hauteur?

_____   _____   _____   _____

3. Jamelia a 4 piles de pièces de 10 ¢. Chaque pile mesure environ 1 cm en hauteur. Combien d'argent a Jamelia? Explique.

ME4-5 : Les millimètres et les centimètres

Mei-Ling veut mesurer une ligne de 23 mm de long.

Plutôt que de compter chaque millimètre, Mei-Ling compte par 10 jusqu'à ce qu'elle arrive à 20. Elle compte ensuite par 1.

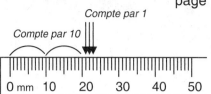

---

1. Quelle est la distance entre les deux flèches?

    a)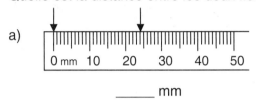

    _____ mm

    b)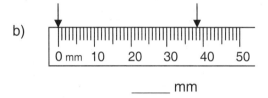

    _____ mm

2. Mesure la longueur de chaque ligne.

    a)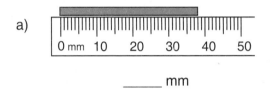

    _____ mm

    b)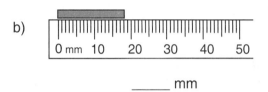

    _____ mm

3. Avec une règle, trace une ligne commençant sur le « 0 » de la règle et finissant à la longueur donnée.

    a) Trace une ligne de 16 mm.

    b) Trace une ligne de 41 mm.

4. Estime si chaque ligne mesure <u>moins de</u> ou <u>plus de</u> 30 mm. Mets un crochet dans la colonne appropriée.

	Moins de 30 mm	Plus de 30 mm
a) 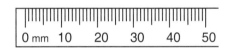		
b)		
c)		
d)		
e)		

5. Tes estimations étaient-elles bonnes? Mesure la longueur de chaque ligne de la question 4.

    a) _____ mm   b) _____ mm   c) _____ mm   d) _____ mm   e) _____ mm

ME4-5: Les millimètres et les centimètres *(suite)*

6. **Estime** si la distance entre les lignes est <u>moins de</u> 20 mm ou <u>plus de</u> 20 mm. Mesure ensuite la distance **réelle** en millimètres.

	Moins de 20 mm	Plus de 20 mm	Distance réelle
a) | |			
b) | |			
c) | |			
d) | |			

7. Mesure les lignes suivantes en centimètres et en millimètres.

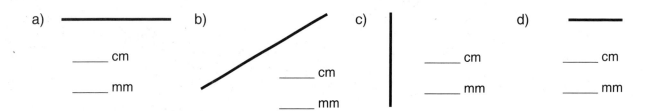

a) _____ cm _____ mm b) _____ cm _____ mm c) _____ cm _____ mm d) _____ cm _____ mm

8. Mesure les côtés des rectangles en cm. Mesure ensuite la distance entre les deux coins diagonaux en cm et en mm. (La ligne pointillée te servira de guide pour ta règle.)

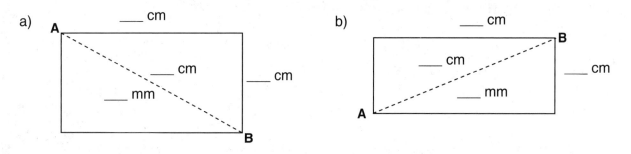

a) ___ cm   ___ cm   ___ mm   ___ cm

b) ___ cm   ___ cm   ___ mm   ___ cm

9. Utilise une règle pour dessiner les objets suivants exactement aux millimètres donnés.

   a) Une ligne de 20 mm de long   b) Une ligne de 27 mm de long   c) Une ligne de 52 mm de long

   d) Un insecte de 30 mm de long   e) Un crayon de 70 mm de long   f) Une bicyclette de 28 mm de lon

10. Sur du papier quadrillé, trace un rectangle qui mesure 60 mm de long et 2 cm de large.

ME4-6 : Comparer les centimètres et les millimètres

1. Combien de millimètres (mm) y a-t-il dans un centimètre (cm)? _____

2. Par quel nombre dois-tu multiplier pour convertir une mesure de centimètres (cm) en millimètres (mm)?
_____

3. Ajoute les nombres qui manquent dans les tableaux suivants.

mm	cm
	4
57	
	5

mm	cm
	7
	12
	35

mm	cm
	112
	170
	293

mm	cm
	8
	257
	32

4. Par quel nombre dois-tu diviser pour convertir une mesure de mm en cm? _____

a) 40 ÷ 10 = _____   b) 60 ÷ 10 = _____   c) 2 100 ÷ 10 = _____   d) 90 ÷ 10 = _____

e) 320 mm = _____ cm   f) 30 mm = _____ cm   g) 910 mm = _____ cm   h) 650 mm = _____ cm

5. Complète les tableaux suivants.

mm	cm
5	
	80

mm	cm
19	
1	

mm	cm
12	
	180

mm	cm
7	
	91

6. Convertis les mesures en cm suivantes en mm (montre ton travail). Encercle ensuite la plus grande mesure.

a)   5 cm   70 mm   b)   83 cm   910 mm   c)   45 cm   53 mm

d)   2 cm   12 mm   e)   60 cm   6 200 mm   f)   72 cm   420 mm

7. Estime la largeur et la longueur (en cm) de chaque rectangle.
   Mesure ensuite exactement tes résultats en mm en te servant de ta règle.

a)

b)

Estimation : _____ cm par _____ cm   Estimation : _____ cm par _____ cm

Mesure réelle : _____ mm par _____ mm   Mesure réelle : _____ mm par _____ mm

ME4-7 : Les centimètres et les millimètres (avancé)

1. En utilisant une règle, trace une deuxième ligne séparée de la première ligne par la distance donnée. Complète ensuite le tableau.

		Distance entre les deux lignes	
		en cm	en mm
a)		4	40
b)		3	
c)			80
d)		7	

2. Dans l'espace fourni, trace une ligne qui mesure ...

    a) entre 3 et 4 cm   Combien mesure ta ligne en mm? _____

    b) entre 4 et 5 cm   Combien mesure ta ligne mm? _____

    c) entre 5 et 6 cm   Combien mesure ta ligne en mm? _____

3. Écris une mesure en mm qui est entre ...

    a) 6 et 7 cm _____   b) 7 et 8 cm _____   c) 12 et 13 cm _____

4. Écris une mesure en cm qui est entre ...

    a) 67 mm et 75 mm _____   b) 27 mm et 39 mm _____

    c) 52 mm et 7 cm _____   d) 112 mm et 13 cm _____

5. Trace une ligne qui mesure un nombre entier de centimètres et dont la longueur est entre ...

    a) 45 et 55 mm de long

    b) 65 et 75 mm de long

    c) 17 et 23 mm de long

6. Peter dit que 5 mm est plus long que 2 cm parce que 5 est plus grand que 2.
    A-t-il raison?
    Explique.

ME4-8 : Les problèmes et les casse-têtes

1. Chaque feuille a une longueur différente.

Orme : 4 cm   **Érable : 5 cm**   **Saule : 6 cm**   **Chêne : 7 cm**

Mesure la longueur des différentes feuilles pour les identifier.

2. Quelle ligne est plus longue,
A ou B?

a)

A

B

b)

A

B

c)

A

B

ME4-9 : Les mètres

Un **mètre** (m) est une unité de mesure de la **longueur** (or **hauteur** or **épaisseur**) égale à 100 cm.

Un mètre (règle) mesure
100 cm de long.

- -

Tu peux estimer des mètres en utilisant des parties de ton corps.

- Un pas de géant mesure environ un mètre de long.

- Un enfant de quatre ou cinq ans mesure environ un mètre de hauteur.

- Si tu étends les bras, la distance entre les bouts de tes doigts mesure environ un mètre. Cette distance s'appelle l'*envergure*.

1. Fais un pas de géant et demande à un ami de mesurer ton pas avec un morceau de ficelle. Mets la ficelle sur un mètre.

   Ton pas est-il plus grand ou plus petit qu'un mètre? _____

2. Demande à un ami de mesurer l'envergure de tes bras en utilisant un morceau de ficelle.

   Ton envergure est-elle plus grande ou plus petite qu'un mètre?

   _____

3. Calcule combien tu mesures en cm avec un mètre.

   Tu mesures _____ cm.   Es-tu plus grand que 1 mètre? _____

   4. Estime les distances suivantes.
      Mesure ensuite la distance en utilisant un mètre ou un mètre à ruban.

   a) La longueur d'un tableau noir est :   Estimation - ____ m _____ cm   Réelle - ____ m _____ cm

   b) La longueur de ton pupitre est :   Estimation - ____ m _____ cm   Réelle - ____ m _____ cm

   c) La distance entre le plancher et la poignée de porte est :   Estimation - ____ m _____ cm   Réelle - ____ m _____ cm

5. Un petit pâté de maisons mesure 100 m de long.
   Écris le nom d'un endroit où tu peux marcher, à partir de ton école (un magasin, un parc, ta maison).

   Il y a environ combien de mètres entre l'endroit que tu as choisi et ton école?

La mesure 1

ME4-10 : Les mètres (avancé)

1. Peux-tu trouver la régularité dans le tableau suivant et ensuite la compléter?

m	1	2	3	4	5	6
dm	10	20				
cm	100	200				
mm	1000	2000				

2. a) 1 cm = _____ mm   b) 1 m = _____ cm   c) 1 m = _____ mm

3. Convertis les mesures suivantes.

a)
m	cm
1	
14	
80	

b)
m	mm
2	
19	
21	

c)
cm	mm
3	
65	
106	

4. Sheena a mesuré la hauteur de la fenêtre dans sa chambre avec un mètre et un mètre à ruban.
   - Quand elle a mesuré avec le mètre, la fenêtre mesurait 2 m et 15 cm de plus.
   - Quand elle a mesuré avec le mètre à ruban, la fenêtre mesurait 215 cm.

   Y a-t-il une différence entre les deux mesures? Explique.

   _____

   _____

5. Convertis les mesures données en cm en unités de mesure multiples.

   a) 513 cm = __5__ m __13__ cm   b) 217 cm = _____ m _____ cm

   c) 367 cm = _____ m _____ cm   d) 481 cm = _____ m _____ cm

   e) 706 cm = _____ m _____ cm   f) 303 cm = _____ m _____ cm

6. Convertis les mesures données en unités multiples en une seule unité de mesure.

   a) 3 m 71 cm = __371__ cm   b) 4 m 51 cm = _____ cm   c) 3 m 45 cm = _____ cm

   d) 8 m 2 cm = _____ cm   e) 9 m 7 cm = _____ cm   f) 7 m 50 cm = _____ cm

jump math
MULTIPLYING POTENTIAL.

La mesure 1

ME4-11 : Les kilomètres

Un **kilomètre** est une unité de mesure de **longueur** égale à 100 mètres.

1. a) Compte par 100 pour savoir combien de fois tu dois ajouter 100 pour obtenir 1 000.

   100 , _____ , _____ , _____ , _____ , _____ , _____ , _____ , _____ , _____

   b) Un terrain de football mesure environ 100 m de long.
   Un kilomètre mesure environ combien de terrains de football?

   _____

2. a) Compte par 50 pour savoir combien de fois tu dois ajouter 50 pour obtenir 1 000.

   __50__ , _____ , _____ , _____ , _____ , _____ , _____ , _____ , _____ , _____

   _____ , _____ , _____ , _____ , _____ , _____ , _____ , _____ , _____ , _____

   b) Une piscine olympique mesure 50 m de long.
   Un kilomètre mesure environ combien de piscines olympiques?

   _____

3. Compte par 10 pour savoir combien de fois tu dois ajouter 10 pour obtenir chaque nombre.

   a) 100 = _____ dizaines   b) 200 = _____ dizaines   c) 300 = _____ dizaines

   d) 400 = _____ dizaines   e) 500 = _____ dizaines   f) 600 = _____ dizaines

4. En utilisant la régularité de la question 3, combien de fois dois-tu ajouter 10 pour obtenir 1 000?

   _____

5. Un autobus mesure environ 10 m de long. Combien d'autobus alignés bout à bout mesureraient ...

   a) près d'un kilomètre? _____   b) près de 2 km? _____

6. Tu peux parcourir environ 1 km en 15 minutes si tu marches à une vitesse normale. Nomme un endroit (un magasin, un parc, la maison d'un ami) qui est à environ 1 km de ton école.

   _____

ME4-12 : Les kilomètres et les mètres

Les nombres à côté de la ligne en caractère gras sur la carte représentent la distance (en kilomètres) entre les villes.

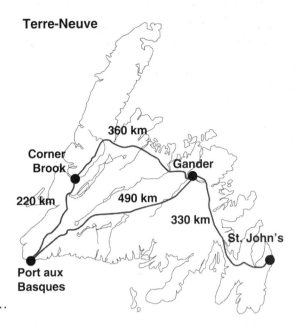

1. La distance en voiture entre …

   a) Corner Brook et Port aux Basques est de _____ km.

   b) Corner Brook et Gander est de _____ km.

   c) Port aux Basques et Gander est de _____ km.

   d) Gander et St. John's est de _____ km.

2. Quelle distance parcours-tu si tu fais les voyages suivants …

   a) Corner Brook à Port aux Basques à Gander? _____ km

   b) Port aux Basques à Gander à St. John's? _____ km

   c) St. John's à Gander à Corner Brook? _____ km

3. Mets les rivières canadiennes suivantes en ordre décroissant, de la plus longue (1) à la plus courte (5).

Rivière	Longueur
Clearwater (Sask.)	187 km
Bloodvein (Man.)	200 km
Kicking Horse (C.-B.)	67 km
Jacques-Cartier (QC)	128 km
Athabasca (Alb.)	168 km

1. _____

2. _____

3. _____

4. _____

5. _____

4. Une piste mesure 400 mètres de long.

   a) Si Khalid fait deux fois le tour de la piste, combien de mètres aura-t-il parcouru?

   b) Aura-t-il parcouru un km?

   c) Khalid veut participer à une course de 1 500 m. Environ combien de fois devra-t-il faire le tour de la piste?

   d) Combien de fois Khalid doit-il faire le tour de la piste pour parcourir 2 km?

La mesure 1

Pour les questions ci-dessous, tu vas devoir choisir l'unité de mesure appropriée.
SOUVIENS-TOI : Tu peux te référer aux lignes directrices fournies.

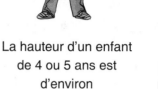

L'épaisseur d'un 10 ¢ est d'environ **1 mm**.

La largeur de ton index est d'environ **1 cm**.

La largeur de ta main est d'environ **10 cm**.

La hauteur d'un enfant de 4 ou 5 ans est d'environ **1 m**.

La distance que tu peux parcourir en 15 minutes est d'environ **1 km**.

1. Associe chaque mot avec son symbole.

a)
| cm | | mètre |
| m | | centimètre |

b)
cm		centimètre
m		kilomètre
km		mètre

c)
mm		kilomètre
km		centimètre
cm		millimètre

2. Associe chaque exemple avec l'unité de mesure qui est la plus appropriée.

a)
| mètre | | hauteur d'un enfant |
| centimètre | | longueur d'un clou |

b)
mètre		longueur d'un ver
kilomètre		hauteur d'une porte
centimètre		longueur d'un rail de métro

3. Associe chaque mot avec son symbole, et ensuite les exemples avec l'unité de mesure la plus appropriée.

a)
mm		kilomètre		livre
cm		centimètre		longueur d'une rue
m		millimètre		hauteur d'une classe
km		mètre		longueur d'une fourmi

b)
km		mètre		porte
cm		millimètre		distance à Montréal
m		kilomètre		crayon
mm		centimètre		timbre-poste

4. Mets les objets suivants par ordre de longueur (plus court = 1, un peu moins court = 2, plus long = 3).
   Quelle unité utiliserais-tu pour mesurer chaque objet?

a)

___   # ___   # ___

Unité : _____   Unité : _____   Unité : _____

b)

___   # ___   # ___

Unité : _____   Unité : _____   Unité : _____

La mesure 1

1. Combien de centimètres y a-t-il dans un mètre? _____

2. Change les mesures suivantes en centimètres.

   a) 4 m = _____ cm   b) 6 m = _____ cm   c) _____ cm = 1 m   d) 3 m = _____ cm

3. Encercle la plus grande longueur.
   INDICE : Change les mesures de mètres (m) en centimètres (cm) en premier. Montre ton travail dans la boîte.

   a) 1 m   ou   60 cm   b) 7 m   ou   82 cm   c) 410 cm   ou   5 m

   _____ cm   _____ cm   _____ cm

   d) 3 m   ou   340 cm   e) 280 cm   ou   4 m   f) 7 m   ou   680 cm

   _____ cm   _____ cm   _____ cm

4. Inscris les mesures sur la droite numérique. (En premier, change toutes les mesures en cm.)

   A. 150 cm

   B. 2 m

   C. 1 m

   ```
   |-------------|-------------|-------------|-------------|
   0 cm        50 cm       100 cm        150 cm        200 cm
   ```

5. Le tableau suivant montre la longueur de certains animaux au zoo.

Animal	Longueur
Lynx - **L**	150 cm
Raton-laveur - **R**	50 cm
Castor - **C**	100 cm
Hyène - **H**	2 m

   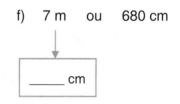

   Inscris la longueur de **L**, **R**, **C et H** sur la droite numérique.

   ```
   |---------------------|---------------------|
   0 cm                100 cm               200 cm
   ```

1. Quelle est l'unité de mesure la plus appropriée pour mesurer ...

   a) la longueur d'une brosse à tableau?

   _____

   b) la longueur d'une voiture de métro?

   _____

   c) la distance par avion de Halifax à Moncton. Explique.

   _____

   _____

2. Ajoute l'unité de mesure appropriée (pour rendre l'expression vraie).

   a) L'épaisseur d'une feuille de papier de construction est d'environ 1 _____ .

   b) Les écoles pourraient fermer s'il tombe plus que 50 _____ de neige ce soir.

   c) La longueur moyenne d'une bicyclette pour adulte est d'environ 2 _____.

   d) Il y a plus de 500 _____ entre et Montreal.

   e) La porte de la classe mesure environ 2 _____ de hauteur.

   f) Ton soulier mesure près de 15 _____ de long.

   g) La Tour CN mesure environ 553 _____ de hauteur.

3. Qu'utiliserais-tu pour mesurer les distances suivantes : des mètres (m) ou des kilomètres (km)?
   Explique une de tes réponses.

   a) De ta classe à la cafétéria : _____   b) De ta maison à ton école : _____

   c) Entre Toronto et Ottawa : _____   d) Autour de la cour d'école : _____

   _____

   _____

4. De GRANDS et PETITS faits à propos du Canada!
   Complète chaque phrase en ajoutant l'unité de mesure appropriée (km, m ou cm).
   ENSEIGNANT : Lisez ces questions à vos élèves à haute voix avant de les laisser commencer.

   a) La rivière Red Deer coule de l'Alberta à la Saskatchewan.

      Elle mesure 724 _____ de long.

   b) Il tombe beaucoup de neige dans la ville de Stewart, en Colombie-
      Britannique. Elle reçoit environ 660 _____ de neige chaque année.

   c) La Tour CN, à 553 _____, est la plus haute structure autoportante du monde.

   d) Le sapin Douglas peut atteindre une hauteur de 100 _____.

   e) La morue de l'Atlantique mesure environ 1 ___ de long et peut nager à une profondeur de 305 ___.

   f) La largeur d'une feuille d'érable est approximativement 16 _____.

5. Quelle unité de mesure utiliserais-tu pour mesurer ...

   a) la longueur d'un timbre-poste?

      _____

   b) la distance entre ta maison et ton école?

      _____

   c) la longueur d'une voiture de métro?

      _____

   d) la longueur de tes cheveux?

      _____

   e) la distance par avion entre Halifax et Moncton?

      _____

6. Choisis un objet dans ta classe.
   Quelle unité de mesure serait la plus appropriée pour mesurer cet objet?
   Explique.

Maria a fait cette figure en utilisant des cure-dents.

Elle a ensuite compté le nombre de cure-dents autour de l'extérieur de la figure.

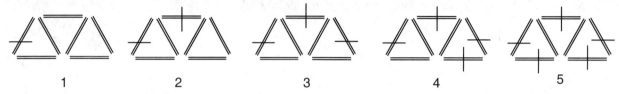

La distance autour de l'extérieur d'une figure s'appelle le **périmètre** de la figure. Le périmètre de la figure de Maria, mesuré en cure-dents, est de cinq cure-dents.

----

1. Compte le nombre de cure-dents autour de l'extérieur de la figure. (Fais une marque sur les cure-dents quand tu les comptes pour ne pas en manquer!) Écris ta réponse dans le cercle.

2. Compte le nombre d'arêtes autour de l'extérieur de la figure, en faisant une marque en les comptant.

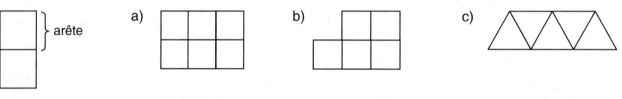

3. Chaque arête mesure 1 cm de long. Trouve le périmètre en cm.

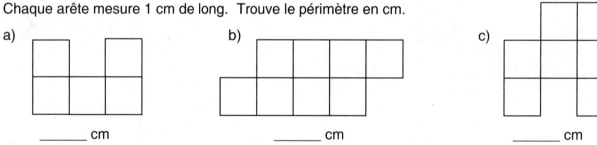

a) _____ cm   b) _____ cm   c) _____ cm

4. Les illustrations montrent des dessins pour deux jardins. Trouve le périmètre de chaque jardin en écrivant une addition.

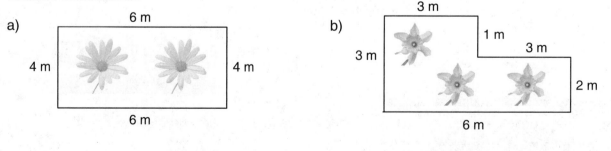

a)   6 m / 4 m / 4 m / 6 m

b)   3 m / 1 m / 3 m / 3 m / 2 m / 6 m

5. Écris le périmètre de chaque figure dans la suite (en supposant que chaque arête = 1 unité).

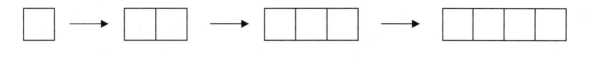

___   ___   ___   ___

a) Comment le périmètre change-t-il chaque fois qu'un carré est ajouté?

_____

b) Si la suite continuait, quel serait le périmètre de la 6e figure? _____

6. Écris le périmètre de chaque figure dans la suite ci-dessous.

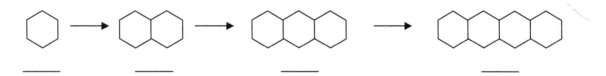

___   ___   ___   ___

a) Comment le périmètre change-t-il chaque fois qu'un hexagone est ajouté?

_____

b) Si la suite continuait, quel serait le périmètre de la 6e figure? _____

7. a) Périmètre : _____

Ajoute un carré afin de faire augmenter le périmètre de la figure par 2.

Nouveau périmètre : _____

b) Périmètre : _____

Ajoute un carré afin que le périmètre de la figure reste le même.

Nouveau périmètre : _____

8. Cette illustration (**A** et **B**) montre deux façons de faire un rectangle avec quatre carrés.

a) Quelle figure a le plus court périmètre? Comment le sais-tu?

b) Y a-t-il d'autres façons de faire un rectangle avec 4 carrés?

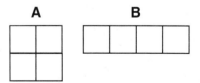

9. Sur du papier quadrillé, montre toutes les façons que tu peux faire un rectangle en utilisant …

a) 6 carrés   b) 10 carrés   c) 9 carrés

1. Chaque arête mesure 1 cm de long. Écris la longueur totale de chaque côté de ces figures à côté des figures (un côté est fait pour toi). Écris ensuite une addition et trouve le périmètre.

a)

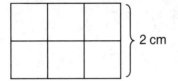

Périmètre : _____

b)

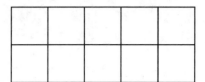

Périmètre : _____

c)

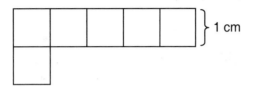

Périmètre : _____

d)

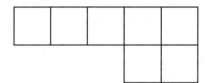

Périmètre : _____

2. Chaque arête mesure 1 unité de long. Écris la longueur de chaque côté des figures à côté des figures (n'oublie pas d'arêtes!). Utilise ensuite les longueurs des côtés pour trouver le périmètre.

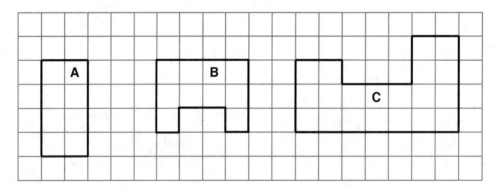

3. Dessine ta propre figure et trouve son périmètre.

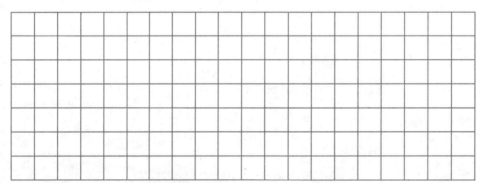

4. Sur du papier quadrillé, dessine tes propres figures et trouve leur périmètre. Essaie de faire des lettres ou d'autres types de figures!

ME4-18 : Mesurer le périmètre

1. Mesure le périmètre de chaque figure en utilisant une règle.

a)

b)

c)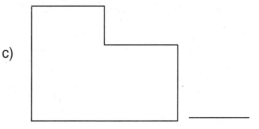

_____

_____

_____

2. a) Trouve le périmètre de chaque figure (y compris les unités).

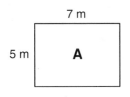

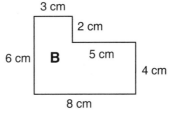

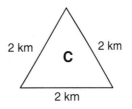

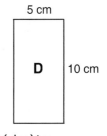

Périmètre : _____

Périmètre : _____

Périmètre : _____

Périmètre : _____

b) Place les figures en ordre, du plus grand au plus court périmètre. Fais attention aux unités!

_____ , _____ , _____ , _____

3. Estime le périmètre de chaque figure en cm. Mesure ensuite le périmètre actuel avec une règle.

a)

Périmètre estimé : _____

Périmètre actuel : _____

b)

Périmètre estimé : _____

Périmètre actuel : _____

4. Estime le périmètre de ton cahier JUMP en cm. Mesure ensuite le périmètre avec une règle.
   INDICE : La largeur de ta main, légèrement écartée, est d'environ 10 cm.

   Périmètre estimé : _____   Périmètre actuel : _____

5. a) Environ combien de bicyclettes alignées de bout en bout pourrais-tu placer dans ta classe (en largeur)?

   b) Une bicyclette mesure environ 2 mètres. Quelle est la largeur approximative de ta classe, en mètres?

   c) Quelle est la longueur approximative de ta classe, en mètres?

   d) Quel est le périmètre approximatif de ta classe?

6. La longueur d'une pièce carrée est d'environ $3\frac{1}{2}$ bicyclettes.

   SOUVIENS-TOI : Une bicyclette mesure environ 2 mètres de longueur.

   a) Quelle est la longueur approximative de la pièce, en mètres? _____

   b) Quel est le périmètre approximatif de la pièce? _____

7. Quelle unité de mesure (cm, m ou km) utiliserais-tu pour mesurer le périmètre d'un/d'une …

   a) maison? _____   b) livre? _____   c) cour d'école? _____   d) parc provincial? _____

  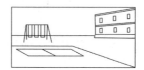

   e) calculatrice? _____   f) ville? _____   g) court de basketball? _____   h) pays? _____

8. Estime le périmètre d'une pièce dans ta maison. Explique comment tu as fait ton estimation.

9. Comment trouverais-tu le périmètre d'un carré qui a des côtés de 5 cm de longueur, sans faire un dessin?

10. Sally a placé quatre carrés (côtés de 1 m chacun) l'un à côté de l'autre pour faire une affiche.

    $1\ m\ \{$ ▢▢▢▢

    Elle veut faire une bordure pour son affiche en utilisant du ruban. Le ruban coûte 15 ¢ par mètre. Combien la bordure coûtera-t-elle?

11. Comment mesurerais-tu le périmètre d'un objet rond (tel qu'une assiette ou une cannette) avec un morceau de papier et une règle?

12. Définis le mot « périmètre ».

13. Est-ce que deux figures différentes peuvent avoir le même périmètre?

    Explique en utilisant du papier quadrillé.

1. Combien y a-t-il de minutes d'écoulées après l'heure? Compte par 5 autour de l'horloge (écris ta réponse).

a)

b)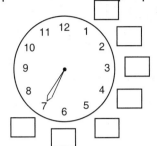

c)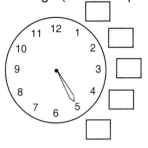

d)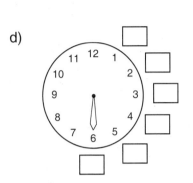

e)

f)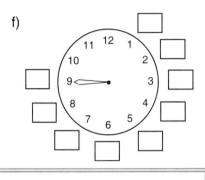

2. Quelle est l'heure? Le premier a été fait pour toi.

Exemple : 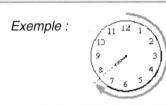 L'aiguille de l'heure (la petite aiguille) bouge dans le sens des aiguilles. Si l'aiguille de l'heure pointe entre le 7 et le 8, **il est encore 7 heures**.

a)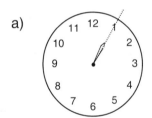

Heure : __1__

b)

Heure : _____

c)

Heure : _____

d)

Heure : _____

e)

Heure : _____

f)

Heure : _____

g)

Heure : _____

h)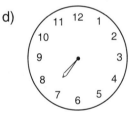

Heure : _____

i)

Heure : _____

j)

Heure : _____

k)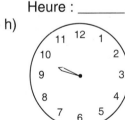

Heure : _____

l)

Heure : _____

ME4-19 : Lire l'heure (révision) *(suite)*

3. Écris l'heure indiquée par chaque horloge analogique : (i) en chiffres et (ii) en lettres.

a)

<u>12</u> : <u>30</u>

Douze heures trente

b)

_____ : _____

c)

_____ : _____

d)

_____ : _____

4. Donne l'heure indiquée sur les horloges digitales : (i) en chiffres; (ii) sur une horloge analogique.

a)

b)

5. Dessine les aiguilles sur chaque horloge.

a)

4:45

b)

8:15

c)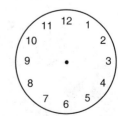

2:10

jump math
MULTIPLYING POTENTIAL

La mesure 1

Quand l'aiguille des minutes (la grande aiguille) commence au numéro 12, fait le tour de l'horloge et revient au 12, **une heure** s'est écoulée.

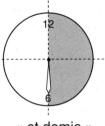 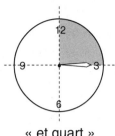 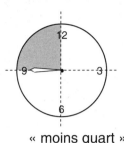

« et demie »   « et quart »   « moins quart »

---

1. Pour chaque question, colorie l'espace du 12 jusqu'à l'aiguille des minutes (voir ci-dessus). Écris ensuite si l'aiguille des minutes indique « et demie », « et quart » ou « moins quart ».

a)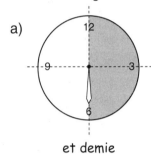

et demie
_____

b)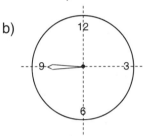

_____

c)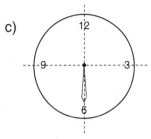

_____

d)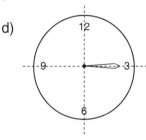

_____

e)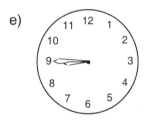

_____

f)

_____

g)

_____

h)

_____

2. Encercle la bonne réponse. Le premier a été fait pour toi.

a)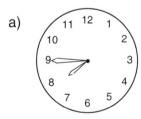

8 ou 7 heures moins quart

b)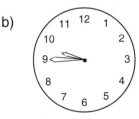

10 ou 9 heures moins quart

c)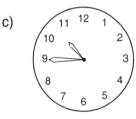

10 ou 11 heures moins quart

d)

1 ou 2 heures moins quart

e)

2 ou 3 heures et quart

f)

4 ou 5 heures et quart

g)

5 ou 6 heures et quart

h)

10 ou 9 heures et quart

ME4-21 : Lire l'heure de deux façons

1. Pour chaque question, colorie l'espace du 12 jusqu'à l'aiguille des minutes. La partie coloriée doit couvrir moins de la moitié du cadran.

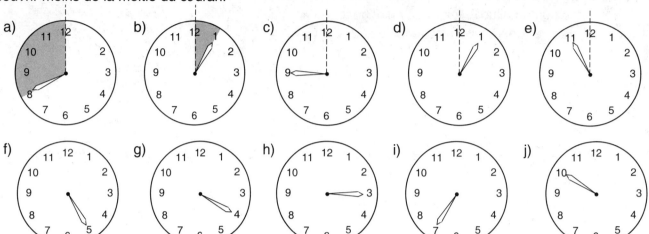

2. De quelle heure l'aiguille de l'heure est-elle la plus proche? Encercle la bonne réponse.

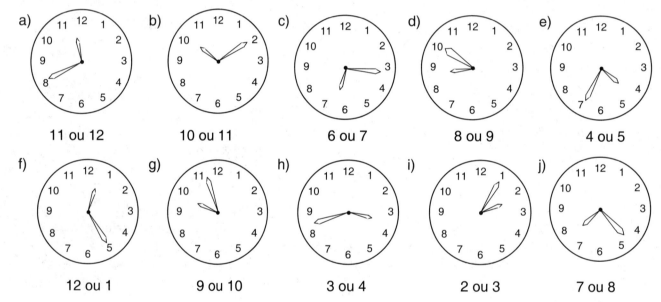

a) 11 ou 12

b) 10 ou 11

c) 6 ou 7

d) 8 ou 9

e) 4 ou 5

f) 12 ou 1

g) 9 ou 10

h) 3 ou 4

i) 2 ou 3

j) 7 ou 8

3. Lis l'heure de deux façons.

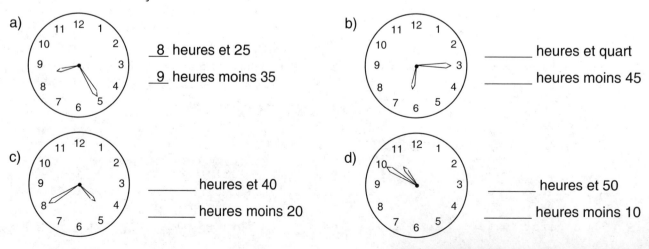

a) __8__ heures et 25

__9__ heures moins 35

b) _____ heures et quart

_____ heures moins 45

c) _____ heures et 40

_____ heures moins 20

d) _____ heures et 50

_____ heures moins 10

La mesure 1

ME4-22 : Lire l'heure (intervalles d'une minute)

Chaque petit trait sur le cadran de l'horloge représente 1 minute.

Tu peux voir dans l'illustration que l'aiguille des minutes pointe vers le troisième trait (ou 3 minutes) après le 12.

Cela signifie que **trois minutes se sont écoulées après l'heure**.

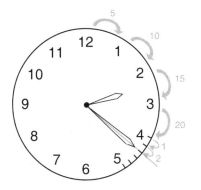

Exemple :
Sur cette horloge, l'aiguille des minutes pointe entre le 4 et le 5.

On compte d'abord par 5 jusqu'à ce qu'on atteigne le 4 : 20 minutes se sont écoulées. Ensuite on compte par 1 : 2 minutes se sont écoulées.

20 + 2 = 22 minutes se sont écoulées

Il est **2 h 22** ou **deux heures et vingt-deux minutes**.

---

1. Combien de minutes se sont-elles écoulées après l'heure? Le premier a été fait pour toi.

a)

_____24_____ minutes après l'heure

b)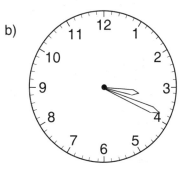

_____ minutes après l'heure

c)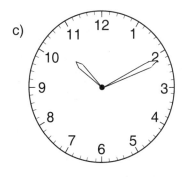

_____ minutes après l'heure

d)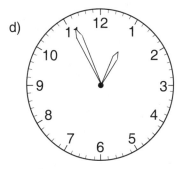

_____ minutes après l'heure

e)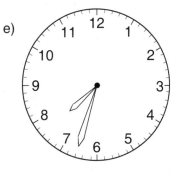

_____ minutes après l'heure

f)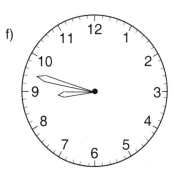

_____ minutes après l'heure

jump math
MULTIPLYING POTENTIAL

La mesure 1

2. Pour chaque horloge, écris l'heure au complet (c'est-à-dire, l'heure et la minute exacte). Le premier a été fait pour toi.

a)

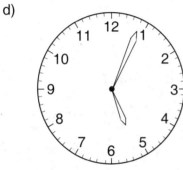

___6__ h __2 4__

b)

_____ h _____

c)

_____ h _____

d)

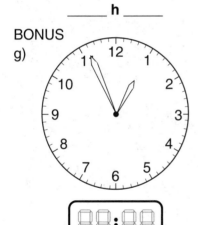

_____ h _____

e)

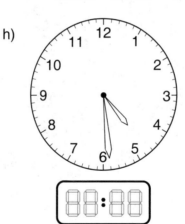

_____ h _____

f)

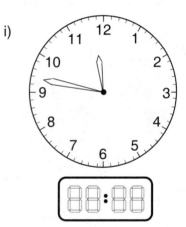

_____ h _____

BONUS

g)

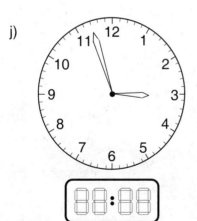

h)

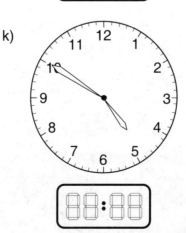

i)

j)

k)

l)

ME4-23 : Temps écoulé

1. En comptant par 5, trouve combien de temps s'est écoulé ...

a)

Début

Fin

de 5 h 10 à 5 h 30

_____

b)

de 3 h 05 à 3 h 35

_____

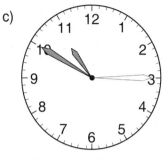

c)

de 10 h 15 à 10 h 50

_____

d)

de 7 h 35 à 8 h

_____

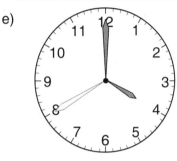

e)

de 3 h 40 à 4 h

_____

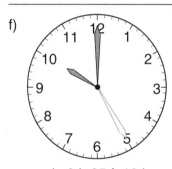

f)

de 9 h 25 à 10 h

_____

2. Compte par 5 pour montrer combien de temps s'est écoulé ...

a) entre 6 h 50 et 7 h 25.

  <u>6:50</u> , <u>6:55</u> , <u>7:00</u> , <u>7:05</u> , _____, _____, _____, _____, _____
   0   5   10   15

Temps écoulé : _____

b) entre 4 h 45 et 5 h 05.

  _____, _____, _____, _____, _____, _____, _____, _____, _____

Temps écoulé : _____

c) entre 12 h 35 et 1 h 05.

  _____, _____, _____, _____, _____, _____, _____, _____, _____

Temps écoulé : _____

d) entre 1 h 55 et 2 h 30.

  _____, _____, _____, _____, _____, _____, _____, _____, _____

Temps écoulé : _____

3. Il est 5 h 10. Mohamed a commencé à jouer à 4 h 25. Depuis combien de temps joue-t-il?

4. Kyla va au lit à 7 h 45. Jake va au lit 30 minutes plus tard. À quelle heure Jake va-t-il au lit?

5. Anne a mis des biscuits dans le four à 2 h 50. Elle doit les laisser cuire pendant 40 minutes. À quelle heure devra-t-elle les sortir du four?

ME4-24 : Temps écoulé (avancé)

1. Trouve combien de temps s'est écoulé entre les heures en caractères gras (les intervalles ne sont pas à l'échelle).

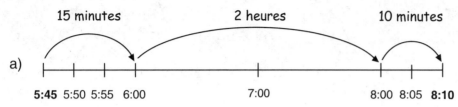

a)

5:45 5:50 5:55 6:00   7:00   8:00 8:05 **8:10**

Temps écoulé : _____

b)

11:50 11:55 12:00   1:00   2:00   3:00 **3:05**

Temps écoulé : _____

c)

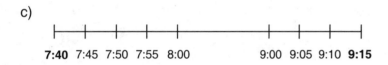

7:40 7:45 7:50 7:55 8:00   9:00 9:05 9:10 **9:15**

Temps écoulé : _____

2. Compte par des intervalles de 5 minutes et de 1 heure pour trouver combien de temps s'est écoulé :

a) entre 3 h 45 et 6 h 05.

___3:45___, ___3:50___, ___3:55___, ___4:00___, ___5:00___, ___6:00___, ___6:05___   Temps écoulé : _____

b) entre 7 h 50 et 9 h 10.

_____, _____, _____, _____, _____, _____, _____   Temps écoulé : _____

c) entre 10 h 55 et 12 h 20.

_____, _____, _____, _____, _____, _____, _____   Temps écoulé : _____

3. Trouve combien de temps s'est écoulé en faisant une soustraction.

a)   3:43
    − 3:20

b)   8:22
    − 7:21

c)   11:48
    − 5:30

d)   6:40
    − 2:25

e)   3:42
    − 1:05

4. Trace une ligne de temps pour trouver combien de temps s'est écoulé entre ...
a) 7 h 40 et 10 h 10   b) 4 h 35 et 6 h 05   c) 8 h 50 et 10 h 10

ME4-25 : Les périodes de temps dans la journée

On appelle la période de temps entre **12 heures (minuit)** et **12 heures (midi)** le **matin** (ou **am**).

> *Exemple :* Quand tu te réveilles à **7 h le matin**, on dit qu'il est **7 heures du matin (ou 7 am)**.

On appelle la période de temps entre **12 heures (midi)** et **12 heures (minuit)** **l'après-midi ou le soir (pm)**.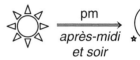

> *Exemple :* Quand tu vas au lit à **8 heures le soir**, on dit qu'il est **8 heures <u>du soir</u>** (ou **8 pm**).

----

1. Les heures suivantes sont-elles « **am** » ou « **pm** »?

   a) 7 heures du matin   _____   b) 2 heures de l'après-midi   _____

   c) 9 heures du soir   _____   d) 10 heures du soir   _____

   e) 4 heures de l'après-midi   _____   f) 3 heures du matin   _____

   BONUS

   g) 2 heures <u>avant</u> midi   _____   h) 3 heures <u>après</u> midi   _____

   i) 1 heure <u>avant</u> minuit   _____   j) 4 heures <u>après</u> minuit   _____

2. a) Écris 2 activités que tu fais **le matin (am)**. b) Écris 2 activités que tu fais **l'après-midi ou le soir (pm)**.

3. L'horaire d'Anit :

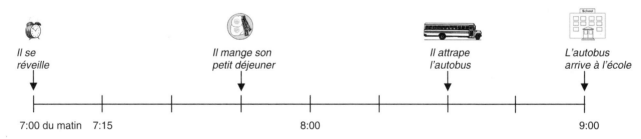

   a) À quelle heure Anit mange-t-il son petit déjeuner?

   b) À quelle heure attrape-t-il le bus?

   c) Combien de temps l'autobus prend-il pour arriver à l'école?

4. Invente une ligne de temps pour une journée d'école typique. Inclus l'heure à laquelle tu te réveilles, l'heure à laquelle tu pars pour l'école, etc.

jump math
MULTIPLYING POTENTIAL

La mesure 1

1. Remplis le tableau suivant en suivant la régularité.

Horloge de 12 heures	Horloge de 24 heures
12 h du soir	00:00
1 h du matin	01:00
2 h du matin	02:00

Horloge de 12 heures	Horloge de 24 heures
9 h du matin	09:00
10 h du matin	
12 h (midi)	12:00
1 h (après-midi)	13:00

Horloge de 12 heures	Horloge de 24 heures
5 h du soir	17:00
6 h du soir	

2. a) Quel nombre dois-tu ajouter à 1 h de l'après-midi pour changer l'heure à l'horloge de 24 heures? ____

   b) Écris trois autres heures qui changent de la même façon : _____

3. Pour chaque heure du matin ou du soir, écris l'heure selon l'horloge de 24 heures.
   INDICE : Regarde le tableau ci-dessus si tu as besoin d'aide.

   a) 5 h du matin = _____   b) 11 h du soir = _____   c) 6 h du soir = _____

   d) 3 h de l'après-midi =_____   e) 8 h du soir = _____   f) 12 h (minuit) = _____

   g) 12h (midi) = _____   h) 9 h du soir = _____

4. Pour chaque heure écrite selon l'horloge de 24 heures, écris l'heure selon l'horloge de 12 heures.

   a) 7 h = _____   b) 15 h = _____   c) 13 h = _____   d) 0 h = _____

   e) 18 h = _____   f) 17 h = _____   g) 6 h = _____   h) 23 h = _____

5. Complète le tableau pour montrer quand David a quitté les sections du musée (horloge de 24 heures).

	Début	Dinosaures	Reptiles	Déjeuner	Égypte ancienne	Caverne des chauves-souris
Durée de la visite		1 heure	2 heures	30 minutes	1 heure	30 minutes
Fin de la visite	10h 30					

6. Décris les différences entre l'horloge de 24 heures et l'horloge de 12 heures pour une heure :

   a) qui tombe le matin   b) qui tombe l'après-midi ou le soir

ME4-27 : Les intervalles de temps

1. Change les périodes de temps indiquées en jours et en semaines en jours seulement.

    a)   2 semaines 3 jours

    = _14_ jours + _3_ jours

    = _17_ jours

    b)   2 semaines 5 jours

    = ____ jours + ____ jours

    = ____ jours

    c)   3 semaines 2 jours

    = ____ jours + ____ jours

    = ____ jours

2. Janice veut savoir combien de temps il faudra pour que sa plante atteigne une certaine hauteur. Aide-la à calculer le nombre de journées.

Hauteur de la plante de Janice	Temps écoulé depuis la plantation *(en semaines et en jours)*	Calcul	Temps écoulé depuis la plantation *(en jours)*
2 cm	0 semaines et 4 jours	0 × 7 = 0 0 + 4 = 4	4
4 cm	1 semaine et 1 jour	1 × 7 = 7 7 + 1 = 8	
6 cm	1 semaine et 5 jours		
8 cm	2 semaines et 2 jours		
10 cm	2 semaines et 6 jours		
12 cm	3 semaines et 3 jours		

    a)   Complète le tableau.

    b)   Combien de temps cela prend-il pour que la plante pousse de 2 cm? _____

    c)   Sers-toi du tableau pour calculer le nombre de jours qu'il a fallu pour que la plante atteigne 11 cm.

3. Environ combien de temps est-ce que ça te prend pour faire les activités suivantes? N'oublie pas l'unité de mesure!

Activité	Temps estimé (par jour)
Dormir	
T'habiller	
Aller à l'école	
Déjeuner	
Faire tes devoirs	

Activité	Temps estimé (par jour)
Jouer dehors	
Lire	
Parler à ta famille	
Regarder la télé	
Rêveries	

ME4-28 : Les intervalles de temps plus longs

Les années sont reliées aux jours et aux semaines de la façon suivante :

1 année = 365 jours   et   1 année = 52 semaines

NOTE : Il y a 366 jours dans une année bissextile.

1. Place les unités par ordre de la plus petite à la plus grande (1 = la plus petite; 5 = la plus grande).

jour	minute	semaine	année	heure
	1			

2. Complète les tableaux.

Jours	Heures
1	24
2	
3	

a)

Semaines	Jours
1	7
2	
3	

b)

Années	Semaines
1	52
2	
3	

c)

d)

Années	Jours
1	365
2	
3	

3. Fais le lien entre les questions suivantes et l'unité de temps appropriée.

Quel âge as-tu?   mois

Combien de temps dure la récréation?   années

Combien dors-tu chaque nuit?   semaines

Combien de temps dure la pause du printemps?   minutes

Combien de temps durent les vacances d'été?   heures

4.

1810   1820   1830   1840   1850   1860   1870   1880   1890   1900

Sir John A. Macdonald a été le premier Premier ministre du Canada.

a) Marque les événements de sa vie sur la ligne de temps.

b) Quel âge avait-il quand il a déménagé au Canada?

_____

c) Le Canada est devenu un pays combien d'années après son arrivée au Canada?

_____

A	1815	Né en Écosse
B	1820	Déménagé au Canada
C	1843	Épousé Isabella Clark
D	1867	Le Canada est devenu un pays
E	1891	Décédé à Ottawa

ME4-29 : Questions de temps

1. Place les mois dans le bon ordre.

   juin, février, avril, janvier, décembre, mai, mars, novembre, août, octobre, juillet, septembre

   1. _____   2. _____   3. _____   4. _____

   5. _____   6. _____   7. _____   8. _____

   9. _____   10. _____   11. _____   12. _____

2. Écris le nombre associé à chaque mois.

   NOTE : Place un 0 devant les nombres à 1 chiffre.

   Par exemple, le chiffre pour « mai » est 05.

Mois	Nombre
avril	
février	
décembre	

3. Écris les dates suivantes selon la notation standard.

   a) 18 juin 1963

   _____

   b) 9 avril 1976

   _____

   Exemple :

   5 juin 2002

   2002 – 06 – 05

   c) 24 mai 2001

   _____

   d) 25 décembre 1987

   _____

   e) 29 septembre 1942

   _____

   f) 1er juillet 1867

   _____

   g) 14 mars 1973

   _____

4. Écris les dates suivantes en forme écrite.

   a) 1982 – 07 – 25 _____   b) 1999 – 12 – 31 _____

   c) 2001 – 06 – 01 _____   d) 1963 – 05 – 07 _____

   e) 1977 – 05 – 17 _____   f) 1981 – 05 – 08 _____

5. Une décennie est 10 ans. Un siècle est 100 ans. Remplis les espaces vides.

   a) 40 ans = _____ décennies   b) 60 ans = _____ décennies   c) 90 ans = _____ décennies

   d) 200 ans = _____ siècles   e) 800 ans = _____ siècles   f) 1 500 ans = _____ siècles

   g) 2 décennies = _____ ans   h) 3 siècles = _____ ans   i) 40 décennies = ____ siècles

6. La date 2003 – 24 – 02 écrite en suivant la notation standard est-elle possible? Explique l'erreur.

7. Le Canada est devenu un pays en 1867. a) Est-ce que cela fait plus d'un siècle maintenant?

   b) Combien de décennies se sont écoulées depuis?

La mesure 1

Les **données** sont des faits ou de l'information. Par exemple, ton âge est une donnée, ainsi que ton nom.

Les données peuvent être organisées en **catégories**. On utilise des attributs pour trier les données, comme …

- Genre (garçon ou fille)
- Âge (9 ans ou 10 ans)
- Longueur des cheveux (longs ou courts)

----

1. *Animaux :* moineau, papillon, thon, épervier, requin, coléoptère, rouge-gorge, fourmi.

   a) Encercle les animaux qui sont des oiseaux.

   b) Souligne les animaux qui sont des poissons.

   c) Combien d'animaux y a-t-il dans chaque catégorie? Oiseaux _____ Poissons _____ Insectes _____

2. Compte combien d'aliments il y a dans chaque catégorie.

   Aliments : jambon, pomme, banane, lait, yogourt, fraise, fromage, poulet, raisins.

   Catégories : Fruits _____ Viande _____ Produits laitiers _____

3. Associe les données à la catégorie à laquelle elles appartiennent.

   A. Toronto, Calgary, Halifax _____ garnitures pour pizza

   B. baseball, soccer, tennis _____ pièces de monnaie

   C. fromage, pepperoni, champignons _____ arbres

   D. érable, chêne, hêtre _____ villes au Canada

   E. 5 ¢, 10 ¢, 25 ¢ _____ sports

4. Dans quelle catégorie classerais-tu les groupes de nombres suivants?

   a) 7, 9, 52, 11, 6, 33 ☐ nombres supérieurs à 4 ☐ 4 ou moins

   b) 19, 11, 3, 5, 21, 7 ☐ nombres pairs ☐ nombres impairs

   c) $\frac{1}{2}, \frac{3}{4}, \frac{1}{4}, \frac{2}{5}, \frac{5}{10}$ ☐ nombres entiers ☐ fractions

5. Selon toi, quel attribut a été utilisé pour trier les données? 1, 5, 3, 7, 9   0, 2, 8, 4, 6

En mathématiques, on utilise parfois des cercles pour montrer quels objets ont une propriété.
Les objets à l'intérieur du cercle ont la propriété et les objets à l'extérieur du cercle ne l'ont pas.

----

1. Mets les lettres de chaque forme à l'intérieur ou à l'extérieur du cercle. Le premier a été fait pour toi.

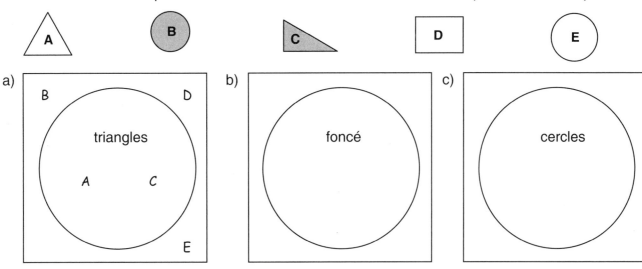

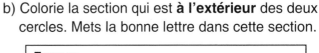

2. On peut organiser les formes ci-dessus en deux cercles en même temps. Quand deux cercles se chevauchent, c'est ce qu'on appelle un diagramme de **Venn**.

a) Colorie la section qui est **à l'intérieur** des deux cercles. Mets la bonne lettre dans cette section.

b) Colorie la section qui est **à l'extérieur** des deux cercles. Mets la bonne lettre dans cette section.

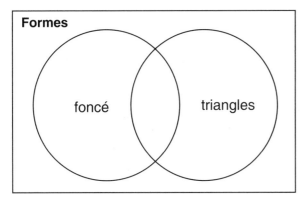

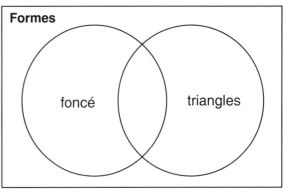

3. Complète les diagrammes de Venn.

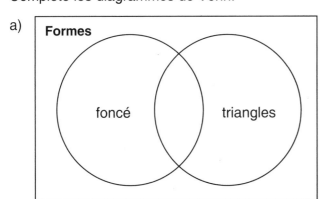

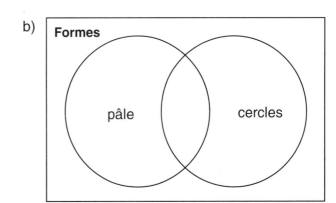

Probabilité et traitement de données 1

4. Complète le diagramme de Venn.

A. chauve-souris B. chien C. pigeon D. chat E. moustique F. autruche G. moineau H. abeille

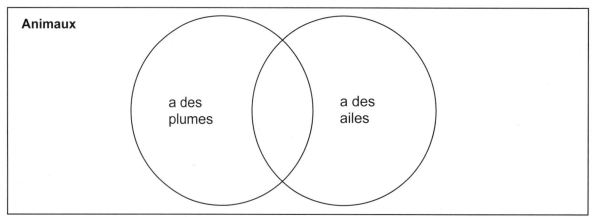

Une partie du diagramme de Venn est vide. Explique ce que ça veut dire : _____

_____

5. Complète les diagrammes de Venn.

a) A. riz B. bas C. six D. rat

b) A. humain B. chaise C. poisson D. ver

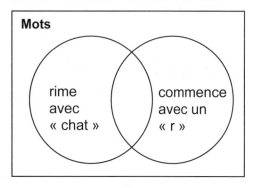

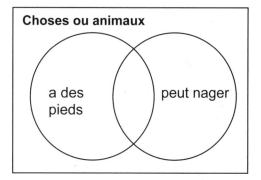

c) A. chat B. écoute C. montre D. mouche

c) A. Ontario B. Asie C. Toronto D. Canada

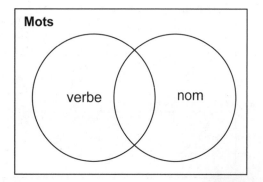

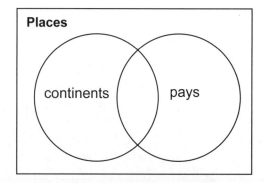

1. Bradley adore apprendre autant que possible sur l'espace. Avec l'aide de l'Internet et de son enseignant, il a recueilli les informations suivantes sur les planètes dans notre système solaire.

NOTE: Les heures sont arrondies au nombre entier le plus près.

Planète	Nombre de lunes	Heures requises pour tourner sur son axe
Mercure (A)	0	1 416
Vénus (B)	0	5 832
Terre (C)	1	24
Mars (D)	2	25
Jupiter (E)	62	10
Saturne (F)	33	11
Uranus (G)	27	17
Neptune (H)	13	16

a) Quelles planètes ont moins de 2 lunes?

Écris leurs lettres ici : _____, _____, _____

b) Quelles planètes prennent moins de 100 heures pour tourner une fois sur leur axe?

Écris leurs lettres ici : _____, _____, _____, _____, _____, _____

c) Y a-t-il des planètes sur les **deux** listes? Si oui, encercle la lettre sur les deux listes ci-dessus.

d) Place **toutes** les planètes, par lettre, dans le diagramme de Venn.

Où vas-tu placer la planète dont tu as encerclé la lettre?

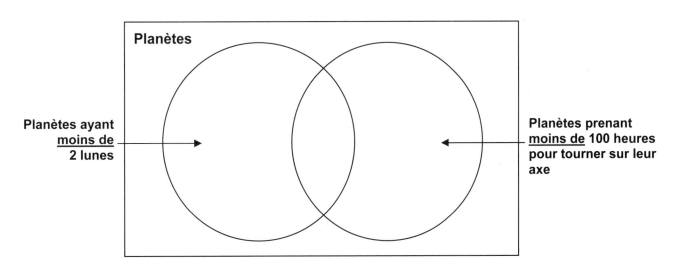

Un **pictogramme** utilise un **symbole** pour représenter des données.

Nombre de livres lus en décembre	
Josef	📖 📖 📖 📖 📖
Alexander	📖 📖 📖

L'**échelle** d'un pictogramme est le nombre d'éléments que chaque symbole représente.

Une **clé** dit quelle est l'échelle :

Nombre de livres lus en 1 an	
Ravi	📖 📖 📖 📖 📖
Kamal	📖 📖 📖
	1 📖 veut dire 10 livres

OU

Clé de l'échelle

Nombre de livres lus en 1 an	
Ravi	📖 📖 📖 📖 📖 📖 📖 📖 📖 📖
Kamal	📖 📖 📖 📖 📖 📖
	1 📖 veut dire 5 livres

----

1. Complète le pictogramme.

ÉCHELLE : 1 ☼ = 2 jours de soleil

Mois	Nombre de jours de soleil	Compte # de soleils x 2 = # de jours de soleil
avril	☼ ☼ ☼ ☼ ☼ ☼	6 x 2 = 12 jours de soleil en avril
mai	☼ ☼ ☼ ☼ ☼ ☼ ☼	
juin	☼ ☼ ☼ ☼ ☼ ☼ ☼ ☼ ☼	
juillet	☼ ☼ ☼ ☼ ☼ ☼ ☼ ☼ ☼ ☼ ☼ ☼ ☼ ☼	
août	☼ ☼ ☼ ☼ ☼ ☼ ☼ ☼ ☼ ☼ ☼ ☼ ☼	

a) Combien de jours de soleil y a-t-il eu en août? _____ en juin? _____

b) Quel mois a eu 14 jours de soleil? _____

c) Quel mois était le plus ensoleillé? _____

d) Juillet a 31 jours. Combien de journées en juillet *n'étaient pas* ensoleillées? _____

Comment le sais-tu?_____

e) Décris deux autres informations que tu peux lire dans ce pictogramme.

2. Compte les coches et complète le pictogramme.

Fréquence

Plante	Nombres de graines	
Rose	|||| |||| |||| |||| |||| |||| |||| |||| |||| ||||	= _____ graines
Pissenlit	|||| |||| |||| ||||	= _____ graines
Pensée	|||| ||||	= _____ graines

Ton pictogramme

CLÉ : ⬭ = 10 graines

Plante	Nombre de graines
Rose	
Pissenlit	
Pensée	

3. Il y a trois couleurs de billes différentes : bleu (B), vert (V) et jaune (J).

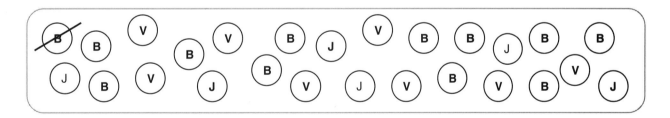

Compte la fréquence des billes (on a commencé pour toi) et complète ensuite le pictogramme.

CLÉ : ⊙ = 2 billes

Couleur	Fréquence	Pictogramme
Bleu	|	
Vert		
Jaune		

Manuel a compté les fleurs de son jardin.

Fleur	Jonquille	Bouton d'or	Marguerite
Nombre	15	25	40

Il veut afficher ses données dans un pictogramme.

Voici deux façons d'afficher ses données en utilisant une **échelle** :

Nombre de fleurs

Jonquille ❀ ❀ ❀

Bouton d'or ❀ ❀ ❀ ❀ ❀

Marguerite ❀ ❀ ❀ ❀ ❀ ❀ ❀ ❀

Échelle : Une ❀ veut dire 5 fleurs

Nombre de fleurs

Jonquille ●◖

Bouton d'or ●●◖

Marguerite ●●●●

Échelle : Un ● veut dire 10 fleurs

---

1. Dans le pictogramme ci-dessus, Manuel a utilisé un demi-cercle. Encercle le meilleur symbole à utiliser si :

   a) tu dois utiliser des demi-symboles.

   b) tu dois utiliser des quarts de symbole.

2. Si un ● veut dire deux livres, alors …

   a) ●●● veut dire _____ livres.   b) ●● veut dire _____ livres.   c) ●●◖ veut dire _____ livres.

   d) ●●●●●◖ veut dire _____ livres.   e) ●●●●●●◖ veut dire _____ livres.

   Si une ❀ veut dire dix fleurs, alors …

   f) ❀ ❀ veut dire _____ fleurs.   g) ❀ ❀ ❀ veut dire _____ fleurs.   h) ❀ ❀ ❀ veut dire _____ fleurs.

   i) ❀ ❀ ❀ ❀ ❀ veut dire _____ fleurs.   j) ❀ ❀ ❀ ❀ ❀ ❀ ❀ ❀ veut dire _____ fleurs.

   Si un ☺ veut dire quatre billets, alors …

   k) ☺☺ veut dire _____ billets.   l) ☺☺☺ veut dire _____ billets.   m) ☺◖ veut dire _____ billets.

   n) ☺☺☺☺◖ veut dire _____ billets.   o) ☺☺☺☺☺◖ veut dire _____ billets.

3. Quelle échelle correspond le mieux aux données?

   a) 12, 6, 8   ☐ échelle de 2   ☐ échelle de 5   ☐ échelle de 10

   b) 30, 90, 60   ☐ échelle de 2   ☐ échelle de 5   ☐ échelle de 10

   c) 9, 12, 6   ☐ échelle de 2   ☐ échelle de 3   ☐ échelle de 5

   d) 25, 10, 35   ☐ échelle de 2   ☐ échelle de 3   ☐ échelle de 5

Probabilité et traitement de données 1

PDM4-6 : Les pictogrammes (avancé)

1. Theresa a demandé à **20** de ses camarades de classe quel était leur type de livre préféré, mais elle a oublié d'inclure une échelle pour son pictogramme.

Livres préférés de mes amis de classe :	
Type de livre préféré	**Nombre d'élèves**
Mystère	📖 📖
Aventure	📖 📖 📖
Science fiction	📖
Bandes dessinées	📖 📖 📖
Magazines	📖

a) Combien y a-t-il de livres en tout dans le pictogramme de Theresa? _____

b) Est-ce que chaque livre représente un élève? Explique.

c) Il y a 20 élèves dans la classe de Theresa. Selon toi, chaque livre représente combien d'élèves?

📖 = _____ élèves

d) En utilisant l'**échelle** que tu as trouvée, calcule combien d'élèves préfèrent chaque type de livre. Complète le tableau.

INDICE : Le nombre total d'élèves doit être 20. Sinon, essaie une échelle différente.

Type de livre préféré	Nombre d'élèves
Mystère	
Aventure	
Science fiction	
Bandes dessinées	
Magazines	

2. S'il y avait 40 élèves dans la classe de Theresa, alors combien d'élèves chaque livre représenterait-il? Explique.

Un **diagramme à bandes** a quatre parties :

- un **axe** vertical et un **axe** horizontal,
- une **échelle**,
- des **titres/étiquettes** (incluant un titre principal),
- des **données** (à voir dans les bandes).

Dans un diagramme à bandes, les bandes peuvent être verticales ou horizontales :

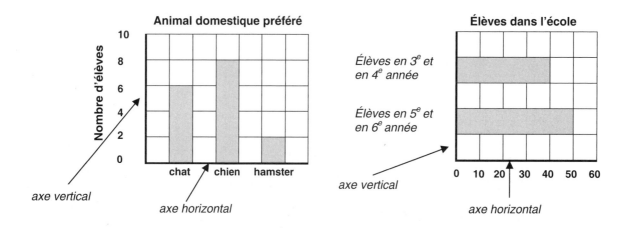

Les diagrammes à bandes sont représentés sur une **grille**. Les titres indiquent ce que veulent dire les données. L'échelle dit combien chaque intervalle dans la grille représente.

Tu peux utiliser l'échelle pour déterminer ce que chaque bande représente.

---

1. a) Combien d'élèves dans la classe de Mlle Goudreau ont …

   les yeux verts? _____ les yeux bruns? _____

   b) Combien d'élèves ont des yeux soit bruns, soit bleus? _____

   c) Neuf élèves dans la classe ont les yeux de couleur noisette. Colorie la dernière bande (à droite) du diagramme pour représenter ce fait.

   d) Combien d'élèves n'ont pas les yeux de couleur noisette? _____

   e) Combien y a-t-il d'élèves en tout dans la classe de Mlle Goudreau? _____

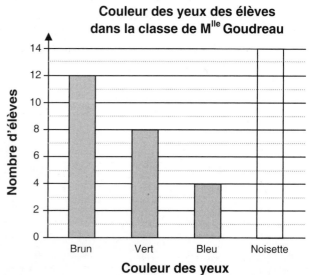

2. Anita a fait un sondage des différentes fleurs dans la cour devant son école. Voici ses résultats.

Type de fleur	Marguerite dorée	Tournesol	Tulipe	Begonia
Fréquence	‖‖‖‖ ‖‖‖‖ ‖‖	‖‖‖‖	‖‖‖‖ ‖‖‖	‖‖‖
Compte				

a) Complète le « compte » dans le tableau de fréquence d'Anita.

b) Utilise le tableau de fréquence d'Anita pour compléter le diagramme à bandes ci-dessous.
N'oublie pas de lui donner un titre!

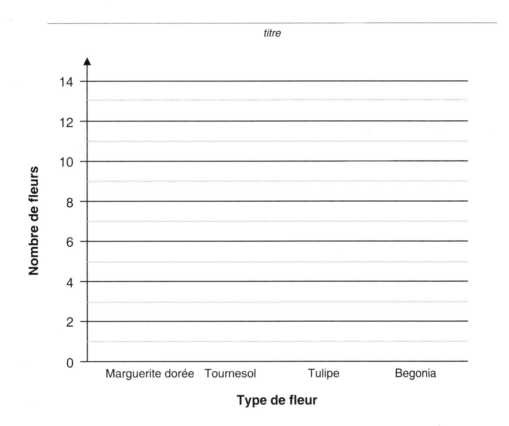

c) Quelles deux conclusions Anita peut-elle tirer des données de son diagramme à bandes?

- _____

- _____

1. Les nombres figurant sur l'échelle d'un diagramme à bandes augmentent par intervalles réguliers. Décris l'échelle utilisée dans chacun des diagrammes à bandes suivants.

a)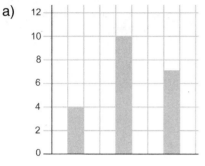

Échelle Compte par : _____

Arrête à : _____

b)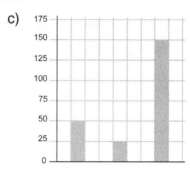

Échelle Compte par : _____

Arrête à : _____

c)

Échelle Compte par : _____

Arrête à : _____

2.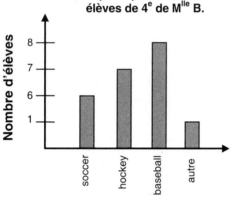

Sports préférés des élèves de 4ᵉ de Mˡˡᵉ B.

Nombre d'élèves

soccer hockey baseball autre

Sport préféré

soccer	hockey	baseball	autre
卌 I	卌 II	卌 III	I

a) De quelle façon le diagramme à bandes te montre-t-il que deux fois plus d'élèves semblent avoir choisi le baseball plutôt que le soccer? **INDICE : Regarde la hauteur des bandes.**

b) Explique l'erreur dans l'échelle.

c) Redessine le diagramme en corrigeant l'échelle.

3. Choisis une échelle appropriée (sans trop ou trop peu de points) et crée un diagramme à bandes pour représenter chaque ensemble de données.

a)

Garnitures de pizza préférées	Pepperoni	Fromage	Champignons	Autre
Nombre de personnes	20	15	18	3

b)

Gamme des notes de maths	1 – 5	6 – 10	11 – 15	16 – 20
Nombre d'élèves	2	8	35	5

4. Détermine la valeur des autres bandes dans les diagrammes suivants.

a)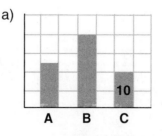

A B C

b)

A **12**

B

c)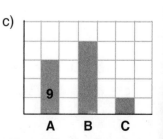

9

A B C

Un **diagramme à bandes doubles** sert à comparer deux ensembles de données. Comme le diagramme à bandes, il a un titre, des étiquettes, une échelle, un axe vertical et un axe horizontal. Il a aussi une clé qui explique l'échelle.

1.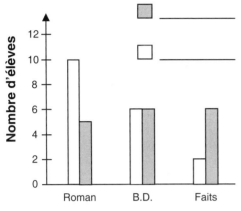

Type de livre préféré	Roman	B.D.	Faits
Filles	10	6	2
Garçons	5	6	6

a) Remplis la clé pour identifier la bande qui représente les garçons et celle qui représente les filles.

b) Quel type de livre est le plus populaire chez les filles?

_____

Chez les filles et les garçons ensemble? _____

c) Quel type de livre est populaire à égalité parmi les garçons et les filles?

_____

d) Combien de types de livres sont plus populaires chez les garçons? _____

e) Au total, combien de filles ont voté? _____ Combien de garçons? _____

2. Kazuyo a commencé à créer le diagramme à bandes doubles pour les données ci-dessous. Elle a commencé avec les données qui s'appliquent à l'été, et elle a dessiné l'échelle suivante :

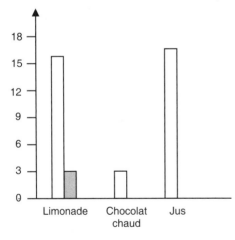

Boisson préférée	Limonade	Chocolat chaud	Jus
Été	16	3	17
Hiver	3	25	8

Comment l'échelle qu'elle a choisie n'est-elle pas pratique pour montrer les données s'appliquant à l'hiver? Explique.

3. Quelle échelle utiliserais-tu pour les données suivantes?

Dessert préféré	Crème glacée	Tarte aux pommes	Salade de fruits
Été	40	2	8
Hiver	5	22	23

Quelle échelle choisirais-tu pour compter, et où s'arrêterait-elle?

1. Penses-tu que des personnes pourraient répondre aux questions suivantes?

   a) Quelle est ta couleur préférée? _____

   b) Quel jour de la semaine es-tu né? _____

   c) Quand est ton anniversaire? _____

   d) Quelle est l'ordonnance de tes lunettes? _____

2. Les données que tu recueilles toi-même s'appellent des **données primaires** (ou **de première main**). Les données recueillies par quelqu'un d'autre sont des **données secondaires** (ou **de deuxième main**).

   Comment recueillerais-tu des données primaires pour chacune des questions suivantes?

   Choix : **A.** sondage   **B.** observation   **C.** mesure

   a) De combien varie la température d'une tasse d'eau chaude au fil du temps? _C_

   b) Quels sont les films préférés de mes camarades de classe? _____

   c) Quelle distance peuvent sauter les élèves dans ta classe? _____

   d) Combien d'élèves dans ta classe ont les cheveux blonds? _____

   e) Penses-tu qu'il va pleuvoir dans les vingt prochaines minutes? _____

3. Georges a mené un sondage auprès de ses amis pour apprendre quels étaient leurs sports préférés.

   Il a fait un diagramme à bandes pour représenter les données qu'il a recueillies.

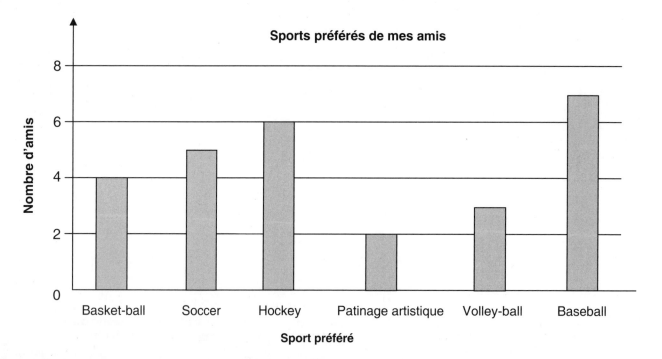

   a) Peux-tu deviner de quoi avait l'air le tableau de fréquence de Georges? Essaie de le recréer.

   b) Comment Georges peut-il représenter ses données sans utiliser un diagramme à bandes ou un tableau de fréquence?

Écrire une question pour un sondage

La question ne doit pas avoir trop de réponses.
Au besoin, une des réponses pourrait être « autre ».

Exemple :

Quelle est ta saveur de barre aux fruits préférée?

✘ Cette question peut te donner trop de réponses.

Quelles saveurs de barres aux fruits aimes-tu?
☐ pomme ☐ raisin ☐ fraise ☐ autre

✘ Cette question n'est pas assez précise. Les personnes peuvent donner plus d'une réponse.

Quelle saveur de barre aux fruits est ta préférée?
☐ pomme ☐ raisin ☐ fraise ☐ autre

✓ Voilà une meilleure question de sondage. Chaque personne ne pourra donner qu'une réponse.

✓ Les personnes connaîtront la réponse.

✓ Les personnes ont le choix d'autres réponses.

1. Ajoute la catégorie « autre » au besoin. **INDICE : N'ajoute pas « autre » s'il n'y a pas d'autres choix.**

   a) Quel est ton sport préféré?
      ☐ hockey   ☐ volley-ball   ☐ basket-ball

   b) Quelle est ta saison préférée?
      ☐ printemps   ☐ été   ☐ automne   ☐ hiver

   c) Quelle est ta couleur préférée?
      ☐ bleu   ☐ rouge   ☐ jaune

   d) Quelle est ta couleur primaire préférée?
      ☐ bleu   ☐ rouge   ☐ jaune

2. Écris une question de sondage pour savoir quels ingrédients les élèves préfèrent sur leur pizza.

   _____

   _____ ?

   ☐ _____   ☐ _____   ☐ _____

   ☐ _____   ☐ _____   ☐ autre?

3. Écris une question de sondage différente que tu peux demander à tes camarades de classe.

4. C'est maintenant à ton tour de créer un sondage.
   Enregistre tes idées, données, observations et conclusions dans ton cahier.

Voici quelques suggestions qui pourraient t'aider à commencer.

Étape 1 :

Un sondage pose une question précise, par exemple : Comment vas-tu à l'école? Quelle est ta couleur préférée? Combien de personnes y a-t-il dans ta famille?

Demande-toi :

Quelle question mon sondage va-t-il poser?

Étape 2 :

Tu peux donner des exemples de réponses possibles, par exemple : Vas-tu à l'école à pied ou en autobus?

Demande-toi :

Quelles sont quelques-unes des réponses que je pense recevoir?

Étape 3 :

Essaie de prédire le résultat. Quelle réponse sera la plus fréquente, selon toi? Et la moins fréquente?

Demande-toi :

Qu'est-ce-que je prédis comme résultats?

Étape 4 :

Fais un tableau de fréquence pour compter les réponses que tu reçois. Par exemple :

Comment vas-tu à l'école?	Fréquence
À pied	
En autobus	
À bicyclette	

Étape 5 :

Tu dois représenter les données recueillies.

Demande-toi :

Si j'utilise un diagramme à bandes ou un pictogramme, quelle échelle devrais-je utiliser?

Si j'utilise un pictogramme, quel serait le meilleur symbole à choisir? Quelle clé utiliser?

Étape 6 :

Tire des conclusions basées sur la question originale de ton sondage.

Demande-toi :

Les personnes ont-elles répondu comme je pensais?

Est-ce que les résultats m'ont surpris?

Est-ce que j'ai appris quelque chose d'intéressant de mon sondage?

Probabilité et traitement de données 1

1. Durant les Jeux Olympiques, Geoff a fait le compte des médailles d'or gagnées par les pays suivants :

Corée	Italie	Grèce	Brésil	Canada
‖‖‖ ‖‖‖	‖‖‖ ‖‖‖	‖‖‖ ‖	‖‖‖‖	‖‖‖
9				

a) Complète le tableau ci-dessus.

b) Combien de médailles d'or le Brésil a-t-il gagné? _____ c) la Grèce? _____

> Tu peux **comparer** et **mettre en ordre** les données dans le tableau pour trouver de nouvelles informations.

d) Quel pays a gagné le <u>plus</u> de médailles d'or? _____ e) le moins? _____

> Tu peux **additionner**, **soustraire** ou **multiplier** les données dans le tableau pour trouver de nouvelles informations.

f) Combien de médailles les pays ont-il gagnés en tout? _____

g) Combien de médailles de plus l'Italie a-t-elle gagné que le Brésil? _____

h) Quel pays a gagné trois fois plus de médailles d'or que le Canada? _____

2. Trois élèves ont recueilli les données ci-dessous et créé des diagrammes pour les représenter.

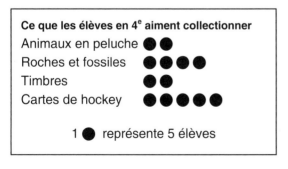

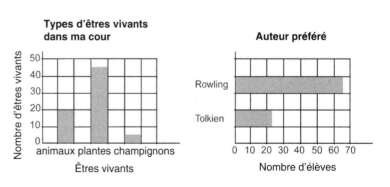

Quelle information peux-tu obtenir de chaque diagramme en faisant des comparaisons, en mettant les données par ordre ou en additionnant, soustrayant, multipliant ou divisant les montants des données?

Tous les polygones ont des **côtés** et des **sommets** (les « coins » où se rencontrent les côtés).

NOTE : Un polygone est une forme plane à deux dimensions (ou 2-D) avec des côtés qui sont des lignes droites.

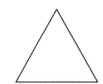

sommets   côtés

----

1. Compte le nombre de côtés et de sommets pour chacune des formes suivantes. Fais une coche sur chaque côté et un cercle autour de chaque sommet quand tu les comptes.

a)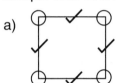

___4___ côtés

___4___ sommets

b)

_____ côtés

_____ sommets

c)

_____ côtés

_____ sommets

d)

_____ côtés

_____ sommets

e)

_____ côtés _____ sommets

f)

_____ côtés _____ sommets

g)

_____ côtés _____ sommets

BONUS

h)

_____ côtés _____ sommets

i)

_____ côtés _____ sommets

j)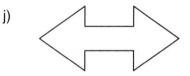

_____ côtés _____ sommets

k)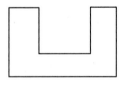

_____ côtés _____ sommets

l)

_____ côtés _____ sommets

m)

_____ côtés _____ sommets

2. Les formes suivantes ont des côtés droits et des courbes. Compte le nombre de chaque.

a)

_____ courbes

_____ côtés droits

b)

_____ courbes

_____ côtés droits

Géométrie 1

3. Hélène nomme les formes selon le nombre de côtés qu'elles ont.

a) 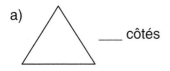 ___ côtés

b) 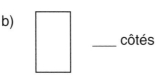 ___ côtés

c) 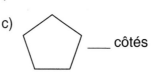 ___ côtés

d) 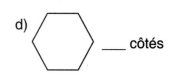 ___ côtés

triangle **quadrilatère** **pentagone** **hexagone**

4. Trouve le nombre de côtés et complète le tableau.

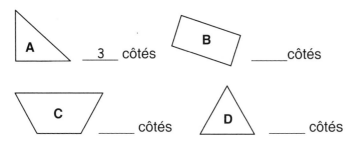

A ___3___ côtés   B _____ côtés

C _____ côtés   D _____ côtés

Formes	Lettres
Triangles	A
Quadrilatères	

5. Complète le tableau. (Trouve autant de formes que possible pour chaque nom de forme.)

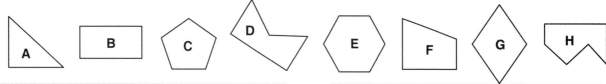

Formes	Lettres
Triangles	
Quadrilatères	

Formes	Lettres
Pentagones	
Hexagones	

6. Avec une règle, trace un polygone qui a …

a) 3 côtés

b) 4 côtés

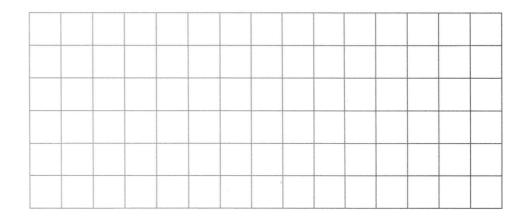

7. Trace un polygone qui a …   a) 5 côtés   b) 6 côtés

Peux-tu tracer un polygone dont le nombre de côtés n'est pas égal au nombre de **sommets**?

8. Combien de côtés deux quadrilatères et trois pentagones ont-ils en tout?

G4-2 : Introduction aux angles

Un **angle** est formé quand deux lignes se croisent.

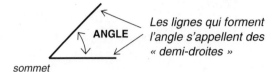

ANGLE — Les lignes qui forment l'angle s'appellent des « demi-droites »

sommet

La **grandeur** d'un angle correspond à la grandeur de la rotation entre les deux demi-droites.

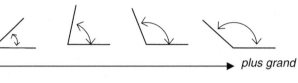

plus petit ← → plus grand

ANGLES DROITS

On retrouve les angles droits un peu partout, comme dans les coins de carrés, de rectangles et de certains triangles.

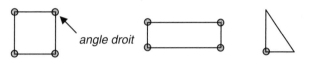

angle droit

Tu peux voir si un angle est un angle droit en utilisant le coin d'une feuille de papier.

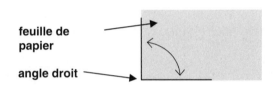

feuille de papier

angle droit

> **NOTE :**
>
> Pour indiquer un angle droit, les mathématiciens utilisent un symbole spécial – un petit carré!
>
> angle droit

1. Pour chaque question, indique si l'angle est : (i) **plus petit** qu'un angle droit, ou (ii) **plus grand** qu'un angle droit. Vérifie ta réponse en utilisant une feuille de papier.

a)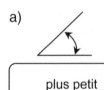

plus petit

b)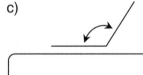

c)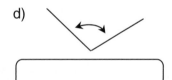

d)

e)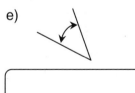

f)

g)

h)

2. Identifie les **angles droits** avec un petit carré. Place une croix sur les angles qui ne sont pas des angles droits.

a)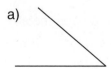

b)

c)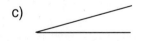

d)

3. Trace deux angles droits, faisant face à des directions différentes, et ensuite marque-les comme il faut d'un petit carré dans le coin de l'angle.

Angle droit #1   **Angle droit #2**

4. Encercle la forme qui n'a pas d'angle droit.

5. Marque (d'un petit carré) tous les angles droits dans les formes suivantes.
   Encercle ensuite les formes qui ont <u>deux</u> angles droits.

   a)

   b)

   c)

   d)

   e)

   f)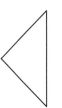

6. a) Trace au moins 3 lettres de l'alphabet qui ont au moins <u>un</u> angle droit. Marque les angles droits.

   b) Selon toi, quelle lettre de l'alphabet a le plus d'angles droits?

7. Un angle plus petit qu'un angle droit s'appelle un angle **aigu**.

   a) Trace au moins 3 lettres qui ont des angles aigus. Marque les angles aigus d'un point.

   b) Peux-tu penser à une lettre qui a un angle droit et un angle aigu?

8. Un angle plus grand qu'un angle droit mais plus petit que deux angles droits s'appelle un angle **obtus**. La lettre « A » a 2 angles obtus. Trace un A et marque les angles obtus.

G4-3 : Les angles spéciaux

1. Plie une feuille de
   papier pour faire
   un demi angle droit.

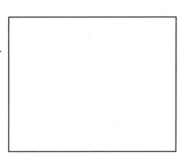 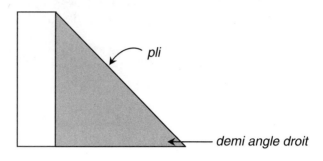

Encercle les angles qui sont des demis angles droits. (Utilise ta feuille de papier pliée pour vérifier.)

a)    b)   c)   d)

2.

   Dans cette maison, marque les 2 demis angles droits ainsi : ⟨

   Marque les 5 angles droits ainsi : ⌐

3. Avec une règle, divise chaque angle
   droit en 2 demis angles droits.

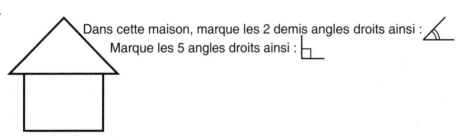

4. Marque les demis angles droits ainsi : ⟨ et les angles droits ainsi : ⌐

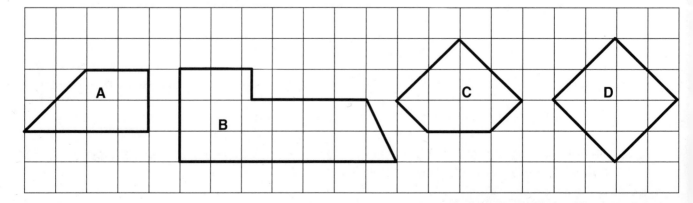

G4-4 : Mesurer les angles

Pour mesurer un angle, tu utilises un **rapporteur**. Un rapporteur est gradué de 0 à 180 degrés. Chaque graduation ou subdivision correspond à un degré. L'abréviation de « quarante-cinq degrés » est 45°.

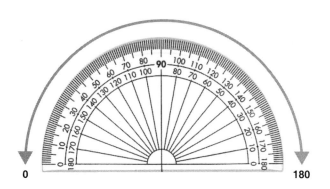

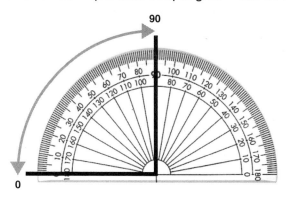

Il y a 180 (180°) graduations autour de l'extérieur d'un rapporteur.

Un angle droit mesure 90° (ou un coin droit).

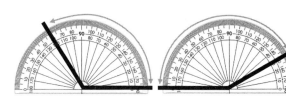

Un angle peut être plus petit que 90° ...

... ou plus grand que 90°.

---

1. Sans rapporteur, identifie chaque angle et écris s'il est « plus petit » ou « plus grand » que 90°.

a)

_____

b)

_____

c)

_____

d)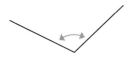

_____

e)

_____

f)

_____

g)

_____

h)

_____

i)

_____

G4-4 : Mesurer les angles *(suite)*

Un rapporteur a deux échelles. L'exercice suivant t'aidera à décider quelle échelle utiliser.

2. Indique si l'angle est « plus petit que 90° » ou « plus grand que 90° ».
   Encercle les <u>deux</u> nombres intersectés par la demi-droite. Choisis ensuite la bonne mesure (par exemple, si tu dis que l'angle est « plus petit que 90° », choisis le nombre qui est plus petit que 90).

a)

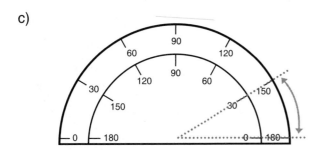

L'angle est : __plus petit que 90°__

L'angle est de : __60°__

b)

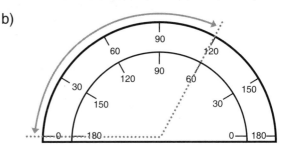

L'angle est : _____

L'angle est de : _____

c)

L'angle est : _____

L'angle est de : _____

d)

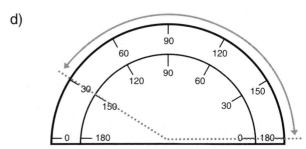

L'angle est : _____

L'angle est de : _____

3. Indique de nouveau si l'angle est « plus petit que 90° » ou « plus grand que 90° ». Écris ensuite la mesure de chaque angle. **ENSEIGNANT : Les lettres à côté de chaque rapporteur correspondent à un jeu dans le guide de l'enseignant.**

a)   E

b)   N

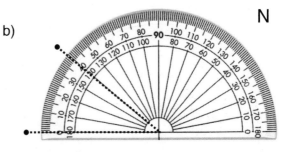

_____   _____

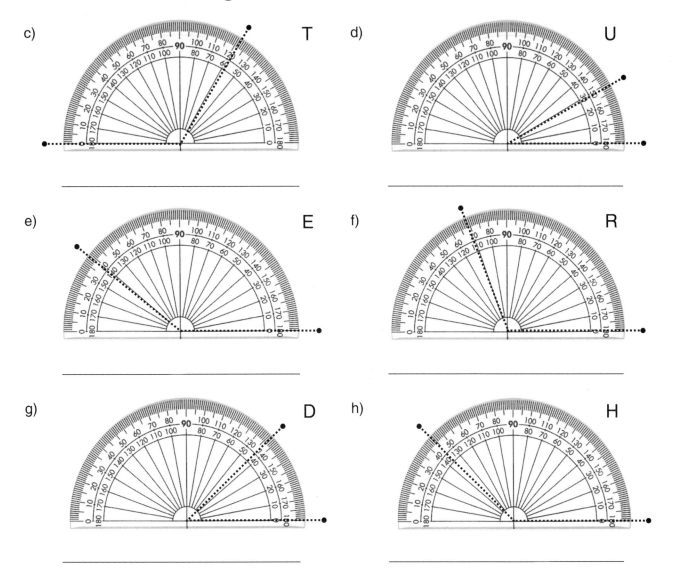

c) T

d) U

e) E

f) R

g) D

h) H

4. Mesure les angles en utilisant un rapporteur. Écris tes réponses dans les boîtes.

   INDICE : Utilise une règle pour rallonger les demi-droites dans les exercices d), e) et f)

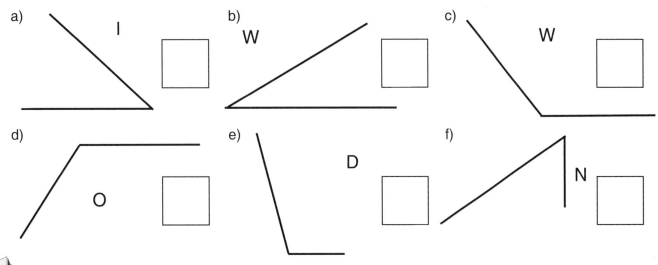

a) I

b) W

c) W

d) O

e) D

f) N

5. Trace 5 angles et utilise un rapporteur pour les mesurer.

G4-5 : Les lignes parallèles

Les **lignes parallèles** sont comme les deux rails d'un chemin de fer, c'est-à-dire :

- ✓ elles sont droites
- ✓ elles demeurent toujours à la même distance l'une de l'autre

Les lignes parallèles ne se rencontrent <u>jamais</u>, même si elles sont très longues.

NOTE : Les lignes de longueurs différentes peuvent aussi être parallèles, tant qu'elles sont toutes les deux droites et qu'elles demeurent toujours à la même distance l'une de l'autre.

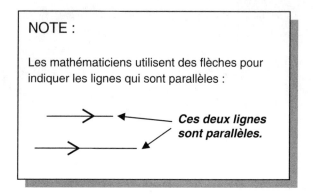

NOTE :

Les mathématiciens utilisent des flèches pour indiquer les lignes qui sont parallèles :

Ces deux lignes sont parallèles.

----

1. Utilise des flèches pour indiquer les paires de lignes qui sont parallèles.

a)

b)

c)

d)

e)

f)

g)

h)

BONUS

Choisis une paire de lignes qui ne <u>sont pas</u> parallèles. Mets la lettre dans la boîte ci-contre. Comment sais-tu que ces lignes ne sont pas parallèles?

2. Trace une deuxième ligne, parallèle à la première, à côté de chaque ligne ci-dessous (utilise une règle!).

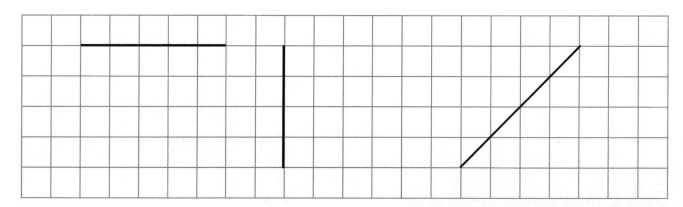

3. Les paires de lignes suivantes sont parallèles. Pour chaque, relie les points pour faire une figure à 4 côtés. Le premier a été fait pour toi.

a)    b)   c)   d)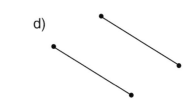

Dans chaque exemple, est-ce que les deux lignes originales sont toujours parallèles? _____

4. Chacune des formes ci-dessous a **une paire** de côtés parallèles. Marque d'un « X » les côtés opposés qui ne sont PAS parallèles. Le premier a été fait pour toi.

a)    b)    c)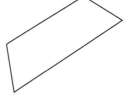

d) 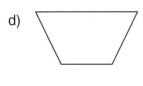   e) 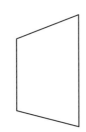   f) 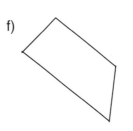   g)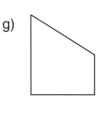

NOTE :

Si une figure a plus d'une paire de lignes parallèles, tu peux éviter la confusion en utilisant des flèches différentes pour les indiquer.

Exemple :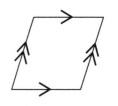

5. Avec des flèches, marque les paires de lignes parallèles dans les figures ci-dessous.

a)   b)    c) 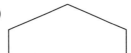   d)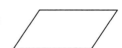

____ paire   ____ paires   ____ paire   ____ paires

G4-6 : Les quadrilatères

Un **quadrilatère** est un polygone avec quatre côtés.

Exemple :

     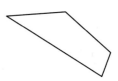

3 côtés
PAS un quadrilatère

4 côtés
quadrilatère

4 côtés
quadrilatère

4 côtés
quadrilatère

---

1. Complète le tableau suivant en te basant sur les propriétés des figures suivantes.

    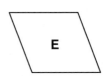

  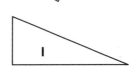

Propriété	Forme avec la propriété
Quadrilatère	
Non-quadrilatère	

2.

a) Quelles formes sont des polygones? **SOUVIENS-TOI : Un polygone a des côtés droits.** _____

b) Quelles formes ont deux côtés de la même longueur? (Vérifie avec une règle.) _____

c) Quelles formes ont au moins un côté courbe? _____

d) Qu'est-ce qu'ont en commun les formes B, C et G? _____

e) Qu'est-ce qu'ont en commun les formes D, E et F? _____

f) Quelle forme ne fait pas partie de ce groupe : A, E, F et G? Explique. _____

g) Choisis ton propre groupe de formes et écris ce qu'elles ont en commun. _____

Certains quadrilatères n'ont pas de paires de lignes parallèles. Certains ont une paire de lignes parallèles. Les parallélogrammes ont **deux** paires de lignes parallèles.

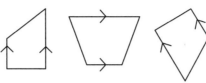

PAS DE lignes parallèles   **UNE** paire de lignes parallèles   **DEUX** paires de lignes parallèles

---

1. Pour chaque figure, marque les lignes parallèles avec une flèche. Marque les côtés opposés qui ne sont pas parallèles avec un « X ». Ensuite écris en-dessous combien de <u>paires</u> de côtés sont parallèles.

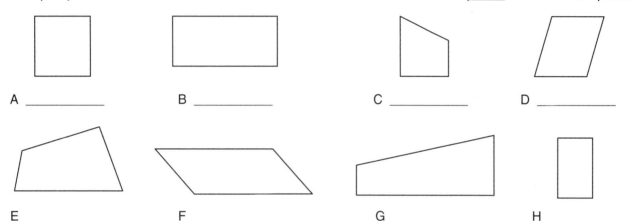

A _____   B _____   C _____   D _____

E _____   F _____   G _____   H _____

2. Classe les figures ci-dessus dans le tableau ci-dessous (écris la lettre dans la colonne appropriée).

Pas de paires de côtés parallèles	Une paire de côtés parallèles	Deux paires de côtés parallèles

3. Complète les deux tableaux en utilisant les figures ci-dessous. Commence en marquant les angles droits et les lignes parallèles dans chaque figure.

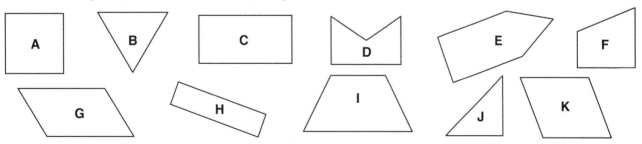

a)

Propriété	Formes avec les propriétés
0 angle droit	
1 angle droit	
2 angles droits	
4 angles droits	

b)

Propriété	Formes avec les propriétés
0 lignes parallèles	
1 paire	
2 paires	

G4-7: Les propriétés des formes *(suite)*

NOTE : Une forme dont tous les côtés sont de la même longueur est une forme équilatérale. (« Equi » provient du mot latin qui veut dire « égal » et « latéral » veut dire « côtés ».)

4. En utilisant ta règle, mesure les côtés des formes ci-dessous. Encercle les formes équilatérales.

a)

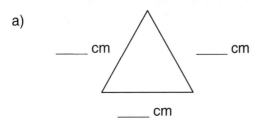

_____ cm   _____ cm

_____ cm

b)

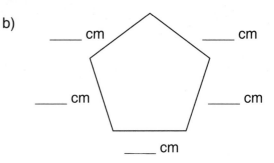

_____ cm   _____ cm

_____ cm   _____ cm

_____ cm

c)

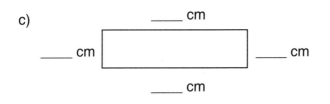

_____ cm

_____ cm   _____ cm

_____ cm

d)

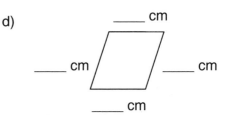

_____ cm

_____ cm   _____ cm

_____ cm

5. Complète les tableaux ci-dessous en te basant sur les formes A à J pour chaque tableau.
    INDICE : Commence par marquer les angles droits et les lignes parallèles dans chaque figure. Quand tu n'es pas certain si une figure est équilatérale, mesure les côtés avec ta règle.

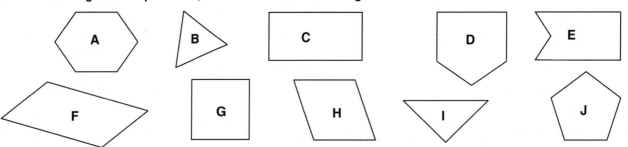

a)

Propriété	Formes avec propriétés
Équilatérale	
Non-équilatérale	

b)

Propriété	Formes avec propriétés
0 angle droit	
1 angle droit	
2 angles droits	
4 angles droits	

c)

Propriété	Formes avec propriétés
0 côtés parallèles	
1 paire de côtés parallèles	
2 paires de côtés parallèles	
3 paires de côtés parallèles	

d)

Nom des formes	Formes
Triangles	
Quadrilatères	
Pentagones	
Hexagones	

G4-8 : Les quadrilatères spéciaux

Un quadrilatère (figure avec 4 côtés) avec deux paires de côtés parallèles s'appelle un **parallélogramme.**

Parallélogramme
Un quadrilatère avec deux paires de côtés parallèles.

Certains quadrilatères ont des noms spécifiques.

Losange
Parallélogramme avec 4 côtés égaux

Rectangle
Parallélogramme avec 4 angles droits

Carré
Parallélogramme avec 4 angles droits et 4 côtés égaux

Trapézoïde
Quadrilatère avec une paire de côtés parallèles seulement

---

1. Marque tous les angles droits dans les quadrilatères et mesure la longueur de chaque côté. Choisis ensuite le meilleur nom (ou le nom le plus spécifique) pour chaque quadrilatère.

a)

_____ cm

_____ cm   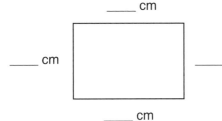   _____ cm

_____ cm

Nom : _____

b)

_____ cm

_____ cm   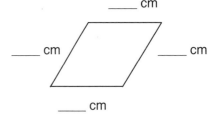   _____ cm

_____ cm

Nom : _____

2. Écris le nom de chaque figure. Utilise les mots losange, carré, parallélogramme et rectangle.

a)

_____

b)

_____

c)

_____

d)

_____

3. Marque les angles droits dans chaque quadrilatère. Nomme ensuite le quadrilatère.

a)

_____

b)

_____

c)

_____

4. Associe le nom du quadrilatère à la description qui convient le mieux.

Carré	Parallélogramme avec 4 angles droits
Rectangle	Parallélogramme avec 4 côtés égaux
Losange	Parallélogramme avec 4 angles droits et 4 cotés égaux

Géométrie 1

5. Pour chaque quadrilatère, écris le nombre de <u>paires</u> de côtés parallèles. Nomme ensuite le quadrilatère.

a)

b)

c)

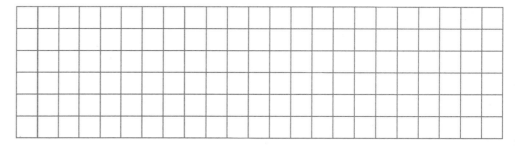

_____   _____   _____

_____   _____   _____

6. Trace un quadrilatère avec …
   a) 0 angle droit
   b) un angle droit
   c) deux angles droits

7. Trace un quadrilatère avec …
   a) 0 côtés parallèles
   b) 1 paire de côtés parallèles
   c) 2 paires de côtés parallèles
      et 0 angle droit

8. Utilise les mots « tous les », « certains » ou « aucuns » pour compléter les phrases suivantes.

   a) _____ carrés sont des rectangles.   b) _____ trapézoïdes sont des parallélogrammes.

   c) _____ parallélogrammes sont des trapézoïdes. d) _____ parallélogrammes sont des rectangles.

9. Si une figure a 4 angles droits, nomme les deux quadrilatères spéciaux qu'elle pourrait être.

10. Si un quadrilatère a 4 côtés égaux, nomme les deux quadrilatères spéciaux qu'il pourrait être.

11. Écris trois noms différents pour un carré.

12. Décris les similarités et les différences entre …
    a) un losange et un parallélogramme   b) un losange et un carré
    c) un trapézoïde et un parallélogramme

G4-9 : Les tangrams

Un **tangram** est un ancien casse-tête chinois.

Le tangram est un carré divisé en sept morceaux appelés « **tans** ».

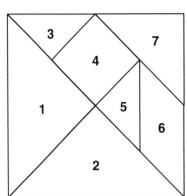

ENSEIGNANT :
Vos élèves devront avoir une copie du tangram plus grand (dans le guide de l'enseignant). Ils auront peut-être besoin d'aide pour découper les formes. (Il est important que les formes soient découpées avec précision.)

----

1. Quels tans sont des …

   a) quadrilatères? _____

   b) triangles? _____

   c) parallélogrammes? _____

2. Tu peux faire des carrés et des rectangles en utilisant des tans.

   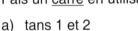

   carré   rectangle

   Fais un <u>carré</u> en utilisant les …

   a) tans 1 et 2

   b) tans 3, 5 et 7

   c) tans 1, 3, 4 et 5

   Fais un <u>rectangle</u> en utilisant les …

   d) tans 3, 4 et 5

   e) tans 1, 3, 5 et 7

   NOTE : Trace autour de tes tans pour montrer comment tu as fait chaque figure.

3. Prédis les formes que tu peux faire en utilisant les tans indiqués dans le tableau (cherche des triangles, quadrilatères, pentagones, hexagones, trapézoïdes et parallélogrammes).

Tans	Prédiction de formes possibles	Formes complétées
5, 6		
3, 5, 6		
3, 5, 6, 7		

G4-10 : La congruence

Les formes sont **congruentes** si elles ont **la même grandeur et la même forme**. Les formes congruentes peuvent être de couleurs ou de tons différents. Ces paires de formes sont congruentes :

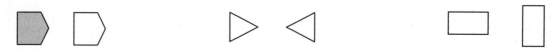

---

1. Écris <u>congruentes</u> ou <u>pas congruentes</u> sous chaque paire de formes.

a)

_____Pas congruentes_____

b)

_____

c)

_____

2. Encercle les paires de formes qui sont congruentes.

a)

b)

c)

d)

e)

f)

g)

h)

i)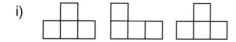

j)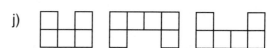

3. Nomme les formes congruentes en leur donnant la même lettre. **INDICE : Tu devras utiliser les lettres A et B.**

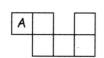

4. Trace une forme congruente pour chaque forme ci-dessous.

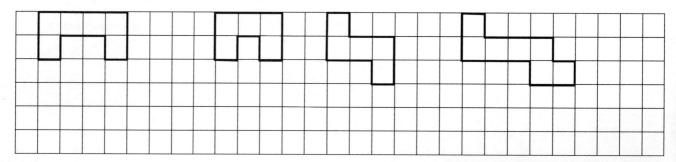

Géométrie 1

G4-11 : La congruence (avancé)

1. Trace une deuxième forme couvrant le même nombre de carrés mais qui n'est PAS congruente.

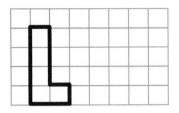

2. Trace une deuxième figure qui a la même forme mais qui n'est PAS congruente.

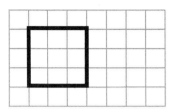

3. Nomme les formes congruentes avec la même lettre.

   INDICE : Tu devras utiliser les lettres A, B, C et D.

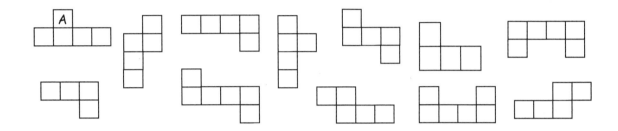

4. Colorie les espaces dans la grille de droite pour rendre les deux figures congruentes.

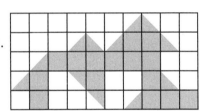 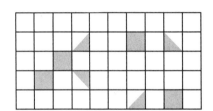

5. Est-ce que ces paires de formes sont congruentes?

   a) _____ parce que _____ .

   b) △ ◺ _____ parce que _____ .

BONUS
6. Ajoute ...

   a) 2 lignes pour faire
      3 carrés congruents

   b) 3 lignes pour faire
      4 triangles congruents

   c) 2 lignes pour faire
      3 rectangles congruents

 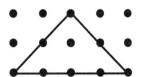 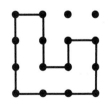

7. Trouve deux formes congruentes dans ta classe. Comment peux-tu vérifier si elles sont congruentes?

Géométrie 1

G4-12 : La symétrie

Certaines formes ont des lignes de **symétrie**. Tina place un miroir sur la demie de la forme. Si la demie qui est reflétée dans le miroir permet de voir la forme au complet, cela veut dire que cette forme est symétrique.

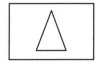 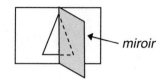

Tina vérifie aussi si la forme a une ligne de symétrie en la coupant et la pliant en deux. Si les demies des deux côtés du pli sont exactement pareilles, Tina sait alors que le pli montre la **ligne de symétrie**.

---

1. Complète l'illustration pour qu'elle ait une ligne de symétrie <u>horizontale</u>.

    Trace ensuite la ligne de symétrie.

    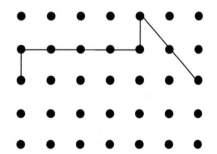

2. Complète l'illustration pour qu'elle ait une ligne de symétrie <u>verticale</u>.

    Trace ensuite la ligne de symétrie.

    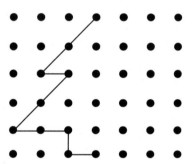

3. Trace, avec une règle, une ligne de symétrie <u>horizontale</u> sur chaque illustration.

    a)

    b)

4. Trace une ligne de symétrie <u>verticale</u> sur chaque illustration.

    a)

    b)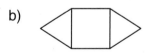

5. Trace une ligne de symétrie horizontale et/ou verticale sur les illustrations suivantes.
    NOTE : Certaines figures peuvent avoir les deux lignes de symétrie, et d'autres peuvent n'avoir ni l'une ni l'autre.

    a)

    b)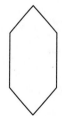

    c)

    d)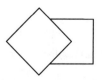

    e)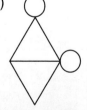

jump math
MULTIPLYING POTENTIAL.

Géométrie 1

G4-13 : La symétrie et le pliage de papier

1. Copie les formes ci-dessous et découpe-les.

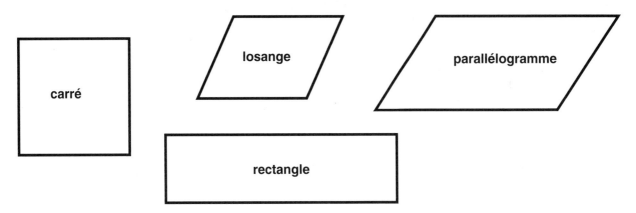

a) Prédis le nombre de lignes de symétrie qu'aura chaque forme. Écris la réponse dans le tableau.

b) Plie chaque forme pour vérifier le nombre de lignes de symétrie.
   Trace les lignes de symétrie sur les formes ci-dessus.
   Complète ensuite le tableau.

Forme	Nombre prédit de lignes de symétrie	Nombre actuel de lignes de symétrie
Carré		
Rectangle		
Losange		
Parallélogramme		

2. Copie les formes ci-dessous et découpe-les. Trouve toutes les lignes de symétrie pour chaque forme. **NOTE : « Régulier » veut dire « équilatéral » et avec des angles égaux.**

Triangle équilatéral   Carré   Pentagone régulier   Hexagone régulier

a)

Figure	Triangle	Carré	Pentagone	Hexagone
Nombre d'arêtes				
Nombre de lignes de symétrie				

b) Décris la relation que tu vois entre le nombre de lignes de symétrie et le nombre d'arêtes sur un polygone régulier.

G4-14: Exercices de symétrie supplémentaires

1. Trace la ligne de symétrie sur chacune des formes, parallèle à la ligne A.

a)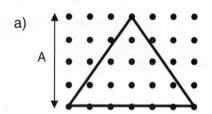

b)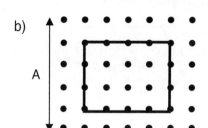

c)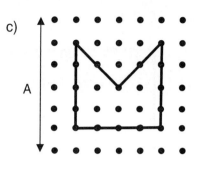

2. Trace une ligne parallèle à la ligne B mais qui n'est <u>pas</u> une ligne de symétrie, sur chaque forme.

a)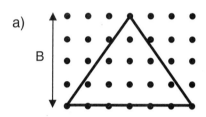

b)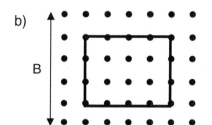

c)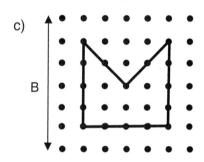

3. Beaucoup de lettres de l'alphabet ont une ligne de symétrie.

   a) Trace au moins 5 lettres de l'alphabet et montre leurs lignes de symétrie.

   b) Peux-tu trouver une lettre qui a 2 lignes de symétrie ou plus?

4. Déchiffre les mots écris en « code miroir » en remplissant les demis lettres qui manquent.

a)   b)   c)

Géométrie 1

G4-15 : Les triangles

Les triangles peuvent être classés en fonction de la longueur de leurs côtés.

i) Les trois côtés d'un **triangle équilatéral** sont de la même longueur.

ii) Deux côtés d'un **triangle isocèle** ont la même longueur.

iii) Les trois côtés d'un **triangle scalène** sont inégaux.

---

1. a) Mesure les côtés de chaque triangle. Écris tes mesures à côté des formes.

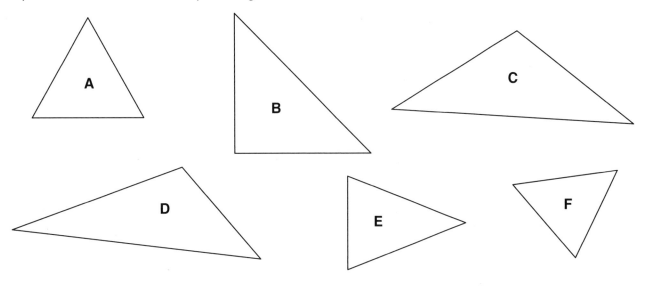

   b) Classe les triangles selon le nombre de côtés.

Propriété	Triangles avec propriété
Équilatéral	
Isocèle	
Scalène	

2. Mesure les lignes suivantes et mets une marque au point milieu.

   a) _____ _____ cm   b) _____ _____ cm

3. Chacun des triangles suivants est un triangle isocèle.
   Trace la ligne de symétrie sur chaque triangle.
   INDICE : Trouve en premier le point milieu de la base, comme dans le triangle A.

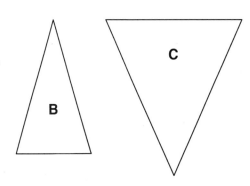

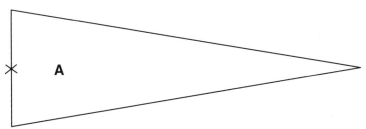

Géométrie 1

1.

Figure 1 :   Figure 2 :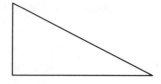

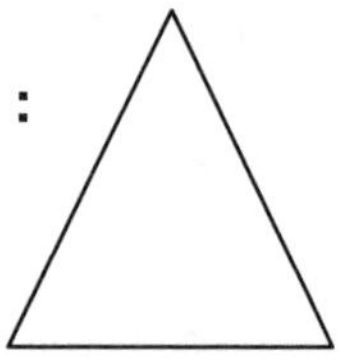

a) Compare les deux formes en complétant le tableau suivant.

Propriété	Figure 1	Figure 2	Pareil?	Différent?
Nombre de **sommets**	3	3	✓	
Nombre d'**arêtes**				
Nombre de **paires de lignes parallèles**				
Nombre d'**angles droits**				
Y a-t-il des lignes de **symétrie**?				
Nombre de lignes de **symétrie**				
La figure est-elle **équilatérale**?				

b) Peux-tu dire, simplement en regardant les figures suivantes, si elles sont pareilles ou différentes?

Figure 1 :

Figure 2 :

Propriété	Pareil?	Différent?
Nombre de **sommets**		
Nombre d'**arêtes**		
Nombre de **paires de lignes parallèles**		
Nombre d'**angles droits**		
Y a-t-il des lignes de **symétrie**?		
Nombre de lignes de **symétrie**		
La figure est-elle **équilatérale**?		

2. Trace deux figures et compare-les en utilisant un tableau (semblable à celui à la question 1).

3. En regardant les figures suivantes, peux-tu commenter sur leurs <u>similarités</u> et leurs <u>différences</u>?
    Sois certain de mentionner les propriétés suivantes :

    ✓ Le nombre de **sommets**
    ✓ Le nombre d'**arêtes**
    ✓ Le nombre de **paires de lignes parallèles**
    ✓ Le nombre d'**angles droits**
    ✓ Le nombre de **lignes de symétrie**
    ✓ Les figures sont-elles **équilatérales**?

Figure 1 :   Figure 2 :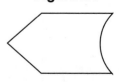

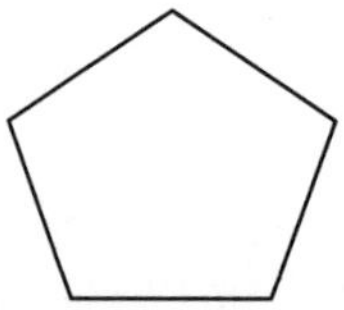

Géométrie 1

G4-17 : Trier et classer les formes

1. Les formes suivantes peuvent être triées selon leurs propriétés en utilisant un diagramme de Venn.

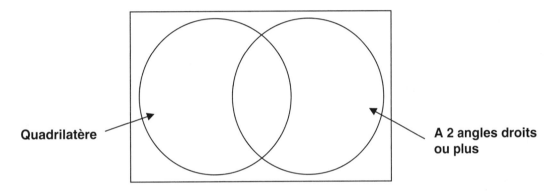

a)

Propriété :	Figures qui ont cette propriété :
1. Je suis un quadrilatère.	C, D, H
2. J'ai 2 angles droits ou plus.	D, E, H

Quelles figures partagent les deux propriétés? _____

Complète le diagramme de Venn suivant en utilisant l'information du tableau ci-dessus.

Quadrilatère   **A 2 angles droits ou plus**

Utilise les figures A à H ci-dessus pour compléter les tableaux et les diagrammes de Venn ci-dessous.

b)

Propriété :	Figures qui ont cette propriété :
1. Je suis un quadrilatère.	
2. Tous mes côtés sont de la même longueur.	

Quelles figures partagent les deux propriétés? _____

Complète le diagramme de Venn suivant en utilisant l'information du tableau ci-dessus.

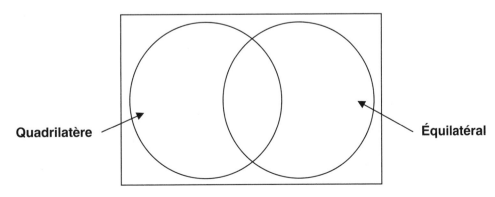

Quadrilatère   **Équilatéral**

Géométrie 1

c)

Propriété :	Figures qui ont cette propriété :
1. J'ai 4 ou 5 sommets.	
2. J'ai 1 angle droit ou plus.	

Quelles figures partagent les deux propriétés? _____

Complète le diagramme de Venn suivant en utilisant l'information du tableau ci-dessus.

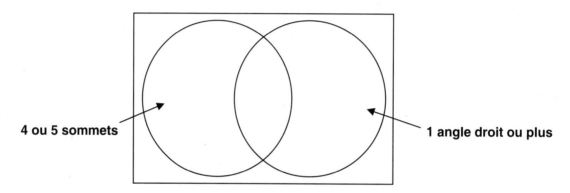

4 ou 5 sommets   **1 angle droit ou plus**

2. Fais un tableau et un diagramme de Venn (comme dans la question 1), en utilisant deux propriétés de ton choix. Voici quelques propriétés que tu peux utiliser :

✓ Nombre de sommets

✓ Nombre de paires de côtés parallèles

✓ Nombre d'arêtes

✓ Nombre d'angles droits

✓ Lignes de symétrie

✓ Équilatéral

3. Décris complètement chaque figure. Ta description doit mentionner les propriétés suivantes :

✓ Nombre de côtés

✓ Nombre de sommets

✓ Nombre de paires de côtés parallèles

✓ Nombre d'angles droits

✓ Nombre de lignes de symétrie

✓ La figure est-elle équilatérale?

a)    b)    c)

4. Fais la liste de toutes les propriétés que partagent les figures. Fais ensuite la liste des différences.

a)   b)

G4-18 : Trier et classer les formes (révision)

1. Inscris les propriétés de chaque forme en écrivant « oui » ou « non » dans les colonnes.

Forme	Quadrilatère	Équilatérale	Deux paires de côtés parallèles	Un angle droit ou plus
A				
B				
C				
D				
E				

2. Compte les sommets et les arêtes de chaque figure. Marque les angles droits avec un carré. Marque les paires de côtés parallèles avec une flèche. Écris « V » (pour vrai) si les figures partagent la propriété. Sinon, écris « F » (pour faux).

Les deux figures partagent les propriétés suivantes :

a)

_____ 4 sommets   _____ 2 paires de côtés parallèles

_____ 4 côtés   _____ 2 angles droits

b)

_____ 3 sommets   _____ 5 côtés

_____ 0 angle droit   _____ équilatérale

c)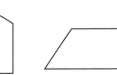

_____ quadrilatère   _____ 2 paires de côtés parallèles

_____ 1 angle droit ou plus

d)

_____ 6 sommets   _____ 0 angle droit

_____ 2 paires de côtés parallèles ou plus

3. Nomme les formes en te basant sur les descriptions.

a) J'ai trois côtés. Tous mes côtés sont de la même longueur. Je suis un _____.

b) J'ai quatre côtés égaux. Je n'ai pas d'angles droits. Je suis un _____.

c) Je suis un quadrilatère avec deux paires de côtés parallèles. Je suis un _____.

Géométrie 1

Réponds aux questions suivantes dans ton cahier.

1. Combien d'angles droits y a-t-il dans cette figure?

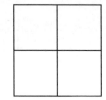

2. Nomme tous les quadrilatères dans cette figure.

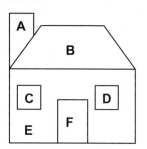

3. Lesquels des quadrilatères n'ont qu'un nom? Lesquels ont deux noms? Trois noms? Écris autant de noms que tu peux pour chaque figure.

 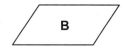  

4. Lesquelles des formes ci-dessous sont congruentes? Explique.

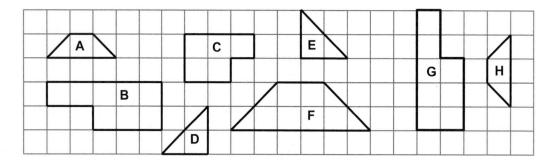

5.

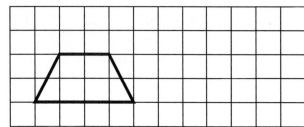

La forme tracée sur la grille est un <u>trapézoïde</u>.

   a) Sur la grille, trace un deuxième trapézoïde qui a 2 angles droits. Marque les angles droits.

   b) Comment sais-tu que les deux formes sont des trapézoïdes?

6. a) Pourquoi un carré est-il un rectangle?   b) Pourquoi un rectangle n'est-il pas toujours un carré?

   c) Pourquoi un trapézoïde n'est-il pas un parallélogramme?

7. a) J'ai 4 côtés égaux, mais je n'ai pas d'angles droits. Que suis-je?

   b) J'ai 4 angles droits, mais mes côtés ne sont pas tous égaux. Que suis-je?

   BONUS
   c) J'ai exactement 2 angles droits. Quel quadrilatère spécial <u>pourrais</u>-je être?

JUMP Math 5.1

Cahier 5 Partie 1

Table des matières

jump math™

MULTIPLYING POTENTIAL.

JUMP Math
Toronto, Canada
www.jumpmath.org

Writers: Dr. John Mighton, Dr. Sindi Sabourin, Dr. Anna Klebanov
Translator: Claudia Arrigo
Consultant: Jennifer Wyatt
Cover Design: Blakeley Words+Pictures
Special thanks to the design and layout team.
Cover Photograph: © Eugene Kasimiarovich

This French edition of the JUMP Math Workbooks for Grade 5 has been produced in partnership with and with the financial support of the Vancouver Board of Education.

ISBN: 978-1-897120-94-1

First published in English in 2009 as Jump Math Book 5.1 (978-1-897120-74-3).

Eighth printing July 2020

Printed and bound in Canada

Table des matières

PARTIE 1
Les régularités et l'algèbre

Logique numérale

La mesure

Probabilité et traitement de données

Géométrie

PARTIE 2

Les régularités et l'algèbre

Logique numérale

La mesure

Probabilité et traitement de données

Géométrie

Jamie trouve la **différence** entre 15 et 12 en comptant sur ses doigts. Elle dit
« 12 » avec son poing fermé et compte jusqu'à 15, en levant un doigt à la fois :

12   13   14   15

Quand elle dit « 15 », elle a levé 3 doigts. La différence ou l'intervalle entre 12 et 15 est donc 3.

- -

1. Trouve la différence entre les nombres ci-dessous. Écris ta réponse dans le cercle :

    INDICE : Tu peux peut-être trouver la réponse sans compter si tu connais tes soustractions.

    a) 2 ◯ 7 b) 5 ◯ 8 c) 3 ◯ 9 d) 3 ◯ 7 e) 2 ◯ 8

    f) 11 ◯ 17 g) 11 ◯ 16 h) 22 ◯ 28 i) 36 ◯ 38 j) 31 ◯ 40

    k) 32 ◯ 37 l) 43 ◯ 47 m) 49 ◯ 52 n) 85 ◯ 91 o) 67 ◯ 72

Quel nombre est 4 <u>de plus</u> que 16? (Ou : 16 + 4 = ?)

Ravi trouve la réponse en comptant sur ses doigts. Il dit
« 16 » avec son poing fermé et compte à partir de 16 jusqu'à
ce qu'il ait levé 4 doigts.

16   17   18   19   20

Le nombre 20 est 4 de plus que 16.

---

2. Additionne le nombre dans le cercle au nombre à gauche. Écris ta réponse dans l'espace vide :

    a) 5 ③ __8__ b) 8 ④ _____ c) 6 ⑥ _____ d) 17 ② _____ e) 12 ⑧ _____

    f) 25 ⑨ _____ g) 34 ⑦ _____ h) 62 ③ _____ i) 83 ④ _____ j) 91 ⑥ _____

3. Ajoute les nombres qui manquent :

    a) _____ est 5 de plus que 6   b) _____ est 7 de plus que 26   c) _____ est 8 de plus que 17

    d) _____ est 5 de plus que 29   e) _____ est 4 de plus que 38   f) _____ est 9 de plus que 65

PA5-2 : Les suites croissantes

Dans une **suite croissante**, chaque nombre est plus grand que le nombre précédent.

Deborah veut continuer cette régularité :   6 , 8 , 10 , 12 , _?_

Elle trouve la **différence** entre
les deux premiers nombres :   6 , 8 , 10 , 12 , _?_

6   7   8

Elle trouve que la différence entre les autres nombres est aussi 2.
La régularité de la suite est donc d'additionner 2 à chaque fois :   6 , 8 , 10 , 12 , _?_

Pour continuer cette régularité, Deborah additionne 2 au dernier
nombre de la suite.

Ainsi, le dernier nombre de la suite est 14 :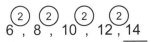
6 , 8 , 10 , 12 , 14

---

1. Prolonge les régularités suivantes. Commence en trouvant l'intervalle entre les nombres.

a) 1 , 4 , 7 , ___ , ___ , ___

b) 1 , 5 , 9 , ___ , ___ , ___

c) 3 , 8 , 13 , ___ , ___ , ___

d) 3 , 6 , 9 , ___ , ___ , ___

e) 1 , 6 , 11 , ___ , ___ , ___

f) 4 , 10 , 16 , ___ , ___ , ___

g) 2 , 12 , 22 , ___ , ___ , ___

h) 7 , 13 , 19 , ___ , ___ , ___

i) 31 , 34 , 37 , ___ , ___ , ___

j) 82 , 88 , 94 , ___ , ___ , ___

k) 2 , 13 , 24 , ___ , ___ , ___

l) 8 , 17 , 26 , ___ , ___ , ___

m) 5 , 11 , 17 , ___ , ___ , ___

n) 0 , 4 , 8 , ___ , ___ , ___

jump math
MULTIPLYING POTENTIAL

Les régularités et l'algèbre 1

PA5-3 : Compter à reculons

Quel nombre dois-tu soustraire de 43 pour obtenir 39?   **43 – ? = 39**

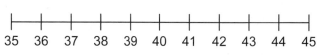

Jess trouve la réponse en comptant à reculons sur
ses doigts. Elle utilise la droite numérique pour s'aider :

Quand Jess dit 39, elle a levé 4 doigts, donc
4 soustrait de 43 donne 39 : **43 – 4 = 39**

43   **42**   **41**   **40**   **39**

----

1. Quel nombre dois-tu <u>soustraire</u> du plus grand nombre pour obtenir le plus petit nombre?

   a) 43 (-3) 40   b) 44 ( ) 39   c) 41 ( ) 36   d) 42 ( ) 35

   e) 44 ( ) 37   f) 39 ( ) 36   g) 42 ( ) 37   h) 45 ( ) 39

2. Trouve l'intervalle entre les nombres en
   comptant à reculons sur tes doigts.

   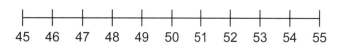

   a) 52 (-4) 48   b) 51 ( ) 49   c) 52 ( ) 47   d) 54 ( ) 47

   e) 51 ( ) 47   f) 50 ( ) 46   g) 52 ( ) 45   h) 53 ( ) 45

3. Trouve l'intervalle entre les nombres en comptant à reculons sur tes doigts (ou sans compter sur tes
   doigts si tu connais tes soustractions) :

   a) 87 ( ) 82   b) 68 ( ) 59   c) 40 ( ) 38   d) 90 ( ) 88

   e) 51 ( ) 46   f) 77 ( ) 73   g) 55 ( ) 47   h) 22 ( ) 16

   i) 78 ( ) 69   j) 121 ( ) 116   k) 102 ( ) 96   l) 49 ( ) 39

PA5-4 : Les suites décroissantes

Dans une **suite décroissante**, chaque nombre est plus petit que le nombre précédent.

Quel nombre est 3 de moins que 9?   (Ou : 9 – 3 = ?)

Jenna trouve la réponse en comptant sur ses doigts.

Elle dit « 9 » avec son poing fermé et compte à reculons

jusqu'à ce qu'elle ait levé 3 doigts :

Le nombre 6 est 3 <u>de moins que</u> 9 :   **9 – 3 = 6**

9   8   7   6

----

1. Soustrais le nombre dans le cercle du nombre à gauche. Écris ta réponse dans l'espace vide :

   a) 7 $\bigcirc^{-3}$ _____   b) 13 $\bigcirc^{-3}$ _____   c) 9 $\bigcirc^{-4}$ _____   d) 17 $\bigcirc^{-1}$ _____

   e) 16 $\bigcirc^{-5}$ _____   f) 19 $\bigcirc^{-4}$ _____   g) 25 $\bigcirc^{-1}$ _____   h) 29 $\bigcirc^{-2}$ _____

   i) 38 $\bigcirc^{-4}$ _____   j) 45 $\bigcirc^{-6}$ _____   k) 63 $\bigcirc^{-8}$ _____   l) 72 $\bigcirc^{-4}$ _____

2. Trouve les nombres qui manquent :

   a) ___ est 5 de moins que 17   b) ___ est 3 de moins que 19   c) ___ est 2 de moins que 18

   d) ___ est 6 de moins que 26   e) ___ est 8 de moins que 20   f) ___ est 4 de moins que 29

   g) ___ est 7 de moins que 35   h) ___ est 9 de moins que 42   i) ___ est 8 de moins que 90

3. Prolonge les régularités <u>décroissantes</u> suivantes. Commence en trouvant l'intervalle entre les nombres.

   a) 13 , 11 , 9 , ___ , ___ , ___

   b) 33 , 28 , 23 , ___ , ___ , ___

   c) 64 , 61 , 58 , ___ , ___ , ___

   d) 55 , 46 , 37 , ___ , ___ , ___

   e) 110 , 90 , 70 , ___ , ___ , ___

Exemple :

11 , 9 , 7 , ___ , ___ , ___

<u>Étape 1</u> : $\bigcirc^{-2}$ $\bigcirc^{-2}$ $\bigcirc^{-2}$ $\bigcirc^{-2}$ $\bigcirc^{-2}$

11 , 9 , 7 , ___ , ___ , ___

<u>Étape 2</u> : $\bigcirc^{-2}$ $\bigcirc^{-2}$ $\bigcirc^{-2}$ $\bigcirc^{-2}$ $\bigcirc^{-2}$

11 , 9 , 7 , 5 , 3 , 1

Les régularités et l'algèbre 1

PA5-5 : Suites croissantes et décroissantes

1. Prolonge les régularités suivantes, en te servant de « l'intervalle » donné :

> *Exemple 1 :*
>
> (+ 1)
> 6 , 7 , __8__ , __9__
>
> *Exemple 2 :*
>
> (− 2)
> 8 , 6 , __4__ , __2__

a) (+ 6) 5 , 11 , ____ , ____ , ____

b) (+ 4) 1 , 5 , ____ , ____ , ____

c) (+ 4) 3 , 7 , ____ , ____ , ____

d) (+ 3) 6 , 9 , ____ , ____ , ____

e) (− 5) 36 , 31 , ____ , ____ , ____

f) (+ 7) 10 , 17 , ____ , ____ , ____

g) (− 4) 17 , 13 , ____ , ____ , ____

h) (− 4) 19 , 15 , ____ , ____ , ____

2. Prolonge les régularités en trouvant d'abord l'intervalle :

a) 4 , 8 , 12 , ____ , ____

b) 3 , 10 , 17 , ____ , ____

c) 1 , 4 , 7 , ____ , ____

d) 21 , 25 , 29 , ____ , ____

e) 11 , 16 , 21 , ____ , ____

f) 55 , 53 , 51 , ____ , ____

g) 79 , 73 , 67 , ____ , ____

> *Exemple :*
>
> 3 , 5 , 7 , ____
>
> *Étape 1 :* (+ 2) (+ 2)
> 3 , 5 , 7 , ____
>
> *Étape 2 :* (+ 2) (+ 2)
> 3 , 5 , 7 , __9__

3. Jameson a un rouleau de 52 timbres.
   Il utilise 4 timbres chaque jour pendant 6 jours.
   Combien de timbres lui reste-t-il? _____

4. Amy a épargné 36 $. Chaque jour suivant, elle épargne 6 $ de plus.
   Combien aura-t-elle épargné après 5 jours? _____

Les régularités et l'algèbre 1

PA5-6: Prolonger une régularité en utilisant une règle

1. Continue les suites suivantes en <u>additionnant</u> les nombres donnés :

    a) (additionne 3)   41 ,   44 , _____, _____, _____

    b) (additionne 5)   60 ,   65 , _____, _____, _____

    c) (additionne 2)   74 ,   76 , _____, _____, _____

    d) (additionne 10)   20 ,   30 , _____, _____, _____

    e) (additionne 4)   61 ,   65 , _____, _____, _____

    f) (additionne 9)   31 ,   40 , _____, _____, _____

    g) (additionne 6)   20 ,   26 , _____, _____, _____

2. Continue les suites suivantes en <u>soustrayant</u> les nombres donnés :

    a) (soustrais 2)   24 ,   22 , _____, _____, _____

    b) (soustrais 3)   25 ,   22 , _____, _____, _____

    c) (soustrais 5)   85 ,   80 , _____, _____, _____

    d) (soustrais 10)   70 ,   60 , _____, _____, _____

    e) (soustrais 4)   56 ,   52 , _____, _____, _____

    f) (soustrais 7)   56 ,   49 , _____, _____, _____

    g) (soustrais 11)   141 , 130 , _____, _____, _____

BONUS
3. Crée ta propre régularité. Donne ensuite le nombre que tu as additionné ou soustrait chaque fois :

    _____ , _____ , _____ , _____ , _____   Ma règle : _____

4. Quelle suite suivante a été faite en additionnant 4? Encercle-la.
    INDICE : Vérifie tous les nombres dans la suite.

    a) 4, 8, 10, 14   b) 4, 8, 12, 16   c) 3, 9, 11, 15

5. **72, 63, 54, 45, 36 ...**

    Yen dit que la suite ci-dessus a été faite en soustrayant 8 à chaque fois.
    Hyun dit qu'elle a été faite en soustrayant 9. Qui a raison?

    _____

    _____

Les régularités et l'algèbre 1

PA5-7 : Identifier les règles de régularités

1. Pour chaque cas, quel nombre a été additionné pour faire la régularité?

   a) 2, 6, 10, 14   additionne _____   b) 2, 5, 8, 11   additionne _____

   c) 18, 24, 30, 36   additionne _____   d) 40, 47, 54, 61   additionne _____

   e) 81, 86, 91, 96   additionne _____   f) 69, 72, 75, 78   additionne _____

2. Pour chaque cas, quel nombre a été soustrait pour faire la régularité?

   a) 38, 36, 34, 32   soustrais _____   b) 65, 60, 55, 50   soustrais _____

   c) 200, 199, 198, 197   soustrais _____   d) 91, 88, 85, 82   soustrais _____

   e) 67, 64, 61, 58   soustrais _____   f) 399, 397, 395, 393   soustrais _____

3. Énonce la règle pour les régularités suivantes :

   a) 219, 212, 205, 198, 191   soustrais _____   b) 11, 19, 27, 35, 43, 51   additionne _____

   c) 301, 305, 309, 313   _____   d) 210, 198, 186, 174   _____

   e) 633, 622, 611, 600, 589   _____   f) 821, 830, 839, 848, 857   _____

   g) 407, 415, 423, 431   _____   h) 731, 725, 719, 713   _____

4. Trouve la règle pour les régularités suivantes. Continue ensuite la régularité :

   a) 22, 27, 32, __37__ , __42__ , _____   La règle est : Commence à 22 et additionne 5 à chaque fois

   b) 38, 45, 52, _____, _____, _____   La règle est : _____

   c) 124, 136, 148, _____, _____, _____   La règle est : _____

5.   **5, 9, 13, 17, 21 ...**

   Jonah dit que la règle est : « Commence à 5 et soustrais 4 à chaque fois. »
   Pria dit que la règle est : « Commence à 5 et additionne 5 à chaque fois. »
   Geneviève dit que la règle est : « Commence à 5 et additionne 4 à chaque fois. »

   a)   Qui a la bonne règle? _____

   b)   Quelles erreurs ont fait les autres? _____

   _____

   _____

PA5-8 : Introduction aux tableaux en T

Claude fait une **régularité croissante** avec des carrés.
Il inscrit le nombre de carrés dans chaque figure dans un tableau en T.

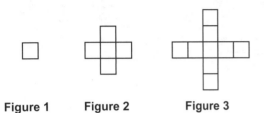

Figure 1   **Figure 2**   **Figure 3**

Figure	# de carrés
1	1
2	5
3	9

4 ← Nombre de carrés
4 ← <u>ajoutés</u> chaque fois.

Le nombre de carrés dans les figures est 1, 5, 9, …
Claude écrit une règle pour cette régularité numérique :
RÈGLE : Commence à 1 et additionne 4 à chaque fois.

----

1. Claude fait d'autres régularités croissantes avec des carrés.
   Combien de carrés ajoute-t-il pour faire chaque nouvelle figure?
   Écris ta réponse dans les cercles. Écris ensuite une règle pour la régularité.

a)

Figure	Nombre de carrés
1	2
2	7
3	12

Règle :
Commence à 2 et
additionne 5 à chaque fois

b)

Figure	Nombre de carrés
1	2
2	9
3	16

Règle :

c)

Figure	Nombre de carrés
1	1
2	4
3	7

Règle :

d)

Figure	Nombre de carrés
1	1
2	7
3	13

Règle :

e)

Figure	Nombre de carrés
1	5
2	12
3	19

Règle :

f)

Figure	Nombre de carrés
1	13
2	21
3	29

Règle :

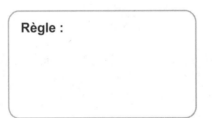

Les régularités et l'algèbre 1

jump math
MULTIPLYING POTENTIAL

Figure	Nombre de carrés
1	3
2	11
3	19

Règle :

a)

Figure	Nombre de carrés
1	7
2	11
3	15

Règle :

b)

Figure	Nombre de carrés
1	8
2	14
3	20

Règle :

2. Prolonge la régularité numérique. Combien de carrés seraient utilisés dans la figure 6?

a)

Figure	Nombre de carrés
1	2
2	9
3	16

b)

Figure	Nombre de carrés
1	2
2	6
3	10

c)

Figure	Nombre de carrés
1	6
2	11
3	16

3. Trina fait les régularités croissantes suivantes avec des carrés.
Après avoir fait la figure 3, il ne lui reste que 16 carrés.
A-t-elle assez de carrés pour compléter la figure 4?

a)

Figure	Nombre de carrés
1	4
2	9
3	14

OUI NON

b)

Figure	Nombre de carrés
1	5
2	9
3	13

OUI NON

c)

Figure	Nombre de carrés
1	3
2	7
3	11

OUI NON

4. Fais un tableau pour montrer combien de formes seraient utilisées pour faire la figure 5 dans chaque régularité.

a)

b)

1. Compte le nombre de segments de ligne (les lignes qui relient deux points) dans chaque figure.
   INDICE : En premier, compte les segments de ligne autour de l'extérieur des figures. Fais un trait sur les segments de ligne quand tu les comptes.

Exemple :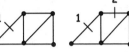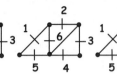

a) _____

b) _____

c) 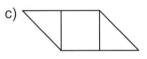 _____

d) _____

e) 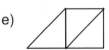 _____

f) 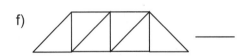 _____

2. Continue la régularité suivante et complète le tableau :

Figure 1

Figure 2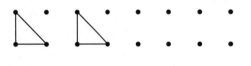

Figure 3

Figure 4

Figure	Nombre de segments de ligne
1	
2	
3	
4	

Combien de segments de ligne seraient utilisés pour la figure 5? _____

3. Continue la régularité suivante et complète le tableau :

Figure 1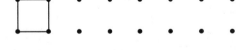

Figure 2

Figure 3

Figure 4

Figure	Nombre de segments de ligne
1	
2	
3	
4	

Combien de segments de ligne seraient utilisés pour la figure 7? _____

Continue les régularités suivantes et complète les tableaux.

4.

Figure 1

Figure 2

Figure 3

Figure 4

Figure 5

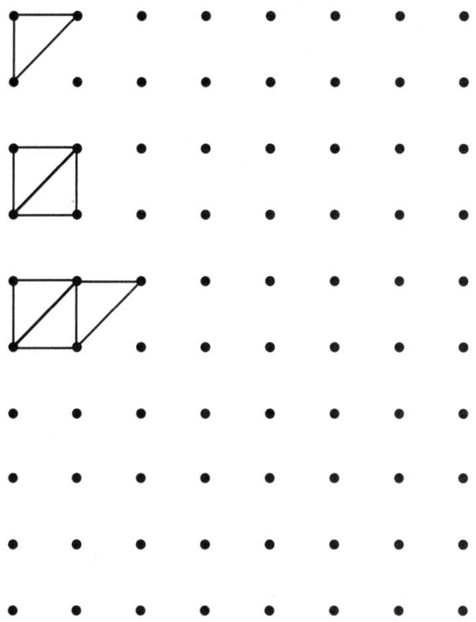

Figure	Nombre de triangles	Nombre de segments de ligne

a) Combien de segments de ligne seraient utilisés pour la figure 6? _____

b) Combien de triangles seraient utilisés pour la figure 6? _____

c) Combien de segments de ligne seraient utilisés pour faire une figure avec 7 triangles ?_____

5.

Figure 1

Figure 2

Figure 3

Figure 4

Figure 5

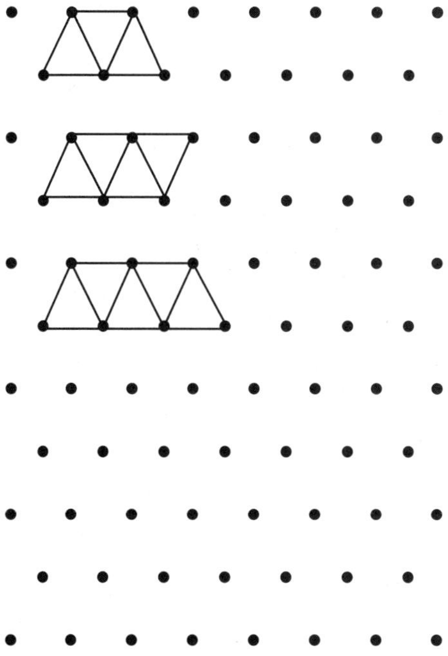

Figure	Nombre de triangles	Nombre de segments de ligne

a) Combien de segments de ligne seraient utilisés pour la figure 6? _____

b) Combien de triangles seraient utilisés pour la figure 6? _____

c) Combien de segments de ligne seraient utilisés pour faire une figure avec 9 triangles? _____

6.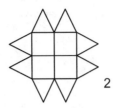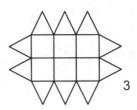

Figure	Nombre de triangles	Nombre de carrés

La régularité de Claire

a) Énonce la règle pour la régularité qui s'applique pour le nombre de triangles :

Commence à _____ et additionne _____ à chaque fois.

b) Énonce la règle pour la régularité qui s'applique pour le nombre de carrés :

_____

c) Combien de carrés Claire doit-elle utiliser pour faire la figure 5?

_____

d) Claire dit qu'il lui faut 17 triangles pour faire la figure 6. A-t-elle raison?

_____

e) Combien de triangles Claire doit-elle utiliser pour faire une figure avec 10 carrés?

_____

 7. Avril fait une décoration de Noël en utilisant un hexagone (partie en blanc), des trapézoïdes (parties coloriées) et des triangles (parties carrelées) :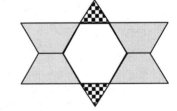

a) Combien de triangles doit-elle utiliser pour faire 9 décorations?

b) Combien de trapézoïdes doit-elle utiliser pour faire 5 décorations?

c) Avril utilise 6 hexagones pour faire des décorations de Noël.
Combien de triangles et combien de trapézoïdes a-t-elle utilisés?

d) Combien de trapézoïdes Avril doit-elle utiliser pour faire des décorations avec 14 triangles?
INDICE : Compte par bonds ou fais une division pour calculer combien de décorations tu pourrais faire avec 14 triangles.

PA5-10 : Les problèmes de temps

1. L'aquarium de Sarah perd de l'eau.

   À 6 h, l'aquarium contient 21 L d'eau.

   À 7 h, l'aquarium contient 18 L d'eau.

   À 8 h, l'aquarium contient 15 L d'eau.

Heure	Montant d'eau dans l'aquarium
6 h	21 L
7 h	18 L
8 h	15 L
9 h	
10 h	

   a) Combien d'eau l'aquarium perd-il chaque heure?
   _____

   b) Combien de litres restera-t-il dans l'aquarium à 10 h? _____

   c) Combien d'heures faudra-t-il jusqu'à ce qu'il ne reste plus d'eau dans l'aquarium? _____

2. Maral a 28 $ dans son compte d'épargne à la fin du mois de mars.
   Il épargne 7 $ chaque mois.
   Combien d'argent aura-t-il dans son compte à la fin du mois de juin?

Mois	Épargnes
mars	28 $

3. Reema a 42 $ dans son compte d'épargne à la fin du mois d'octobre.
   Elle dépense 7 $ chaque mois.
   Combien d'argent aura-t-elle dans son compte à la fin du mois de janvier?

Mois	Épargnes
octobre	42 $

4. Jane plante un rosier haut de 30 cm le 1er mars.
   Le rosier grandit de 25 cm par mois.
   Quelle hauteur aura le rosier le 1er août?

Date	Hauteur
1er mai	30 cm

5. Un petit cèdre blanc grandit d'environ 9 cm par année.
   Quelle hauteur aura-t-il après 3 ans?

Ans	Hauteur
0	0 cm

Les régularités et l'algèbre 1

PA5-11: Les tableaux en T (avancé)

Les **termes** d'une suite sont les nombres ou les éléments dans la suite.

Le **rang du terme** signifie la position du nombre ou de l'élément dans la suite.

*Le **rang du terme est 4***
(4ᵉ position dans la suite).

4, 7, 10, 13, 16

---

1. Prolonge le tableau en T pour trouver le 5ᵉ terme dans la suite :

   3, 5, 7, …

Rang du terme	Terme
1	3
2	5
3	7
4	
5	

2. Dessine un tableau en T pour chaque suite pour trouver le terme donné :

   a) Trouve le 6ᵉ terme : 2, 5, 8, 11, …   b) Trouve le 7ᵉ terme : 21, 26, 31, 36, …

3. Travis dit que le 6ᵉ terme dans la suite 5, 7, 9, … est 17. A-t-il raison? Explique.

4. En utilisant des blocs ou d'autres formes, fais un modèle d'une suite de formes pour chaque tableau en T :

   a)
Rang du terme	Terme
1	2
2	5
3	8
4	11

   b)
Rang du terme	Terme
1	1
2	5
3	9
4	13

5. La marina loue des canoës à 6 $ pour la première heure, et à 4 $ de l'heure par la suite. Combien cela coûterait-il de louer un canoë pendant 6 heures?

6. Zoe épargne 65 $ en août. Elle épargne ensuite 6 $ chaque mois suivant. Adrien épargne 62 $ en août. Il épargne ensuite 7 $ chaque mois suivant. Qui aura épargné le plus d'argent d'ici la fin du mois de janvier?

7. Un bébé éléphant pèse environ 77 kg.
   Il boit environ 11 litres de lait par jour et grossit d'environ 1 kg tous les jours.
   a) Combien de poids (en kg) gagne-t-il chaque semaine?
   b) Combien de litres de lait boit-il en une semaine?
   c) Après combien de jours aura-t-il doublé son poids?

PA5-12 : Les régularités répétitives

Marco fait une régularité **répétitive** en utilisant des blocs :

*Voici le **cœur** de la régularité de Marco.*

Le **cœur** d'une régularité est la partie qui se répète.

- -

1. Encercle le cœur des régularités suivantes. Le premier est déjà fait pour toi.

a)    b)

c)    d)

e)    f)

g)    h)

i) C B B C B B C B B C   j) 1 2 4 1 2 4 1 2 4

k) 1 2 3 4 8 1 2 3 4 8   l) 9 8 7 8 9 8 7 8 9 8

m)    n) X Y Z X Y Z X Y Z X Y

2. Encercle le cœur de la régularité. Continue ensuite la régularité.

a)

b)

c) A B C A B C A ___ ___ ___ ___

d) 2 8 9 6 2 8 9 6 ___ ___ ___ ___

e) 3 0 0 4 3 0 0 4 3 0 ___ ___ ___ ___

3. Dans ton cahier (ou avec des blocs), fais plusieurs régularités répétitives. Demande à ton enseignant ou à un autre élève de deviner le cœur de ta régularité.

Les régularités et l'algèbre 1

1. Angèle fait une régularité répétitive avec des blocs bleus (**B**) et jaunes (**J**).
   La boîte montre le cœur de sa régularité. Continue la régularité en écrivant des « B » et des « J » :

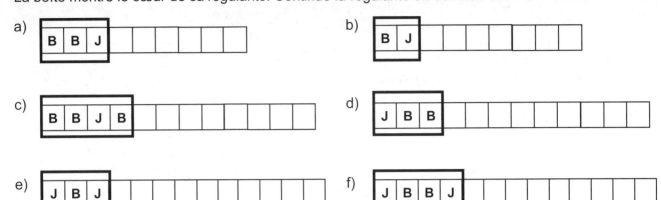

a) `B B J`

b) `B J`

c) `B B J B`

d) `J B B`

e) `J B J`

f) `J B B J`

2. Barry a essayé de continuer la régularité dans la boîte. Est-ce qu'il a continué la régularité
   correctement? **INDICE : Colorie les cases jaunes (J) si cela peut t'aider.**

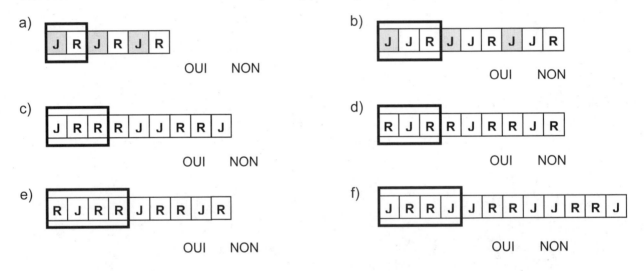

a) `J R J R J R`   OUI   NON

b) `J J R J J R J J R`   OUI   NON

c) `J R R R J J R R J`   OUI   NON

d) `R J R R J R R J R`   OUI   NON

e) `R J R R J R R J R`   OUI   NON

f) `J R R J J R R J J R R J`   OUI   NON

3. Pour chaque régularité suivante, dis si les blocs dans la boîte sont le <u>cœur</u> de la régularité :

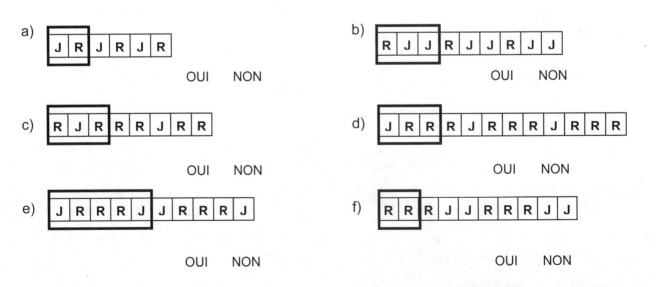

a) `J R J R J R`   OUI   NON

b) `R J J R J J R J J`   OUI   NON

c) `R J R R R J R R`   OUI   NON

d) `J R R R J R R R J R R R`   OUI   NON

e) `J R R R J J R R R J`   OUI   NON

f) `R R R J J R R R J J`   OUI   NON

(suite)

Sally veut prédire la couleur du 17ᵉ bloc dans la régularité. Elle trouve d'abord le cœur de la régularité :

Le cœur comprend 3 blocs. Sally fait un « X » à tous les <u>trois</u> nombres dans un tableau de centaines.

Chaque X indique la position du bloc où se termine le cœur.

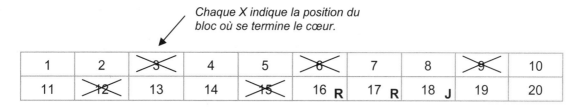

Le cœur se termine au 15ᵉ bloc.

Sally écrit les lettres du cœur sur le tableau, en commençant par le 16ᵉ bloc.

Le 17ᵉ bloc est rouge.

---

4. Dans les régularités suivantes, fais un rectangle autour des blocs qui forment le cœur :

   a) J R R J R R J R R

   b) R J R J R J R J

   c) J J R R J J R R J J R R

   d) J R R J J R R J J

   e) R J R J J J R J R J J J

   f) R R R J R R R J R R

5. Prédis la couleur du 18ᵉ bloc en utilisant la méthode de Sally :

   NOTE : Commence en trouvant le cœur de la régularité.

   R J J J R J J J

   Couleur : _____

1	2	3	4	5	6	7	8	9	10
11	12	13	14	15	16	17	18	19	20

6. Prédis la couleur du 19ᵉ bloc :

   R R J Y R R J J

   Couleur : _____

1	2	3	4	5	6	7	8	9	10
11	12	13	14	15	16	17	18	19	20

7. Prédis la couleur du 17ᵉ bloc :

   R R J J J R R J J J

   Couleur : _____

1	2	3	4	5	6	7	8	9	10
11	12	13	14	15	16	17	18	19	20

8. Fais une boîte autour des blocs qui forment le <u>cœur</u> de la régularité. Prédis ensuite la couleur du 35ᵉ bloc :

J	R	J	J	R	J	J	R	J

Couleur : _____

1	2	3	4	5	6	7	8	9	10
11	12	13	14	15	16	17	18	19	20
21	22	23	24	25	26	27	28	29	30
31	32	33	34	35	36	37	38	39	40

9. Carl fait une régularité avec des perles rouges, vertes et jaunes :

De quelle couleur sera la 43ᵉ perle?

10. Megan plante une rangée de marguerites et de pensées en suivant la régularité suivante :

M	P	P	M	P	P	M

La 37ᵉ fleur est-elle une marguerite ou une pensée?

11. Explique comment tu peux trouver la couleur du 48ᵉ bloc dans cette régularité sans utiliser un tableau de centaines.

R	R	J	J	J	R	R	J	J	J

12. Invente une régularité répétitive dont le cœur est composé de 10 carrés.

Quelle est la couleur du 97ᵉ carré? Comment le sais-tu?

13. a) Quelle est la valeur de la 15ᵉ pièce de monnaie dans cette régularité? Comment le sais-tu?

BONUS
b) Quelle est la valeur totale des 20 premières pièces de monnaie?

Le lundi matin, Olivia est à 600 kilomètres de Winnipeg.
Sa voiture à énergie solaire peut parcourir 150 km par jour.
À quelle distance Olivia sera-t-elle de Winnipeg mercredi soir?

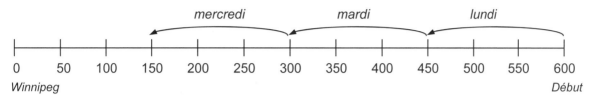

Olivia sera à 150 km de Winnipeg mercredi soir.

---

1. Jeudi matin, Eduardo est dans un terrain de camping à 19 km du lac Great Bear.
    Il espère marcher 6 km en direction du lac par jour.

    À quelle distance sera-t-il du lac samedi soir? _____

2. Le dimanche matin, Nandita est en randonnée à bicyclette à 400 km de sa maison.
    Elle peut parcourir 75 km à bicyclette par jour.

    À quelle distance de sa maison sera-t-elle mercredi soir? _____

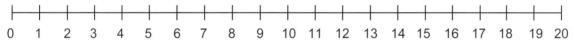

Dessine et écris les nombres sur une droite numérique pour résoudre les problèmes suivants :

3. Hélène est à 14 rues de chez elle. Elle peut parcourir 2 rues par minute en courant.

    À quelle distance de sa maison sera-t-elle après 3 minutes?

4. Ravi est à 15 rues du magasin. Il peut parcourir 4 rues par minute sur sa bicyclette.

    À quelle distance du magasin sera-t-il après 3 minutes?

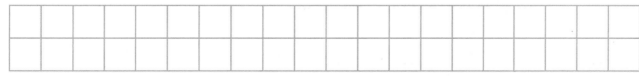

PA5-15 : Les droites numériques (avancé)

Pour les questions ci-dessous, tu dois choisir une échelle à utiliser dans les droites numériques.

1.  Kristal participe à une course de bicyclette de 250 km. Elle peut parcourir 75 km par jour. À quelle distance sera-t-elle de l'arrivée après 3 jours?

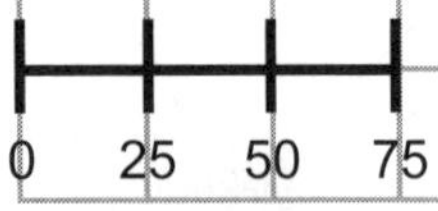

0   25   50   75

2.  Wendy doit gravir 5 murs dans une course à obstacles.
Le premier mur est à 100 mètres de la ligne de départ.
Après, il y a un mur à tous les 75 mètres.
À quelle distance de la ligne de départ le 3e mur est-il?

3.  Six poteaux téléphoniques sont placés à 50 mètres de distance l'un de l'autre.
Alain veut tendre un fil entre le premier et le dernier poteau.
Quelle doit être la longueur du fil dont il a besoin?

4.  Pierre plante 4 rosiers dans une rangée.
Le rosier le plus près est à 8 mètres de sa maison.
Il y a 3 mètres d'écart entre les rosiers.
À quelle distance de la maison de Pierre le dernier rosier se situe-t-il?
INDICE : Place la maison de Pierre au point zéro sur la droite numérique.

5.  La maison de Jill est à 20 mètres du trottoir.
Il y a un chien attaché par une laisse à un arbre à mi-chemin entre la maison et le trottoir. La laisse du chien mesure 8 mètres.
De combien de mètres le chien peut-il se rapprocher du trottoir?

Les régularités et l'algèbre 1

PA5-16 : Les plus petits communs multiples

Les multiples de 2 et de 3 sont marqués d'un X sur les droites numériques ci-dessous :

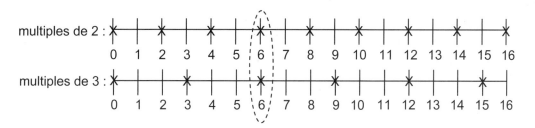

> 0 est un multiple de <u>chaque</u> nombre.

Le **plus petit commun multiple (PPCM)** de 2 et de 3 est 6 : 6 est le plus petit nombre (excluant 0) divisible également à la fois par 2 <u>et</u> 3.

---

1. Marque les multiples des nombres donnés sur les droites numériques. Quel est le PPCM de chaque paire?

a)
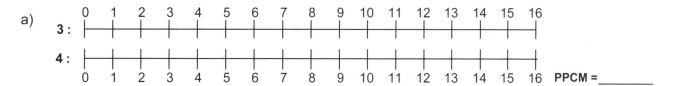
PPCM = _____

b)
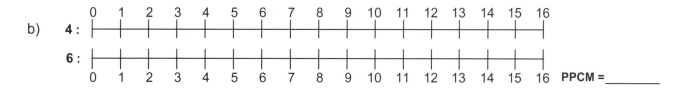
PPCM = _____

2. Trouve le plus petit commun multiple de chaque paire de nombres. **INDICE : Compte par multiples du plus grand nombre jusqu'à ce que tu trouves un nombre divisible par les deux nombres sans laisser un reste.**

a) 3 et 5   b) 4 et 10   c) 2 et 6

3, 6, 9, 12, **15**, 18

5, 10, **15**, 20

PPCM = <u>15</u>   PPCM = _____   PPCM = _____

d) 2 et 10   e) 3 et 6   f) 3 et 12   g) 4 et 8   h) 8 et 10

i) 5 et 15   j) 6 et 10   k) 3 et 10   l) 6 et 8   m) 6 et 9

3. Randy suit des cours de pianos tous les <u>quatre</u> jours du mois (à partir du 4 juin).

Will suit des cours de piano tous les <u>six</u> jours du mois (à partir du 6 juin).

Quelle sera la première date du mois à laquelle ils auront un cour le même jour?

Les régularités et l'algèbre 1

PA5-17 : Décrire et créer des régularités

Dans la première suite, chaque nombre est plus grand que celui qui le précède. La suite est toujours **croissante** :

7　　8　　10　　15　　21

Dans la deuxième suite, chaque nombre est plus petit que celui qui le précède. La suite est toujours **décroissante** :

25　　23　　18　　11　　8

---

1. Écris le signe **+** dans le cercle pour montrer où la suite est croissante. Écris le signe **–** pour montrer où la suite est décroissante. Le premier est déjà fait pour toi.

a)  5 , 8 , 7 , 12

b) 1 , 6 , 9 , 4

c) 10 , 5 , 7 , 9

d) 1 , 5 , 3 , 9

e) 4 , 1 , 7 , 6

f) 2 , 8 , 12 , 14

g) 1 , 7 , 13 , 20

h) 6 , 2 , 8 , 9

i) 1 , 3 , 8 , 9

j) 1 , 8 , 15 , 22

k) 7 , 2 , 6 , 10

l) 2 , 4 , 5 , 8

2. Écris le signe **+** dans le cercle pour montrer où la suite est croissante. Écris le signe **–** pour montrer où la suite est décroissante. Écris ensuite …

　… un **A** après la suite si elle est croissante,

　… un **B** après la suite si elle est décroissante,

　… un **C** après la suite si elle est croissante *et* décroissante.

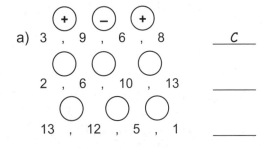

a)  3 , 9 , 6 , 8 　　_C_

2 , 6 , 10 , 13 　　_____

13 , 12 , 5 , 1 　　_____

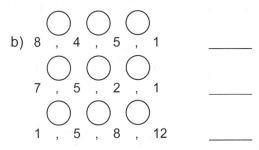

b) 8 , 4 , 5 , 1 　　_____

7 , 5 , 2 , 1 　　_____

1 , 5 , 8 , 12 　　_____

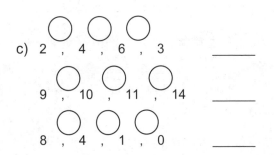

c) 2 , 4 , 6 , 3 　　_____

9 , 10 , 11 , 14 　　_____

8 , 4 , 1 , 0 　　_____

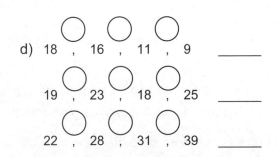

d) 18 , 16 , 11 , 9 　　_____

19 , 23 , 18 , 25 　　_____

22 , 28 , 31 , 39 　　_____

Les régularités et l'algèbre 1

3. Trouve le <u>montant</u> par lequel la suite augmente (croissante) ou diminue (décroissante) et écris la réponse dans le cercle. (Écris un nombre avec un signe **+** si la suite augmente et un signe **–** si elle diminue.)

a) 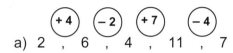 2 , 6 , 4 , 11 , 7

b)  1 , 6 , 3 , 9 , 4

c)  1 , 4 , 8 , 12 , 18

d)  5 , 3 , 9 , 1 , 10

e)  3 , 5 , 9 , 6 , 11

f) 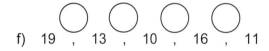 19 , 13 , 10 , 16 , 11

g)  17 , 10 , 15 , 19 , 14

h) 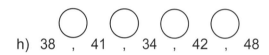 38 , 41 , 34 , 42 , 48

4. Associe chaque suite à la phrase qui la décrit. Cette suite ...

a) **A** ... augmente de 5 à chaque fois.
   B ... augmente de différents montants.

   _____ 9 , 12 , 14 , 17 , 21

   _____ 7 , 12 , 17 , 22 , 27

b) **A** ... augmente de 6 à chaque fois.
   B ... augmente de différents montants.

   _____ 10 , 16 , 22 , 28 , 34

   _____ 5 , 8 , 13 , 15 , 21

c) **A** ... diminue de différents montants.
   B ... diminue du même montant.

   _____ 11 , 10 , 8 , 7 , 5

   _____ 11 , 9 , 7 , 5 , 3

d) **A** ... diminue de 9 à chaque fois.
   B ... diminue de différents montants.

   _____ 41 , 30 , 22 , 16 , 8

   _____ 47 , 38 , 29 , 20 , 11

BONUS

e) **A** ... augmente de 5 à chaque fois.
   B ... diminue de différents montants.
   C ... augmente de différents montants.

   _____ 16 , 21 , 27 , 31 , 33

   _____ 18 , 13 , 9 , 8 , 5

   _____ 17 , 22 , 27 , 32 , 37

f) **A** ... augmente et diminue.
   B ... augmente du même montant.
   C ... diminue de différents montants.
   D ... diminue du même montant.

   _____ 20 , 23 , 19 , 17 , 13

   _____ 15 , 12 , 11 , 9 , 7

   _____ 20 , 18 , 16 , 14 , 12

   _____ 10 , 13 , 16 , 19 , 22

5. Écris une règle pour chaque régularité (utilise les mots <u>additionne</u> et <u>soustrais</u> et dis à partir de quel nombre commence la régularité) :

a) 2 , 5 , 8 , 11   <u>Commence à 2 et additionne 3</u>

b) 3 , 9 , 15 , 21   _____

c) 18 , 15 , 12 , 9   _____

d) 43 , 38 , 33 , 28   _____

6. Écris une règle pour chaque régularité.   **NOTE : Une des suites n'a pas de règle. Essaie de la trouver.**

a) 8 , 13 , 18 , 23   _____

b) 26 , 19 , 12 , 5   _____

c) 29 , 21 , 17 , 14 , 9   _____

d) 71 , 75 , 79 , 83   _____

7. Décris chaque régularité en disant si elle est <u>croissante</u>, <u>décroissante</u> ou <u>répétitive</u> :

a) 1 , 5 , 9 , 13 , 17 , 21 _____   b) 2 , 7 , 9 , 2 , 7 , 9 _____

c) 19 , 17 , 15 , 13 , 12 _____   d) 2 , 5 , 8 , 11 , 14 , 17 _____

e) 4 , 9 , 4 , 9 , 4 , 9 _____   f) 31 , 26 , 20 , 17 , 15 _____

8. Écris les cinq premiers nombres dans les régularités suivantes :

a) Commence à 8, additionne 4   b) Commence à 37, soustrais 6   c) Commence à 99, additionne 7

9. Crée une régularité croissante avec des nombres. Écris la règle de ta régularité. Crée ensuite une régularité décroissante avec des nombres, et écris la règle.

10. Crée une régularité répétitive avec des :   a) lettres   b) formes   c) nombres

11. Crée une régularité et demande à un(e) ami(e) de trouver la règle de ta régularité.

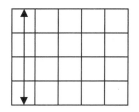

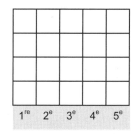

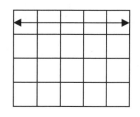

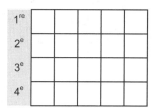

Les **colonnes** vont de haut en bas.

Les **colonnes** sont numérotées de gauche à droite.

Les **rangées** vont de côté.

Les **rangées** sont numérotées de haut en bas (dans cet exercice).

ENSEIGNANT : Révisez les nombres ordinaux avant de commencer les exercices sur cette page.

- -

1. Colorie ...

   a)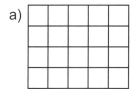

   la 1re colonne.

   b)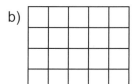

   la 5^e colonne.

   c)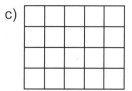

   la 3^e colonne.

   d)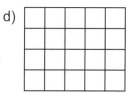

   la 4e colonne.

2. Colorie ...

   a)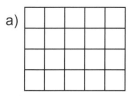

   la 2e rangée.

   b)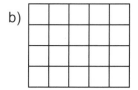

   la 4e rangée.

   c)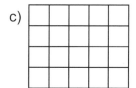

   la 1re rangée.

   d)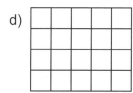

   la 3e rangée.

3. Colorie ...

   a)

2	4	6
8	10	12
14	16	18

   la 2e rangée.

   b)

2	4	6
8	10	12
14	16	18

   la 1re colonne.

   c)

2	4	6
8	10	12
14	16	18

   la 3e colonne.

   d)

2	4	6
8	10	12
14	16	18

   les diagonales
   (une est déjà coloriée).

4. Décris les régularités que tu vois dans les tableaux suivants.

   NOTE : Tu devrais utiliser les mots « rangées », « colonnes » et « diagonales » dans tes réponses.

   a)

1	3	5
3	5	7
5	7	9

   b)

5	10	15	20
10	15	20	25
15	20	25	30
20	25	30	35

   c)

12	15	18	21
9	12	15	18
6	9	12	15
3	6	9	12

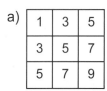

5. Crée ta propre régularité et décris-la.

6.

0	5	10	5	0
6	7	8	4	10
12	9	6	3	0
18	11	4	2	10
24	13	2	1	0

a) Quelle rangée du tableau à gauche a une régularité décroissante (en regardant de gauche à droite)?

_____

b) Quelle colonne a une régularité répétitive?

_____

c) Écris les règles des régularités dans les première et deuxième colonnes.

_____

d) Décris le lien entre les nombres dans les troisième et quatrième colonnes.

_____

e) Décris une autre régularité que tu vois dans le tableau.

_____

f) Nomme une rangée ou une colonne qui ne semble pas avoir de régularité.

_____

7. Place les lettres A et B de sorte que chaque rangée et chaque colonne ait deux A et deux B :

8. Remplis les espaces de sorte que la somme des nombres dans chaque rangée et dans chaque colonne soit 15 :

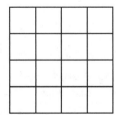

1. Voici des exemples de **pyramides de nombres** :

 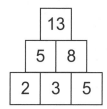

Peux-tu trouver la règle utilisée pour créer les régularités dans les pyramides ci-dessus? Décris-la ici :

2. En utilisant la règle que tu as décrite à la Question 1 ci-dessus, trouve les nombres qui manquent :

a)

b)

c)

d)

e)

f)

g)

h)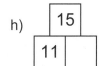

i)

j)

k)

l)

m)

n)

o)

p)

q)

r)

s)

t)

u)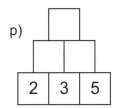

v)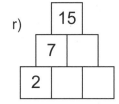

w)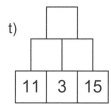

1. a)

1	2	3	4	5	6	7	8	9	10
11	12	13	14	15	16	17	18	19	20

Regarde les chiffres des unités des multiples de 2.
Comment peux-tu savoir si un nombre est un multiple de 2?

b) On appelle les multiples de deux (incluant zéro) des nombres <u>pairs</u>. Encercle les nombres pairs :

17   3   418   132   64   76   234   89   94   167   506

2. a) Écris les 12 premiers multiples de 5 plus grands que zéro :

    5   10
____ , ____ , ____ , ____ , ____ , ____ , ____ , ____ , ____ , ____ , ____ , ____

b) Comment peux-tu savoir si un nombre est un multiple de cinq?

c) Sans compter, encercle les nombres qui sont des multiples de 5 :

83   17   45   37   150   64   190   65   71   235   618   1645

3.

1	2	3
11	12	13
21	22	23

Exemple

Dans un tableau de centaines, colorie tous les multiples de 3. Les carrés coloriés devraient former une ligne diagonale. Maintenant, additionne le chiffre des unités et le chiffre des dizaines de chaque nombre dans la ligne diagonale.

Décris ce que tu remarques ci-dessous. (Répète cet exercice pour chaque diagonale coloriée.)

4. Un nombre est un multiple de 3 si la somme des chiffres qui le composent est un multiple de 3. Remplis le tableau ci-dessous :

Nombre	28	37	42	61	63	87	93	123
Somme des chiffres	2 + 8 = 10							
Multiple de 3?	Non							

PA5-21 : Les régularités dans la table de multiplication de huit

1. Dans un tableau de centaines, colorie chaque huitième nombre (c'est-à-dire les nombres que tu dis en comptant par 8 : 8, 16, 24, ...).

   Les nombres que tu as coloriés sont les <u>multiples</u> de huit (jusqu'à 100).

2. Complète :

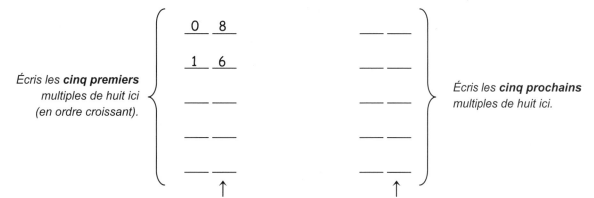

Écris les **cinq premiers** multiples de huit ici (en ordre croissant).

Écris les **cinq prochains** multiples de huit ici.

   Regarde les colonnes qui sont marquées par des flèches. Quelle régularité vois-tu dans les chiffres des unités?

3. Quelle régularité vois-tu dans les chiffres des dizaines?

ENSEIGNANT : Révisez les réponses aux questions 2 et 3 ci-dessus avant de permettre à vos élèves de continuer.

4. Utilise la régularité que tu as trouvée aux questions 2 et 3 pour écrire les multiples de 8 de 88 à 160 :

PA5-22 : Les régularités dans les tables de multiplication (avancé)

ENSEIGNANT :
Révisez les diagrammes de Venn avec vos élèves avant de procéder aux questions suivantes.

1. a) Place les nombres suivants dans le diagramme de Venn. Le premier est déjà fait pour toi.

10	20	15	27	74	39	5	48	34
70	4	19	63	60	50	75	6	66

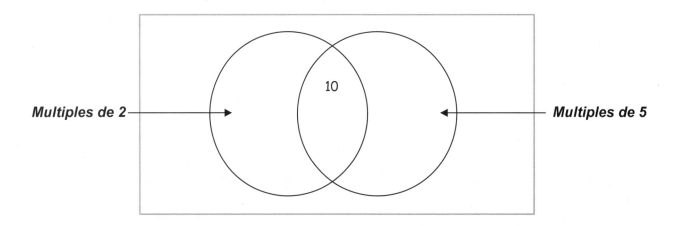

b) Pense à deux nombres de 50 à 100 qui peuvent aller dans le milieu du diagramme : ____, ____

c) Pense à deux nombres de 50 à 100 qui ne peuvent aller dans aucun des cercles : ____, ____

2. Place les nombres suivants dans le diagramme de Venn.
   SOUVIENS-TOI : Un nombre est un multiple de 3 si la somme des chiffres qui le composent est un multiple de 3.

24	30	47	21	26	60	80	13	11
48	35	56	72	10	75	16	40	6

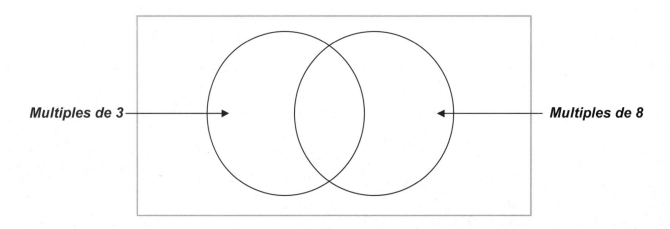

ENSEIGNANT :
Pour cet exercice, vos élèves doivent avoir une copie du tableau de centaines du guide de l'enseignant.

1. Souligne les chiffres des unités des multiples de 4 ci-dessous :

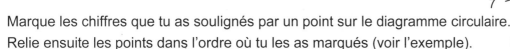

$$\underline{0} \qquad \underline{4} \qquad \underline{8} \qquad 1\underline{2} \qquad 16 \qquad 20 \qquad 24$$

$$28 \qquad 32 \qquad 36 \qquad 40 \qquad 44 \qquad 48$$

Marque les chiffres que tu as soulignés par un point sur le diagramme circulaire.
Relie ensuite les points dans l'ordre où tu les as marqués (voir l'exemple).

Quelle régularité vois-tu? _____

_____

_____

2. Dans un tableau de centaines, encercle les 10 premiers multiples de 6.
Souligne les chiffres des unités des nombres que tu as encerclés.
Marque les chiffres des unités sur le diagramme circulaire ci-contre et
relie les points. Que remarques-tu? _____

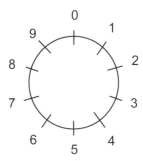

_____

_____

3. Répète l'exercice à la
question 2, mais cette fois en
utilisant le nombre 8.

Que remarques-tu?

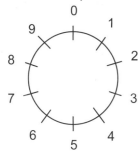

4. Répète l'exercice de nouveau
pour les multiples de 3.

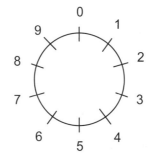

5. D'après toi, quel nombre à
un chiffre (2, 5, 7 ou 9) te
donnera la même régularité
que le diagramme circulaire
pour le nombre 3?

Vérifie ta prédiction sur le
cercle ci-dessous :

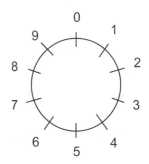

6. D'après toi, quel nombre à un chiffre (2, 5, 7 or 9) te donnera la même régularité que le diagramme
circulaire pour le nombre 8? Dessine un cercle et vérifie ta prédiction.

1. Écris la valeur de position du chiffre souligné.

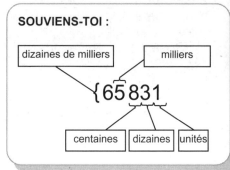

SOUVIENS-TOI :

a) 23 8<u>6</u>2   dizaines   b) <u>1</u> 336

c) <u>2</u> 378   d) 6<u>7</u> 225

e) <u>1</u>8 230   f) <u>4</u>5 100

g) 6 <u>2</u>14   h) 21 8<u>1</u>3   i) 20 <u>7</u>45

j) 3 57<u>6</u>   k) <u>4</u>5 009   l) 9 19<u>2</u>

2. Donne la valeur de position du chiffre 5 dans chacun des nombres ci-dessous.
   INDICE : En premier, souligne le 5 dans chaque question.

a) 15 640   b) 358   c) 45 636

d) 2 415   e) 51 188   f) 451

g) 1 512   h) 125   i) 35 380

3. Tu peux aussi écrire les nombres en utilisant un tableau de valeur de position :

Exemple :

Dans un tableau de valeur de position,
52 953 est :

dizaines de milliers	milliers	centaines	dizaines	unités
5	2	9	5	3

Écris les nombres suivants dans le tableau de valeur de position. Le premier est déjà fait pour toi.

	dizaines de milliers	milliers	centaines	dizaines	unités
a) 12 305	1	2	3	0	5
b) 45 001					
c) 3 699					
d) 19 053					
e) 546					
f) 20 127					

Le nombre 23 967 est un **nombre à 5 chiffres** :

- Le **chiffre** 2 vaut 20 000 – la **valeur** du chiffre 2 est 20 000.

- Le **chiffre** 3 vaut 3 000 – la **valeur** du chiffre 3 est 3 000.

- Le **chiffre** 9 vaut 900 – la **valeur** du chiffre 9 est 900.

- Le **chiffre** 6 vaut 60 – la **valeur** du chiffre 6 est 60.

- Le **chiffre** 7 vaut 7 – la **valeur** du chiffre 7 est 7.

---

4. Écris la **valeur** de chaque chiffre :

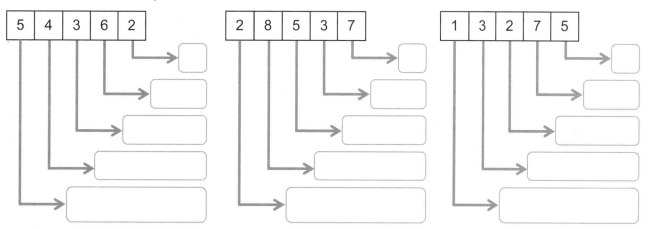

5. Que vaut le 4 dans chacun des nombres? Le premier est déjà fait pour toi.

a)   847

40

b)   5 243

c)   16 423

d)   43 228

e)   4 207

f)   3 742

g)   43 092

h)   54 283

6. Remplis les espaces vides :

    a)   Dans le nombre 36 572, le <u>chiffre</u> 5 vaut _____ .

    b)   Dans le nombre 24 236, le <u>chiffre</u> 3 vaut _____ .

    c)   Dans le nombre 62 357, le <u>chiffre</u> 6 vaut _____ .

    d)   Dans le nombre 8 021, la <u>valeur</u> du chiffre 8 est _____ .

    e)   Dans le nombre 26 539, la <u>valeur</u> du chiffre 2 est _____ .

    f)   Dans le nombre 7 253, le chiffre _____ est dans la <u>position des milliers</u>.

    g)   Dans le nombre 57 320, le chiffre _____ est dans la <u>position des dizaines de milliers</u>.

NS5-2 : Écrire des nombres

1. Écris les nombres pour les adjectifs numéraux :

Adjectifs numéraux pour la position des dizaines	
dix	soixante
vingt	soixante-dix
trente	quatre-vingts
quarante	quatre-vingt-dix
cinquante	

   a) vingt-trois _____   b) trente-deux _____   c) quatre-vingt-quinze _____

   d) deux cent soixante-dix _____   e) quatre cent soixante-dix-sept _____

   f) dix-neuf mille deux cent dix-sept _____

   g) quarante-sept mille cinq cent neuf _____

2. Écris les adjectifs numéraux pour les nombres :

   a) 245 _____   b) 451 _____

   c) 378 _____   d) 109 _____

3. Écris la valeur des chiffres soulignés :

   a) <u>36</u> 123 _____trente-six mille_____   b) <u>4</u> 752 _____

   c) <u>25</u> 751 _____   d) <u>19</u> 234 _____

4. Souligne les chiffres qui représentent les milliers ou les dizaines de milliers :

   <u>24</u> 751   <u>6</u> 543   7 163   19 789   43 567   1 987   38 527   70 144

5. Écrire les nombres 1 000 à 99 999.

   <u>Étape 1</u> : *Souligne les chiffres des milliers et des dizaines de milliers. Écris leur valeur.*

   a) <u>26</u> 124 _____vingt-six mille_____   b) <u>3</u> 124 _____trois mille_____

   c) 37 456 _____   d) 19 254 _____

   <u>Étape 2</u> : *Cache les chiffres soulignés. Écris l'adjectif numéral pour les chiffres qui restent.*

   e) <u>17</u> 234 ___**dix-sept mille** deux cent trente-quatre___

   f) <u>2</u> 697 ___**deux mille**___

   g) <u>34</u> 121 ___**trente-quatre mille**___

   Complète les adjectifs numéraux ci-dessous :

   h) 4 621 ___quatre___ mille, ___six___ cent ___vingt et un___

   i) 25 768 ___vingt-cinq___ mille, _____ cent _____

   j) 37 954 _____

NS5-2 : Écrire des nombres (suite)

6. Écris les adjectifs numéraux pour les nombres suivants :

4 121 _____

53 672 _____

14 378 _____

99 999 _____

7. Écris les adjectifs numéraux pour les nombres donnés :

a)

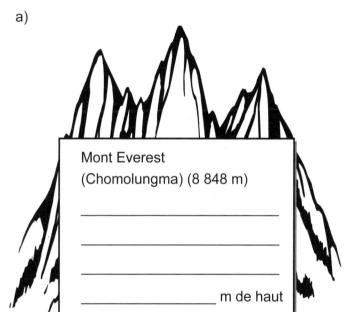

Mont Everest
(Chomolungma) (8 848 m)

_____

_____

_____

_____ m de haut

b) L'étoile de mer qui vit au plus profond
de l'océan vit à une profondeur de
(7 630 m) :

_____

_____

_____ m

La distance de Toronto à …

c) Buenos Aires, Argentine : (8 894 km)

_____

_____

_____ km

d) Sydney, Australie : (15 562 km)

_____

_____

_____ km

e) Jakarta, Indonesie : (15 803 km)

_____

_____

_____ km

f) Shanghai, Chine : (11 445 km)

_____

_____

_____ km

1. Écris chaque nombre sous forme décomposée (chiffres et mots).

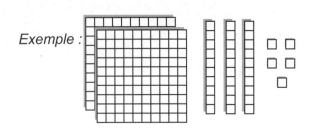

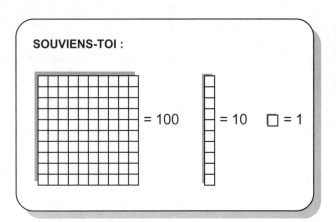

SOUVIENS-TOI :

= 100   = 10   □ = 1

Exemple :

_2_ centaines + _3_ dizaines + _5_ unités = | 235 |

a)

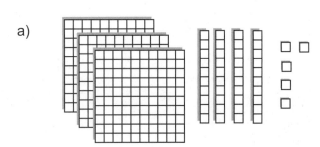

__ centaines + __ dizaines + __ unités = [   ]

b)

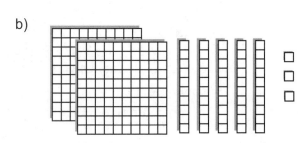

__ centaines + __ dizaines + __ unités = [

c)

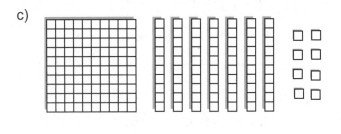

__ centaines + __ dizaines + __ unités = [   ]

d)

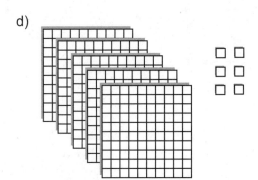

__ centaines + __ dizaines + __ unités = [

2. Sur du papier quadrillé, dessine les nombres suivants à la base dix :

a) 114   b) 87   c) 68   d) 350   e) 249

3. Écris chaque nombre sous forme décomposée
(chiffres et mots), et ensuite comme nombre.

Exemple :

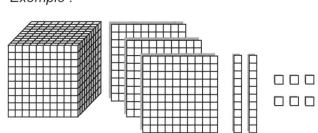

SOUVIENS-TOI :

= 1000   = 100

= 10   □ = 1

__1__ millier + __3__ centaines + __2__ dizaines + ___ unités = | 1 326 |

a)

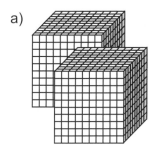
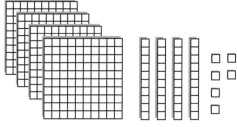

___ milliers + ___ centaines + ___ dizaines + ___ unités = [ ]

b)

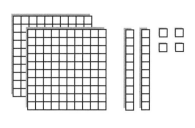

___ milliers + ___ centaines + ___ dizaines + ___ unités = [ ]

c)

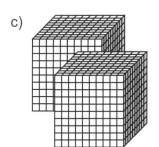
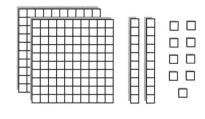

_____ = [ ]

Étapes pour tracer un cube des milliers :

Étape 1 :
Trace un carré :

Étape 2 :
Trace des lignes à partir des trois sommets :

Étape 3 :
Relie les lignes :

4. Utilise les blocs de base dix pour représenter les nombres dans le tableau de valeur de position. Le premier a été commencé pour toi.

	Nombre	Milliers	Centaines	Dizaines	Unités
a)	2 435				
b)	2 124				
c)	3 302				

5. Écris les nombres montrés par les blocs de base dix :

	Milliers	Centaines	Dizaines	Unités	Nombre
a)					
b)					

NS5-4 : Représentation sous forme décomposée

1. Décompose les nombres suivants en <u>nombres</u> et en <u>mots</u>. Le premier est déjà fait pour toi.

    a) 43 427   = _4_ diz. de milliers + _3_ milliers + _4_ centaines + _2_ dizaines + _7_ unités

    b) 25 312   = ___ dizaines de milliers + ___ milliers + ___ centaines + ___ dizaines + ___ unités

    c) 28 547   = _____

       _____

2. Décompose le nombre (en utilisant des <u>chiffres</u>). Le premier est déjà fait pour toi.

    a) 2 613   = _____2 000 + 600 + 10 + 3_____   b) 27 = _____

    c) 48 = _____   d) 1 232 = _____

    e) 36 273 = _____

    f) 19 384 = _____

    g) 49 805 = _____

3. Écris le nombre pour chaque somme :

    a) 4 000 + 900 + 50 + 3 = _____   b) 2 000 + 30 + 2 = _____

    c) 60 000 + 3 000 + 900 + 90 + 7 = _____

    d) 50 000 + 30 + 4 = _____

    BONUS

    e) 500 + 2 000 + 80 + 90 000 + 8 = _____

    f) 40 000 + 500 +1 000 = _____   g) 10 000 + 3 000 + 7 + 600 = _____

    h) 300 + 80 000 + 2 = _____   i) 90 + 400 + 70 000 + 6 = _____

    j) 90 000 + 5 = _____   k) 80 000 + 8 + 800 = _____

    l) 30 000 + 1 + 5 000 = _____   m) 3 000 + 20 000 = _____

Logique numérale 1

4. Trouve le nombre qui manque :

   a) $4\,000 + 800 + \underline{} + 7 = 4\,827$

   b) $3\,000 + 200 + \underline{} + 5 = 3\,275$

   c) $70\,000 + 9\,000 + \underline{} + 20 + 5 = 79\,825$

   d) $60\,000 + 5\,000 + \underline{} + 60 + 3 = 65\,263$

   e) $10\,000 + 7\,000 + 200 + 10 + \underline{} = 17\,212$

   f) $20\,000 + 6\,000 + 300 + \underline{} + 8 = 26\,328$

   BONUS

   g) $\underline{} + 300 = 7\,300$

   h) $6\,000 + \underline{} = 6\,080$

   i) $30\,000 + 9\,000 + \underline{} + \underline{} = 39\,260$

   j) $60\,000 + \underline{} + \underline{} = 67\,003$

5. Écris chaque nombre sous forme décomposée. Dessine ensuite un modèle de base dix.

   Exemple : $2\,231 =$ | 2000 + 200 + 30 + 1 |

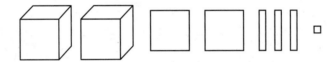

   a) $5\,832 =$ | $\underline{} + \underline{} + \underline{} + \underline{}$ |

   b) $1\,054 =$ | $\underline{} + \underline{} + \underline{} + \underline{}$ |

6. Représente le nombre $1\,365$ de quatre façons différentes :
   - en traçant un modèle de base dix   ● avec des adjectifs numéraux   ● sous forme décomposée (2 façons)

7. Combien de blocs de centaines te faudrait-il pour représenter le nombre $100\,000$? Explique.

NS5-5 : Comparer et mettre des nombres en ordre

1. Écris la **valeur** de chaque chiffre. Complète ensuite la phrase.

a) 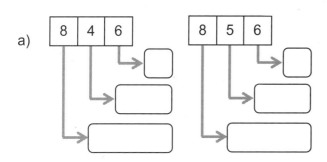   b)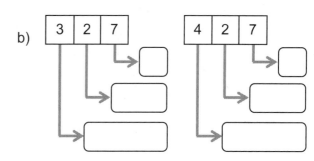

_____ est plus grand que _____   _____ est plus grand que _____

2. Encercle les deux chiffres qui sont différents dans chaque paire de nombres.
   Écris ensuite le plus grand nombre dans la boîte.

a) 6 4⫶7⫶5   b) 73 605   c) 14 852   d) 3832
   6 4⫶6⫶5   72 605   14 858   4832

   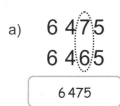
   [6 475]   [   ]   [   ]   [   ]

3. Lis les nombres de gauche à droite.
   Encercle la première paire de chiffres qui sont différents.
   Écris ensuite le plus grand nombre dans la boîte.

a) 123   b) 276   c) 875   d) 238
   134   374   869   221
   [   ]   [   ]   [   ]   [   ]

e) 41 583   f) 28 293   g) 57 698   h) 62 149
   41 597   28 542   60 347   62 148
   [   ]   [   ]   [   ]   [   ]

4. Lis les nombres de gauche à droite.
   Souligne la première paire de chiffres qui sont différents.
   Encercle ensuite le plus grand nombre.

a) 32 5<u>4</u>7   (32 5<u>6</u>2)   b) 71 254   81 254   c) 37 123   37 321

d) 61 201   61 275   e) 63 235   63 233   f) 81 234   84 214

g) 32 153   31 278   h) 60 154   66 254   i) 96 567   96 528

Logique numérale 1

5. Le symbole d'inégalité « **>** » dans **7 > 5** indique que « sept est plus grand que cinq ».

   Le symbole « **<** » dans **8 < 10** indique que « huit est plus petit que dix ».

   Écris dans chaque boîte le symbole qui s'applique, afin que l'expression soit vraie.

   a) 3 129 ☐ 4 703   b) 5 332 ☐ 6 012   c) 16 726 ☐ 16 591

   d) 23 728 ☐ 23 729   e) 48 175 ☐ 48 123   f) 59 239 ☐ 60 009

   g) 64 872 ☐ 64 871   h) 48 025 ☐ 4 952   i) 91 232 ☐ 9 327

6. Encercle le plus grand nombre de chaque paire :

   a) 32 ou trente-cinq   b) trois cent quatre-vingt-sept ou 392   c) vingt-sept ou 81

   d) mille cent six ou 1 232   e) 50 273 ou cinquante mille trois cent quatre-vingt-cinq

7. Place chaque nombre sur la droite numérique. Encercle ensuite le plus grand nombre.

   A 23 800   **B** 23 400   **C** 23 600

   23 000   24 000

8. Place des chiffres dans les boîtes pour rendre l'expression mathématique vraie.

   a) ☐ 5 ☐ ☐ < 4 ☐ ☐ 1

   b) 3 ☐ ☐ ☐ 1 > ☐ 8 ☐ ☐ 9

9. Quel nombre sera plus grand (quels que soient les chiffres que tu places dans les boîtes)? Explique.

   ☐ 2 3 5 OU ☐ ☐ 1 2 3

10. Combien y a-t-il de nombres entre 59 990 et 60 000 qui sont plus grands que 59 990 et plus petits que 60 000?

11. Buenos Aires, en Argentine, est à 9 001 km d'Ottawa.

    Concepción, au Chili, est à 9 106 km d'Ottawa.

    Quelle ville est la plus loin d'Ottawa?

    Explique comment tu le sais.

1. Écris « 10 de plus », « 10 de moins », « 100 de plus » ou « 100 de moins » dans les espaces vides :

   a) 90 est _____ que 80

   b) 400 est _____ que 500

   c) 10 est _____ que 20

   d) 100 est _____ que 90

   e) 400 est _____ que 300

   f) 60 est _____ que 70

2. Écris « 100 de plus », « 100 de moins », « 1 000 de plus » ou « 1 000 de moins » dans les espaces vides :

   a) 6 000 est _____ que 5 000

   b) 12 000 est _____ que 13 000

   c) 4 000 est _____ que 5 000

   d) 800 est _____ que 900

   e) 600 est _____ que 500

   f) 9 000 est _____ que 8 000

3. Écris « 1 000 de plus », « 1 000 de moins », « 10 000 de plus » ou « 10 000 de moins » dans les espaces vides :

   a) 6 000 est _____ que 5 000

   b) 12 000 est _____ que 13 000

   c) 30 000 est _____ que 40 000

   d) 50 000 est _____ que 40 000

   e) 6 000 est _____ que 7 000

   f) 10 000 est _____ que 20 000

   g) 80 000 est _____ que 70 000

   h) 9 000 est _____ que 10 000

4. Encercle la paire de chiffres qui sont différents. Complète ensuite les espaces vides :

   a) 72 652
      72 752

      72 652 est __100 de moins__ que 72 752

   b) 91 385
      91 485

      91 385 est _____ que 91 485

   c) 43 750
      33 750

      43 750 est _____ que 33 750

   d) 62 250
      63 250

      62 250 est _____ que 63 250

   e) 38 405
      38 415

      38 405 est _____ que 38 415

   f) 85 871
      85 872

      85 871 est _____ que 85 872

5. Remplis les espaces vides :

   a) _____ est 10 de plus que 325

   b) _____ est 10 de moins que 1 562

   c) _____ est 100 de plus que 592

   d) _____ est 100 de moins que 4 135

   e) _____ est 100 de plus que 6 821

   f) _____ est 100 de moins que 3 295

   g) _____ est 1 000 de moins que 8 305

   h) _____ est 1 000 de plus que 4 253

   i) _____ est 10 000 de moins que 73 528

   j) _____ est 1 000 de moins que 62 381

6. Remplis les espaces vides :

   a) 234 + 10 = _____

   b) 2 382 + 10 = _____

   c) 19 035 + 10 = _____

   d) 21 270 + 100 = _____

   e) 3 283 + 100 = _____

   f) 7 325 + 1 000 = _____

   g) 357 − 10 = _____

   h) 683 − 10 = _____

   i) 837 − 100 = _____

   j) 2 487 − 100 = _____

   k) 1 901 − 100 = _____

   l) 4 316 − 1 000 = _____

   m) 3 301 − 10 = _____

   n) 12 507 − 10 000 = _____

   o) 39 397 + 10 = _____

7. Remplis les espaces vides :

   a) 385 + _____ = 395

   b) 608 + _____ = 708

   c) 1 483 + _____ = 1 493

   d) 2 617 + _____ = 2 717

   e) 43 210 + _____ = 44 210

   f) 26 287 + _____ = 26 387

   g) 1 287 − _____ = 1 187

   h) 325 − _____ = 315

   i) 14 392 − _____ = 14 292

   j) 87 001 − _____ = 86 001

   k) 86 043 − _____ = 85 943

   l) 61 263 − _____ = 51 263

8. Continue la régularité numérique :

   a) 8 508, 8 518, 8 528, _____, _____

   b) 35 730, 36 730, 37 730, _____, _____

   c) 41 482, 41 492, _____, 41 512, _____

   d) 28 363, _____, _____, 28 393, 28 403

9. Encercle la paire de chiffres qui sont différents. Complète ensuite les espaces vides :

   a) 45 2④1
      45 2③1

   b) 82 350
      92 350

   c) 68 254
      69 254

   __45 231__ est __10__

   _____ est _____

   _____ est _____

   de moins que __45 241__

   de plus que _____

   de moins que _____

NS5-7 : Comparer des nombres (avancé)

1. Écris dans chaque boîte le nombre représenté par les matériaux de la base dix. Encercle ensuite le plus grand nombre de chaque paire.

   a) i) 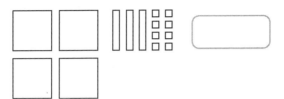   ii)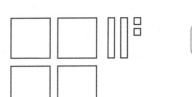

   b) i) 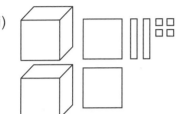   ii)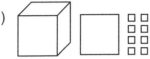

2. Fais une liste de tous les nombres à deux chiffres que tu peux faire en utilisant les chiffres donnés. Encercle ensuite le plus grand nombre.

   a) 7, 8 et 9

   b) 3, 4 et 0

3. Quel est le plus grand nombre plus petit que 1 000 dont les chiffres sont tous les mêmes? _____

4. Quel est le plus grand nombre possible que tu peux faire avec :

   a) trois chiffres _____   b) quatre chiffres _____   c) cinq chiffres _____

5. Identifie le plus grand nombre parmi les paires de nombres suivantes en écrivant > ou <.

   a) 37 432 37 512

   b) 87 386 87 384

   c) 17 329 8 338

   d) 63 923 62 857

NS5-7 : Comparer des nombres (avancé) *(suite)*

6. Crée le plus grand nombre possible à quatre chiffres en te servant des chiffres donnés :

   a) 4, 3, 2, 6 ☐ b) 7, 8, 9, 4 ☐ c) 0, 4, 1, 2 ☐

7. Crée le plus grand nombre possible avec les chiffres ci-dessous. N'utilise chaque chiffre qu'une fois :

   a) 3, 4, 1, 2, 8 ____________ b) 2, 8, 9, 1, 5 ____________ c) 3, 6, 1, 5, 4 ____________

8. Utilise les chiffres pour créer le plus grand nombre, le plus petit nombre et un nombre entre les deux.

	Chiffres	Plus grand nombre	Nombre entre les deux	Plus petit nombre
a)	8 5 7 2 1			
b)	2 1 5 3 9			
c)	3 0 1 5 3			

9. Mets les nombres en ordre croissant, en commençant avec le plus petit nombre :

   a) 3 257, 3 352, 3 183

   ________ , ________ , ________

   b) 17 251, 17 385, 17 256

   ________ , ________ , ________

   c) 87 500, 87 498, 87 499

   ________ , ________ , ________

   d) 36 725, 3 281, 93 859

   ________ , ________ , ________

   e) 60 052, 60 001, 60 021

   ________ , ________ , ________

   f) 273, 5 891, 17

   ________ , ________ , ________

10. Utilise les chiffres 0, 1, 2, 3, 4 pour créer un nombre plus grand que 32 000 et plus petit que 34 000 :

    ____

11. Utilise les chiffres 3, 5, 6, 7, 8 pour créer un nombre pair plus grand que 85 000 et plus petit que 87 000 :

    ____

12. Quel chiffre peux-tu placer dans le ☐ pour rendre l'expression mathématique vraie?

    a) 32 ☐ 56 est entre 32 675 et 32 854

    b) 68 ☐ 32 est entre 68 379 et 68 464

Gwendolyne a 2 blocs de centaines, 16 blocs de dizaines et 9 blocs d'unités.
Elle regroupe 10 blocs de dizaines en 1 bloc de centaines :

2 centaines + 16 dizaines + 9 unités   3 centaines + 6 dizaines + 9 unités

---

1. Regroupe 10 blocs d'unités en 1 bloc de dizaines :

a) 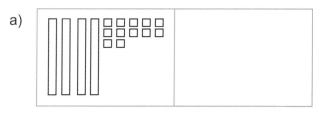   b)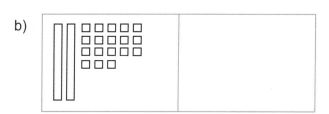

____ dizaines + ____ unités = ____ dizaines + ____ unités   ____ dizaines + ____ unités = ____ dizaines + ____ unités

2. Regroupe les unités en dizaines :

a) 34 unités = _3_ diz. + _4_ unités   b) 73 unités =___ diz. + ___ unités   c) 26 unités =___ diz. + ___ unités

d) 80 unités =___ diz. + ___ unités   e) 78 unités =___ diz. + ___ unités   f) 81 unités =___ diz. + ___ unités

g) 19 unités =___ diz. + ___ unités   h) 57 unités =___ diz. + ___ unités   i) 89 unités =___ diz. + ___ unités

3. Complète les tableaux en regroupant 10 dizaines en une centaine :

a)

centaines	dizaines
6	23
6 + 2 = 8	3

b)

centaines	dizaines
5	32

c)

centaines	dizaines
4	11

d)

centaines	dizaines
8	19

e)

centaines	dizaines
1	84

f)

centaines	dizaines
7	20

4. Regroupe les dizaines en centaines ou les unités en dizaines.

a) 5 centaines + 4 dizaines + 24 unités = _____ 5 centaines + 6 dizaines + 4 unités _____

b) 7 centaines + 0 dizaines + 47 unités = _____

c) 3 centaines + 57 dizaines + 8 unités = _____

Logique numérale 1

Ara a 1 bloc de milliers, 12 blocs de centaines, 1 bloc de dizaines et 2 blocs d'unités.
Elle regroupe 10 blocs de centaines en un bloc de milliers :

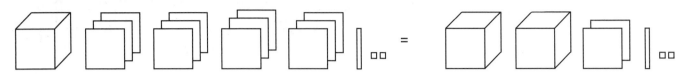

1 millier + 12 centaines + 1 dizaine + 2 unités   2 milliers + 2 centaines + 1 dizaine + 2 unités

---

5. Complète les tableaux en regroupant 10 centaines en 1 millier :

a)

milliers	centaines
4	13
4 + 1 = 5	3

b)

milliers	centaines
2	17

c)

milliers	centaines
8	10

6. Regroupe 10 centaines en 1 millier. Le premier est déjà fait pour toi.

a) 6 milliers + 13 centaines + 4 dizaines + 8 unités = __7__ milliers + __3__ centaines + __4__ dizaines + __8__ unités

b) 2 milliers + 32 centaines + 1 dizaine + 4 unités = ____ milliers + ____ centaines + ____ dizaines + ____ unités

c) 5 milliers + 10 centaines + 3 dizaines + 1 unité = _____

_____

7. Regroupe les milliers en dizaines de milliers, les centaines en milliers, les dizaines en centaines et les

unités en dizaines.

a) 2 milliers + 25 centaines + 4 dizaines + 2 unités = ___ milliers + ___ centaines + ___ dizaines + ___ unités

b) 3 milliers + 7 centaines + 24 dizaines + 5 unités = _____

_____

c) 4 dizaines de milliers + 25 milliers + 6 centaines + 1 dizaine + 45 unités = _____

_____

8. Karim veut créer un modèle représentant le nombre quatre mille trois cent quarante-six.

Il a 3 blocs de milliers, 13 blocs de centaines et 50 blocs d'unités.

Peut-il créer le modèle? Explique.

NS5-9 : Additionner en regroupant

1. Additionne les nombres ci-dessous en dessinant une image et en additionnant les chiffres.

a) **14 + 37**

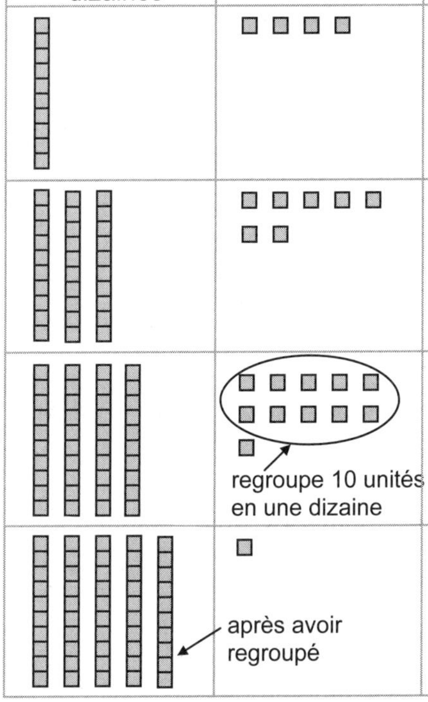

	Matériel de base dix		Chiffres	
	dizaines	unités	diz.	unités
14			1	4
37			3	7
somme		regroupe 10 unités en une dizaine	4	11
	après avoir regroupé		5	1

b) **35 + 27**

	Matériel de base dix		Chiffres	
	dizaines	unité	diz.	unités

2. Additionne les chiffres dans la colonne des unités. Montre comment tu pourrais regrouper 10 unités en 1 dizaine.

a) [1] ← dizaines vont ici

14
\+ 19
[3] ← unités vont ici

b) 36 + 49

c) 64 + 28

d) 35 + 45

e) 26 + 19

3. Additionne les nombres en regroupant.

a)
1
25
\+ 16
41

b) 19 + 32

c) 64 + 29

d) 77 + 18

e) 36 + 36

f) 85 + 6

g) 29 + 32

h) 43 + 18

i) 21 + 59

j) 78 + 28

Alain additionne 243 + 381 en utilisant du matériel de base dix :

243   =   2 centaines   +   4 dizaines   +   3 unités

+ 381   =   3 centaines   +   8 dizaines   +   1 unité

   =   5 centaines   +   12 dizaines   +   4 unités

Alors, pour obtenir la réponse finale, Alain regroupe 10 dizaines en 1 centaine :

   =   6 centaines   +   2 dizaines   +   4 unités

---

1. Additionne les nombres en utilisant le matériel de base dix ou une image (inscris ton travail ci-dessous).

572 = _____ centaines + _____ dizaines + _____ unités

+ 251 = _____ centaines + _____ dizaines + _____ unités

     = _____ centaines + _____ dizaines + _____ unités

après avoir regroupé = _____ centaines + _____ dizaines + _____ unités

2. Additionne. Tu vas devoir regrouper. On a commencé le premier pour toi.

a)   1
    2 5 8
  + 3 7 1
      2 9

b)   3 6 1
  + 4 9 6

c)   8 2 3
  +   9 6

d)   9 5 0
  + 5 9 9

e)   6 4 3
  + 2 6 4

3. Additionne, en regroupant si nécessaire.

a)   2 8 2
  + 3 7 1

b)   1 5 6
  + 5 5 7

c)   6 4 2
  + 1 8 9

d)   3 9 0
  + 2 5 9

e)   8 5 6
  + 1 0 6

f)   2 8 9
  + 4 4 4

4. Additionne en alignant les nombres correctement dans le tableau. On a commencé le premier pour toi.

a) 643 + 182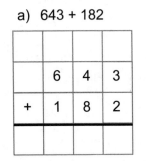

b) 547 + 236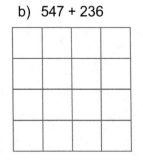

c) 405 + 368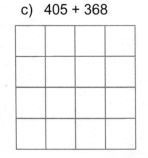

d) 256 + 92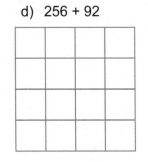

Louisa additionne 2 862 + 2 313 en utilisant du matériel de base dix :

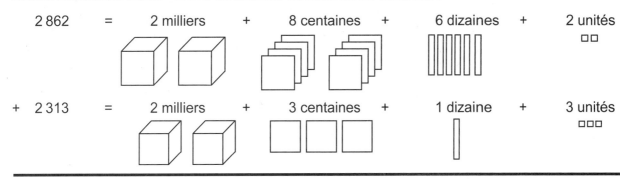

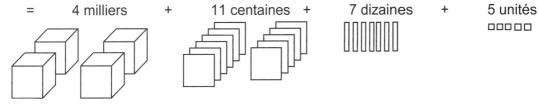

Alors, pour obtenir la réponse finale, Louisa regroupe 10 centaines en 1 millier :

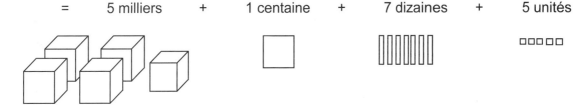

1. Additionne les nombres en utilisant le matériel de base dix ou en dessinant une image dans ton cahier.

6 826 = _____ milliers + _____ centaines + _____ dizaines + _____ unités

+ 2 543 = _____ milliers + _____ centaines + _____ dizaines + _____ unités

= _____ milliers + _____ centaines + _____ dizaines + _____ unités

après avoir regroupé = _____ milliers + _____ centaines + _____ dizaines + _____ unités

2. Additionne. Tu vas devoir regrouper les centaines en milliers.

a)
```
   2 3 7 6
 + 3 8 2 3
 ─────────
     1 9 9
```

b)
```
   5 8 2 6
 + 2 7 5 2
 ─────────
```

c)
```
   7 5 6 9
 + 1 8 3 0
 ─────────
```

d)
```
   7 6 5 6
 + 1 5 2 3
 ─────────
```

e)
```
   2 9 5 1
 + 4 5 2 6
 ─────────
```

3. Additionne. Tu vas devoir regrouper les dizaines en centaines.

a)
```
   5 2 6 6
 + 1 4 6 2
 ─────────
```

b)
```
   5 6 8 2
 + 3 1 6 5
 ─────────
```

c)
```
   3 4 7 5
 + 2 4 5 4
 ─────────
```

d)
```
   9 2 6 8
 +   3 9 1
 ─────────
```

e)
```
   3 4 5 2
 + 2 2 5 5
 ─────────
```

4. Additionne (en regroupant si nécessaire) :

a)   3 5 6 2   b)   2 2 6 1   c)   7 5 6 7   d)   2 3 6 5   e)   4 8 4 7
   + 3 6 2 4   + 6 9 2 5   + 1 3 8 2   + 5 4 9 2   + 2 0 0 5

f)   8 6 9 1   g)   5 4 3 2   h)   4 4 8 5   i)   9 2 0 5   j)   1 5 6 7
   + 1 2 2 2   + 1 8 3 4   + 4 8 1 4   +   7 5 8   + 7 2 9 1

5. Additionne en alignant les nombres correctement dans le tableau. Pour certaines réponses, tu
    devras peut-être regrouper deux fois.

a) 8 624 + 1 192   b) 2 895 + 2 384   c) 2 469 + 62   d) 5 263 + 3 953

6. Additionne (en regroupant si nécessaire) :

a)   5 2 6 3   b)   2 8 5 4 7   c)   4 5 4 8 9   d)   3 6 1 7 9
   + 1 5 5 2   + 3 4 2 8 2   + 2 6 4 0 1   + 3 3 4 5 2

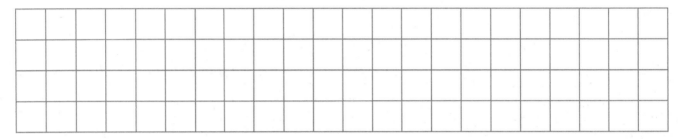

7. Un **nombre palindrome** est un nombre qui est identique quand il est lu de gauche à droite et de
    droite à gauche.

    Par exemple : 363,   51 815   et   2 375 732   sont tous des nombres palindromes.

    Pour chacun des nombres indiqués ci-dessous, suis les mêmes étapes que pour le nombre 124.

    Étape 1 : *Renverse les chiffres : 124 → 421*

    Étape 2 : *Additionne les deux nombres : 124 + 421 = 545*

    Étape 3 : *Si le nombre que tu crées n'est pas un nombre palindrome, répète les étapes 1 et 2
    avec le nouveau nombre. La plupart des nombres deviennent éventuellement des
    nombres palindromes si tu continues à répéter ces étapes.*

    Crée des nombres palindromes à partir des nombres suivants :

    a) 216   b) 154   c) 342   d) 23 153   e) 371   f) 258   g) 1 385

NS5-12 : Soustraire des nombres

Ken soustrait 34 − 16 en utilisant des blocs de base dix :

Étape 1 :
Ken représente 34 en utilisant du matériel de base dix …

Étape 2 :
6 (le chiffre d'unité de 16) est plus grand que 4 (le chiffre d'unité de 34) alors Ken échange un bloc de dizaines pour 10 unités …

Étape 3 :
Ken soustrait 16 (il enlève 1 bloc de dizaines et 6 unités)…

dizaines	unités
3	4

dizaines	unités
2	14

dizaines	unités
1	8

Voici comment Ken utilise les chiffres pour montrer son travail :

$$\begin{array}{r} 34 \\ -\ 16 \end{array}$$

Voici comment Ken a regroupé :

$$\begin{array}{r} \overset{2\ 14}{\cancel{34}} \\ -\ 16 \end{array}$$

Et voici comment Ken peut soustraire 14 − 6 unités et 2 − 1 dizaines :

$$\begin{array}{r} \overset{2\ 14}{\cancel{34}} \\ -\ 16 \\ \hline 18 \end{array}$$

---

1. Montre comment Ken peut soustraire en regroupant un bloc de dizaines en 10 unités.

a) 66 − 37

dizaines	unités
6	6

dizaines	unités
5	16

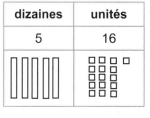

b) 75 − 46

dizaines	unités
7	5

dizaines	unités

c) 34 − 18

dizaines	unités
3	4

dizaines	unités

d) 77 − 29

dizaines	unités
7	7

dizaines	unités

2. Soustrais en regroupant.

a)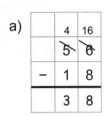

b)

	7	8
−	3	9

c)

	5	3
−	2	9

d)

	8	2
−	4	3

e)

	6	6
−	4	8

3. <u>Pour les questions où tu dois regrouper</u>, écris « À l'aide! » dans l'espace fourni. Comment le sais-tu?

a) 46
  − 28   *À l'aide!*
           6 est moins que 8

b) 52
  − 26   _____

c) 73
  − 41   _____

d) 32
  − 19   _____

e) 56
  − 22   _____

f) 95
  − 58   _____

g) 66
  − 13   _____

h) 24
  −   9   _____

i) 84
  − 26   _____

j) 79
  − 27   _____

k) 52
  − 43   _____

l) 41
  − 17   _____

4. Pour soustraire 456 − 283, Laura regroupe 1 bloc de centaines en 10 blocs de dizaines :

centaines	dizaines	unités
4	5	6

centaines	dizaines	unités
3	15	6

centaines	dizaines	unités
1	7	3

Soustrais en regroupant un bloc de <u>centaines</u> en blocs de dizaines. On a commencé le premier pour toi.

a)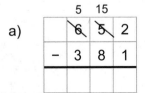

b)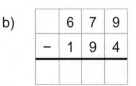

c)

d)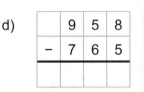

5. Soustrais en regroupant les <u>dizaines</u>. On a commencé le premier pour toi.

a)
$$
\begin{array}{r}
^{4}\;^{13} \\
6\;\not5\;\not3 \\
-\;5\;2\;6 \\
\hline
\end{array}
$$

b)
$$
\begin{array}{r}
5\;7\;2 \\
-\;4\;3\;9 \\
\hline
\end{array}
$$

c)
$$
\begin{array}{r}
9\;6\;4 \\
-\;6\;3\;8 \\
\hline
\end{array}
$$

d)
$$
\begin{array}{r}
8\;9\;0 \\
-\;4\;1\;6 \\
\hline
\end{array}
$$

6. Pour les questions ci-dessous, tu devras regrouper <u>deux fois</u>.

Exemple :

Étape 1 :
$$
\begin{array}{r}
^{3}\;^{12} \\
7\;\not4\;\not2 \\
-\;2\;7\;4 \\
\hline
\end{array}
$$

Étape 2 :
$$
\begin{array}{r}
^{3}\;^{12} \\
7\;\not4\;\not2 \\
-\;2\;7\;4 \\
\hline
8
\end{array}
$$

Étape 3 :
$$
\begin{array}{r}
^{13} \\
6\;\not{\not4}\;^{12} \\
\not7\;\not4\;\not2 \\
-\;2\;7\;4 \\
\hline
8
\end{array}
$$

Étape 4 :
$$
\begin{array}{r}
^{13} \\
6\;\not{\not4}\;^{12} \\
\not7\;\not4\;\not2 \\
-\;2\;7\;4 \\
\hline
6\;8
\end{array}
$$

Étape 5 :
$$
\begin{array}{r}
^{13} \\
6\;\not{\not4}\;^{12} \\
\not7\;\not4\;\not2 \\
-\;2\;7\;4 \\
\hline
4\;6\;8
\end{array}
$$

a)
$$
\begin{array}{r}
7\;5\;2 \\
-\;3\;6\;3 \\
\hline
\end{array}
$$

b)
$$
\begin{array}{r}
8\;2\;3 \\
-\;1\;7\;5 \\
\hline
\end{array}
$$

c)
$$
\begin{array}{r}
3\;0\;4 \\
-\;\;\;2\;7 \\
\hline
\end{array}
$$

d)
$$
\begin{array}{r}
9\;8\;3 \\
-\;5\;8\;4 \\
\hline
\end{array}
$$

7. Pour soustraire 4 135 – 2 314, Laura échange un bloc de milliers pour 10 blocs de centaines :

milliers	centaines	diz.	unités
4	1	3	5

milliers	centaines	diz.	unités
3	11	3	5

milliers	centaines	diz.	unités
1	8	2	1

Soustrais en regroupant les milliers en centaines. On a commencé le premier pour toi.

a)
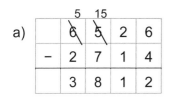

b)
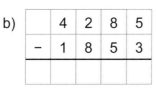

c)

d)
$$
\begin{array}{r}
6\;5\;7\;9 \\
-\;3\;8\;5\;7 \\
\hline
\end{array}
$$

8. Pour certaines des questions ci-dessous, tu devras regrouper deux fois.

a)
	2	5	8	7
−	1	2	5	9

b)
	8	5	3	7
−	6	7	2	5

c)
	9	6	2	8
−	5	4	3	4

d)
	3	5	6	0
−	1	9	6	0

e)
	5	6	2	7	3
−	4	2	0	1	6

f)
	8	2	5	2	9
−	3	7	2	5	1

g)
	9	0	5	2	3
−	1	8	2	1	9

9. Pour les questions ci-dessous, tu devras regrouper trois fois.

a)
	7	6	5	2
−	1	8	9	5

b)
	8	3	2	4
−	3	8	6	5

c)
	4	5	7	1
−	1	8	8	4

d)
	9	0	6	8
−	1	5	7	9

10. Pour les questions ci-dessous, tu devras regrouper deux ou trois fois.

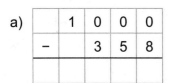
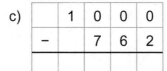

a)
	1	0	0	0
−		3	5	8

b)
	1	0	0
−		4	8

c)
	1	0	0	0
−		7	6	2

d)
	1	0	0	0
−		2	5	9

1. Les boîtes coloriées représentent le nombre de pommes rouges et vertes. Remplis les espaces vides.

   a) 7 pommes rouges
      3 pommes vertes

   différence : _____4 pommes_____

   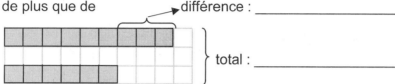

   rouges

   vertes

   total : _____10 pommes_____

   b) 6 pommes rouges
      3 pommes vertes de plus que de pommes rouges

   différence : _____

   _____

   _____

   total : _____

   c) 6 pommes rouges
      2 pommes vertes de plus que de pommes rouges

   différence : _____

   _____

   _____

   total : _____

   d) 9 pommes au total
      4 pommes vertes

   différence : _____

   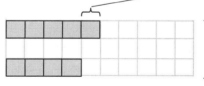

   _____

   _____

   total : _____

2. Trouve les nombres qui manquent.

Pommes rouges	Pommes vertes	Nombre total de pommes	Combien de pommes d'une couleur de plus que de l'autre?
3	5	8	2 pommes vertes de plus que de pommes rouges
4		9	
	1	8	
8			3 pommes rouges de plus que de pommes vertes

3. Fais un dessin (comme dans la question 1) et fais un tableau pour chaque question.

   a) 5 pommes rouges
      4 pommes vertes de plus que de pommes rouges

   b) 13 pommes au total
      6 pommes vertes

   BONUS
   c) 9 pommes au total
      1 pomme rouge de plus que de pommes vertes

NS5-14 : Les parties et le total (avancé)

1. Les opérations apparentées pour l'addition **3 + 4 = 7** sont : **4 + 3 = 7**; **7 − 4 = 3** et **7 − 3 = 4**.
   Écris les opérations apparentées des énoncés d'addition suivants :

   a) 2 + 4 = 6 _____

   b) 7 + 3 = 10 _____

   c) 12 + 5 = 17 _____

2. Complète le tableau.

	Raisins verts	Raisins rouges	Nombre total de raisins	Opérations apparentées		Combien de raisins d'une couleur de plus que de l'autre?
a)	8	2	10	8 + 2 = 10 10 − 8 = 2	2 + 8 = 10 10 − 2 = 8	6 verts de plus que de rouges
b)	5		9			
c)	3	6				
d)		4				3 rouges de plus que de verts

3. Utilise le bon symbole (+ or −).

   a) Nombre de pommes rouges ☐ Nombre de pommes vertes **=** Nombre total de pommes

   b) Nombre de pommes rouges ☐ Nombre de pommes vertes **=** Combien de pommes rouges de plus que de vertes?

   c) Nombre de raisins verts ☐ Nombre de raisins rouges **=** Combien de raisins verts de plus que de rouges?

   d) Nombre de raisins rouges ☐ Nombre de raisins verts **=** Nombre total de raisins

4. Fais un dessin sur du papier quadrillé (comme à la question 1 à la page précédente) pour chaque question.

   a) Alain a 12 autocollants rouges et 5 autocollants bleus. Combien d'autocollants a-t-il?

   b) Claire a 6 animaux domestiques. Deux sont des chats, et les autres sont des chiens. Combien de chiens a-t-elle?

   c) Pierre a marché 8 km. Layi a marché 5 km. Quelle distance Pierre a-t-il marché de plus?

> Réponds aux questions suivantes dans ton cahier.

1. Alex a 57 $ et Borana a 12 $.
   Combien d'argent ont-ils en tout?

2. Camille a parcouru 2 375 km à bicyclette en une année et 5 753 l'année suivante. Combien de kilomètres a-t-elle parcourus en tout?

3. Le lac Ontario a une profondeur maximum de 244 m.

   Le lac Supérieur a une profondeur maximum de 406 m.
   De combien le lac Supérieur est-il plus profond que le lac Ontario?

4. Le Mont Kilimanjaro en Tanzanie a une hauteur de 5 895 m et le Mont Fuji au Japon a une hauteur de 3 776 m.

   De combien le Mont Kilimanjaro est-il plus haut que le Mont Fuji?

5. Dans l'espace, le module de commande Apollo 10 a voyagé 39 666 km par heure.

   Quelle distance a-t-il voyagé en 2 heures?

6. Deux villes avoisinantes ont une population de 12 475 et de 14 832 respectivement.

   Quelle est la population totale des deux villes?

7. Le Canada a été fondé en 1867. Cela fait combien d'années depuis sa fondation?

8. Dans le nombre 432 ...

   Le chiffre des centaines est 1 de plus que le chiffre des dizaines.
   Le chiffre des dizaines est 1 de plus que le chiffre des unités.

   Crée un nombre avec les mêmes caractéristiques :

   _____ _____ _____

   Maintenant écris ce nombre à l'envers :

   _____ _____ _____

   Écris tes deux nombres dans le tableau et fais une soustraction (écris le plus grand nombre dans la première ligne).

   Répète l'exercice en utilisant d'autres nombres. Ta réponse sera toujours 198!

   BONUS
   Peux-tu expliquer comment ça marche?

9. Sarah avait 20 autocollants.
   Elle a mis 5 autocollants dans un livre et elle en a donné 4 à son amie Nina.
   Combien d'autocollants lui reste-t-il?

10. John a 26 billes.
    David a 15 billes de moins que John.
    Claude a 10 billes de plus que John.

    Combien de billes David et Claude ont-ils au total?

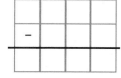

NS5-16 : Les grands nombres

1. Écris la valeur de position du chiffre souligné.

   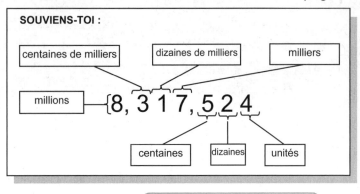

   SOUVIENS-TOI :

   a) 56 2<u>3</u>6   dizaines

   b) <u>1</u> 956 336

   c) 8 <u>2</u>56 601

   d) 6 453 1<u>5</u>6

   e) 7 103 25<u>6</u>

2. Écris le nombre correspondant aux adjectifs numéraux suivants :

   a) cinq millions six cent quarante-sept mille cent dix _____

   b) sept millions huit cent vingt-trois mille neuf cent vingt-cinq _____

3. Écris l'adjectif numéral pour les nombres suivants :

   a) 2 325 853_____

   _____

   b) 9 307 211_____

   _____

4. Écris chaque nombre sous forme décomposée (en utilisant des chiffres) :

   a) 4 238 215 ___4 000 000 + 200 000 + 30 000 + 8 000 + 200 + 10 + 5___

   b) 5 218 967 _____

5. Encercle le plus grand nombre :

   a) 3 205 138   OU   3 215 139   b) 4 238 537   OU   423 854

6. Additionne ou soustrais.

   a)

	2	8	1	5	3	7	2
+	1	1	9	2	1	3	5

   b)

	6	9	1	3	5	2	1
−	1	3	8	5	5	2	3

   c)

	2	8	5	9	3	2	1
−		1	3	8	1	5	9

Logique numérale 1

Réponds aux questions suivantes dans ton cahier.

1. Le tableau montre la superficie de quelques-uns des plus grands lacs en Amérique du Nord.

a) De combien la superficie du lac Michigan est-elle plus grande que celle du lac Érié?

b) Écris les superficies des lacs, du plus petit au plus grand.

c) De combien la superficie du plus grand lac est-elle plus grande que celle du plus petit lac?

d) Le plus grand lac au monde est la mer Caspienne en Asie. Sa superficie est de 370 990 km^2.

De combien la superficie de la mer Caspienne est-elle plus grande que celle du lac Supérieur?

Lac	Superficie (en km^2)
Érié	25 690
Great Slave	28 570
Michigan	58 020
Great Bear	31 340
Supérieur	82 100

2. Un magasin de vêtements a 500 chemises. En une semaine, ils ont vendu :

● 20 chemises rouges ● 50 chemises bleues ● 100 chemises vertes

Combien restait-il de chemises à la fin de la semaine?

3. Place les chiffres 1, 2, 3, 4, 5, 6, 7 et 8 (sans les répéter) pour arriver à la somme indiquée.

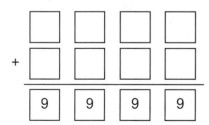

4. Utilise une fois chacun les chiffres 4, 5, 6, 7 et 8 pour créer …

a) le plus grand nombre impair possible;

b) un nombre entre 56 700 et 57 000;

c) un nombre impair dont le chiffre des dizaines et le chiffre des centaines font 12;

d) un nombre impair dont le chiffre des milliers est égal à deux fois le chiffre des centaines.

5. Crée un problème en utilisant les chiffres dans le tableau de la question 1. Écris-le dans ton cahier et ensuite échange ton cahier avec un partenaire.

6. Quel est le plus grand nombre que tu peux ajouter à 74 253 sans avoir à regrouper?

NS5-18 : Les matrices

Quand tu multiplies une paire de nombres, le résultat s'appelle le **produit** des nombres.

Dans la **matrice** ci-contre, il y a 3 **rangées** de points.
Il y a 5 points **dans chaque rangée**.

5
10
15

Carmelle compte les points en comptant par bonds de 5.

Carmelle écrit une expression mathématique de multiplication pour la matrice :
3 × 5 = 15 (3 rangées de 5 points est 15 points)

Les nombres **3** et **5** s'appellent des **facteurs** de 15.

1. Combien de rangées? Combien de points dans chaque rangée? Écris une expression mathématique de multiplication pour chaque matrice.

a)

___2___ rangées

___4___ points par rangée

___2 × 4 = 8___

b)

_____ rangées

_____ points par rangée

_____

c)

_____

_____

_____

2. Trouve les produits.

a)

___4 × 3___

↑ ↑
rangées   points
          par
          rangée

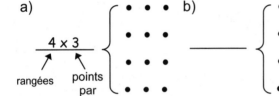

b)

_____

c)

_____

d)

_____

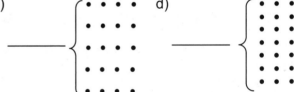

3. Dessine une matrice et écris une expression mathématique de multiplication pour chaque question.

a) Dans un jardin, il y a 6 rangées de plantes. Il y a 5 plantes par rangée. Combien de plantes y a-t-il en tout?

b) Paul place 7 chaises par rangée. Il y a 3 rangées de chaises. Combien de chaises y a-t-il en tout?

4. a) Dessine une matrice qui montre 4 × 3 et 3 × 4. Les produits sont-ils pareils ou différents?

b) Est-ce que 6 × 4 est égal à 4 × 6? Explique.

5. Jen trouve tous les facteurs de 4 en dessinant des matrices.

Facteurs de 4 :   **1,   2,   4**

1 × 4

2 × 2

4 × 1

Dessine des matrices pour trouver tous les facteurs de :

a) 6   b) 10   c) 11   d) 12

Amy trouve le produit de **3** et **5** en comptant par bonds sur une droite numérique. Elle compte trois 5. Amy peut voir, dans son illustration, que le **produit** de 3 et 5 est 15.

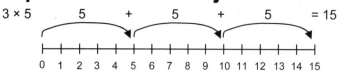

3×5 5 + 5 + 5 = 15

1. Fais des flèches pour trouver les produits en comptant par bonds.

   a) **4 x 2 =**

   b) **3 x 4 =**

2. Utilise la droite numérique pour compter par 4, 6 et 7. Complète les boîtes en comptant.

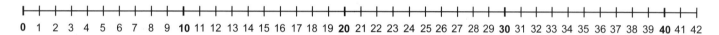

a)

4

Compte par **4**

b)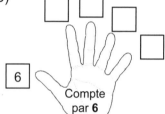

6

Compte par **6**

c)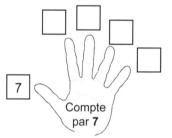

7

Compte par **7**

3. Trouve les produits en comptant par bonds sur tes doigts. Utilise les mains à la question 2 pour t'aider.

7   14   21   28

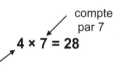

compte par 7

$4 \times 7 = 28$

jusqu'à ce que tu aies levé 4 doigts

   a) $3 \times 5 =$ b) $5 \times 2 =$ c) $3 \times 4 =$ d) $3 \times 6 =$ e) $1 \times 7 =$

   f) $3 \times 7 =$ g) $3 \times 3 =$ h) $6 \times 1 =$ i) $2 \times 7 =$ j) $5 \times 5 =$

   k) $2 \times 2 =$ l) $7 \times 1 =$ m) $4 \times 4 =$ n) $4 \times 6 =$ o) $1 \times 6 =$

4. Trouve le nombre d'articles dans chaque illustration. Écris une multiplication pour chacune.

a)

b)

_____   _____

Logique numérale 1

NS5-20 : Multiplier en rajoutant

Stacy sait comment trouver 4 × 6 en additionnant quatre 6 (6 + 6 + 6 + 6 = 24). Son enseignant lui demande comment elle peut trouver 5 × 6 _rapidement_ (sans additionner les cinq 6).

Stacy sait que 5 × 6 est un 6 de plus que 4 × 6. Elle le montre de deux façons :

<u>Avec une illustration</u>

cinq 6 { ⋮ } quatre 6

← plus un autre 6

<u>En additionnant</u>

5 × 6 = 6 + 6 + 6 + 6 + 6

cinq 6   quatre 6   plus un autre 6

quatre 6

Stacy sait que :   **5 × 6 = 4 × 6 + 6**

Elle trouve 5 × 6 en rajoutant un autre 6 à 24 (4 × 6) :   5 × 6 = **24** + 6 = **30**

----

1. Utilise chaque matrice pour écrire une expression mathématique de multiplication et d'addition. Le premier est déjà fait pour toi.

a)   4 × 4 { }   3 × 4

rangées   points dans chaque rangée   +   4

     4 × 4 = 3 × 4 + 4

b)   _____ { } _____

     + _____

c)   _____ { } _____

     + _____

d)   _____ { } _____

     + _____

2. Transforme chaque produit en un produit plus petit et une somme.

a)   4 × 2 = 3 × _____ + _____

b)   5 × 7 = 4 × _____ + _____

c)   8 × 3 = 7 × _____ + _____

d)   3 × 6 = 2 × _____ + _____

e)   7 × 4 = _____ × _____ + _____

f)   9 × 6 = _____ × _____ + _____

g)   5 × 3 = _____

h)   8 × 7 = _____

3. Trouve la réponse. Montre ton travail, comme dans l'exemple.

> _Exemple :_
> Si 8 × 5 = 40, trouve 9 × 5.
>   9 × 5 = 8 × 5 + 5
>   = 40 + 5 = 45

a)   Si 6 × 4 = 24, trouve 7 × 4.

b)   Si 6 × 7 = 42, trouve 7 × 7.

c)   Si 8 × 6 = 48, trouve 9 × 6.

d)   Si 7 × 8 = 56, trouve 7 × 9.

jump math
MULTIPLYING POTENTIAL.

Logique numérale 1

Pour multiplier **4 × 20**, Alain fait 4 groupes avec 2 blocs de <u>dizaines</u> chacun (20 = 2 dizaines) :

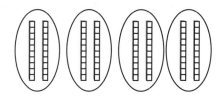

4 × 20 = 4 × 2 dizaines = 8 dizaines = 80

Pour multiplier **4 × 200**, Alain fait 4 groupes avec 2 blocs de <u>centaines</u> (200 = 2 centaines) :

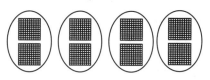

4 × 200 = 4 × 2 centaines = 8 centaines = 800

Alain remarque une régularité :   **4 × 2 = 8**   **4 × 20 = 80**   **4 × 200 = 800**

---

1. Dessine un modèle pour chaque expression mathématique de multiplication. Calcule ensuite la réponse. On a commencé le premier pour toi.

   a) 4 × 30      b) 2 × 20

   4 × 30 = 4 × ___ dizaines = ___ dizaines = ___   2 × 20 = 2 × ___ dizaines = ___ dizaines = ___

2. Regroupe pour trouver la réponse. Le premier est déjà fait pour toi.

   a) 3 × 70 = 3 × ____7____ dizaines = ____21____ dizaines = ____210____

   b) 4 × 50 = 4 × _____ dizaines = _____ dizaines = _____

   c) 3 × 40 = 3 × _____ dizaines = _____ dizaines = _____

   d) 6 × 30 = 6 × _____ dizaines = _____ dizaines = _____

3. Complète la régularité en multipliant.

   a) 2 × 3 = _____   b) 5 × 1 = _____   c) 5 × 4 = _____   d) 4 × 2 = _____

   2 × 30 = _____   5 × 10 = _____   5 × 40 = _____   4 × 20 = _____

   2 × 300 = _____   5 × 100 = _____   5 × 400 = _____   4 × 200 = _____

4. Multiplie.

   a) 5 × 30 = _____   b) 30 × 4 = _____   c) 4 × 40 = _____   d) 50 × 3 = _____

   e) 3 × 500 = _____   f) 500 × 6 = _____   g) 3 × 80 = _____   h) 500 × 5 = _____

   i) 2 × 900 = _____   j) 70 × 6 = _____   k) 8 × 40 = _____   l) 900 × 3 = _____

5. Dessine un modèle de base dix (cubes = milliers) pour montrer : 6 × 1 000 = 6 000.

6. Tu sais que 4 × 2 = 8. Base-toi sur ce fait pour multiplier 4 × 2 000. Explique.

1. Écris une expression mathématique de multiplication pour chaque matrice.

a)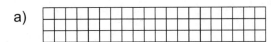

_____3 × 20_____

b)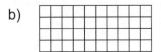

_____

c)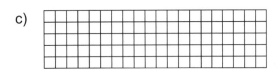

_____

d)

_____

2. Écris une multiplication pour toute la matrice, et ensuite pour la partie ombragée (comme dans a)).

a)
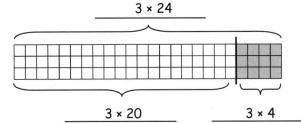

_____3 × 20_____   _____3 × 4_____

b)
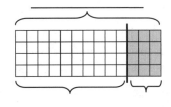

_____   _____

c)
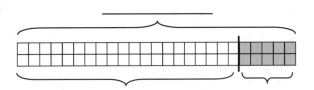

_____   _____

d)
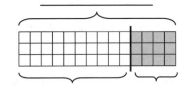

_____   _____

3. Remplis les espaces vides (comme dans a)).

a)
2 × 24
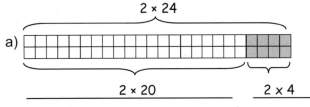

_____2 × 20_____   _____2 × 4_____

_____2 x 20 + 2 x 4_____ = ___2 × 24___

b)
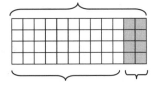

_____   ___

_____ = ___

c)
4 × 25
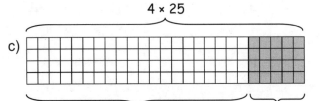

_____   _____

_____ = _____

d)
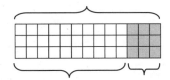

_____   _____

_____ = _____

Logique numérale 1

Pour multiplier 4 × 23, Anya réécrit 23 sous forme de somme : **23 = 20 + 3**

Elle multiplie 20 par 4 : **4 × 20 = 80**

Elle multiplie ensuite 4 × 3 : **4 × 3 = 12**

Enfin, elle additionne les résultats : **80 + 12 = 92**

L'illustration montre comment Rosa est arrivée au bon résultat :

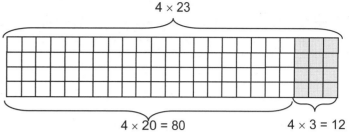

4 × 23 = 4 × 20 + 4 × 3 = 80 + 12 = 92

---

1. Utilise l'illustration pour écrire une multiplication sous forme de somme. On a commencé le premier pour toi.

a)

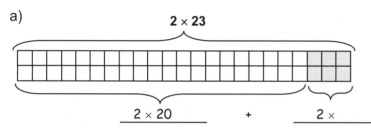

$\underline{2 \times 20}$ + $\underline{\quad} 2 \times \underline{\quad}$

b)   **4 × 14**

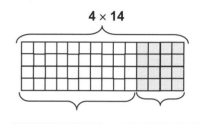

2. Multiplie en utilisant la méthode d'Anya. Le premier est déjà fait pour toi.

a) 4 × 12 = __4 × 10__ + __4 × 2__ = __40 + 8__ = __48__

b) 3 × 43 = _____ + _____ = _____ = _____

c) 4 × 22 = _____ + _____ = _____ = _____

d) 3 × 231 = __3 × 200__ + __3 × 30__ + __3 × 1__ = __600 + 90 + 3__ = __693__

e) 2 × 443 = _____ + _____ + _____ = _____ = _____

f) 3 × 313 = _____ + _____ + _____ = _____ = _____

3. Multiplie dans ta tête (mentalement) en multipliant les chiffres séparément.

a) 2 × 12 = _____   b) 2 × 42 = _____   c) 3 × 12 = _____   d) 4 × 11 = _____

e) 4 × 21 = _____   f) 3 × 41 = _____   g) 2 × 32 = _____   h) 3 × 23 = _____

i) 3 × 112 = _____   j) 2 × 233 = _____   k) 3 × 232 = _____   l) 4 × 222 = _____

m) 3 × 132 = _____   n) 2 × 442 = _____   o) 4 × 212 = _____   p) 3 × 333 = _____

4. a) Atilla a planté 3 rangées d'arbres contenant 332 arbres chacune. Combien d'arbres a-t-il planté en tout?

b) Rema a mis 320 clous dans chacune de 3 boîtes. Combien de clous a-t-elle mis dans les boîtes?

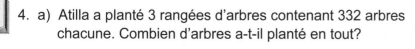

Clara utilise un tableau pour multiplier 3 × 42 :

Étape 1 :
Elle multiple le chiffre des unités du nombre 42 par 3 (3 × 2 = 6).

	4	2
×		3
		6

Étape 2 :
Elle multiplie le chiffre des dizaines dans le nombre 42 par 3 (3 × 4 dizaines = 12 dizaines).

Elle regroupe 10 dizaines en 1 centaine.

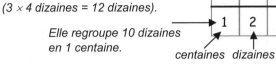

centaines dizaines

1. Utilise la méthode de Clara pour trouver les produits.

a) 5 1 × 4

b) 6 3 × 2

c) 7 1 × 4

d) 2 1 × 6

e) 9 1 × 3

f) 8 1 × 2

g) 7 2 × 3

h) 9 4 × 2

i) 4 2 × 4

j) 9 2 × 2

k) 8 1 × 5

l) 7 3 × 2

m) 2 2 × 3

n) 7 3 × 3

o) 7 4 × 2

p) 8 3 × 3

q) 6 4 × 2

r) 3 2 × 4

s) 4 1 × 9

t) 9 1 × 5

u) 6 3 × 3

v) 8 1 × 9

w) 7 1 × 5

x) 7 2 × 2

y) 8 1 × 8

z) 7 2 × 4

aa) 9 3 × 3

bb) 7 1 × 9

cc) 5 1 × 6

dd) 6 1 × 8

ee) 9 2 × 4

ff) 6 5 × 1

gg) 5 3 × 3

hh) 8 1 × 7

ii) 9 1 × 8

2. Trouve les produits suivants :

a) 2 × 62   b) 2 × 64   c) 5 × 31   d) 4 × 62   e) 6 × 41   f) 7 × 21

jump math
MULTIPLYING POTENTIAL.

Jane utilise un tableau pour multiplier 3 × 24 :

Étape 1 :
Elle multiplie 4 unités par 3
(4 × 3 = 12).

Elle regroupe 10 unités en 1 dizaine.

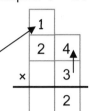
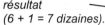

Étape 2 :
Elle multiplie 2 dizaines par 3
(3 × 2 dizaines = 6 dizaines).

Elle additionne 1 dizaine au résultat
(6 + 1 = 7 dizaines).

1. En utilisant la méthode de Jane, complète la première étape de la multiplication. La première est faite.

   a)
	2	
	1	4
×		5
		0

   b)
	1	4
×		4

   c)
	1	5
×		5

   d)
	3	6
×		6

   e)
	2	5
×		7

2. En utilisant la méthode de Jane, complète la deuxième étape de la multiplication.

   a)
1	
2	4
×	4
	6

   b)
1	
1	2
×	6
	2

   c)
2	
1	4
×	5
	0

   d)
2	
1	4
×	7
	8

   e)
1	
2	5
×	3
	5

   f)
1	
4	5
×	2
	0

   g)
1	
4	7
×	2
	4

   h)
1	
1	4
×	3
	2

   i)
2	
2	8
×	3
	4

   j)
3	
1	6
×	6
	6

3. En utilisant la méthode de Jane, complète la première et la deuxième étape de la multiplication.

   a)
	3	5
×		2

   b)
	2	6
×		6

   c)
	4	5
×		4

   d)
	5	5
×		3

   > **ENSEIGNANT :**
   > **Donnez des questions de pratique supplémentaires à vos élèves pour vous assurer qu'ils comprennent bien.**

   e)
	3	4
×		3

   f)
	3	2
×		5

   g)
	4	7
×		6

   h)
	9	2
×		5

   i)
	3	3
×		7

Murray multiplie 2 × 321 de 3 façons différentes :

1. Avec un tableau :

centaines	diz.	unités
3	2	1
×		2
6	4	2

2. Sous forme décomposée :

$$300 + 20 + 1$$
$$\times \quad 2$$
$$= \quad 600 + 40 + 2$$
$$= \quad 642$$

3. Avec des matériaux de base dix :

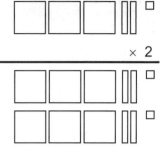

---

1. Réécris l'expression mathématique de multiplication sous forme décomposée. Fais la multiplication.

   a)   412   _____ + _____ + _____

         × 3   _____ × 3

                    = _____ + _____ + _____

                    = _____

   b)   323   _____ + _____ + _____

         × 2   _____ × 2

                    = _____ + _____ + _____

                    = _____

2. Multiplie :

   a)   b)    c) 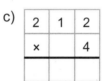   d) | 3 | 2 | 3 |
   | × | | 3 | e) | 2 | 1 | 3 |
   | × | | 3 |

3. Multiplie en regroupant les unités en dizaines :

   a) 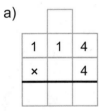   b) 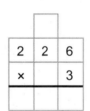   c) 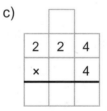   d) 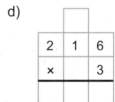   e)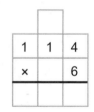

4. Multiplie en regroupant les dizaines en centaines. Dans e), regroupe aussi les unités en dizaines :

   a)   b) 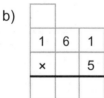   c) 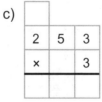   d) 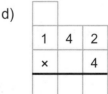   e)

5. Multiplie :

   a) 4 × 142   b) 6 × 311   c) 7 × 223   d) 8 × 324   e) 9 × 1 432   f) 6 × 2 537

6. Fais un dessin pour montrer le résultat de la multiplication. Tu vas peut-être devoir regrouper.

   a)    b)    c) (image) × 4

Logique numérale 1

Erin veut multiplier 20 × 32. Elle sait trouver 10 × 32. Elle réécrit 20 x 32 comme le <u>double</u> de 10 × 32 :

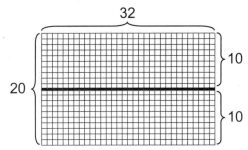

$$20 × 32 = 2 × \mathbf{10 × 32}$$
$$= 2 × 320$$
$$= 640$$

L'illustration montre comment ça marche : une matrice de 20 par 32 contient le même nombre de carrés que <u>deux</u> matrices de 10 par 32.

---

1. Écris chaque nombre comme étant un produit de 2 facteurs (où l'un des facteurs est 10) :

   a) 30 = _____

   b) 40 = _____

   c) 70 = _____

2. Écris 2 produits équivalents pour chaque matrice. Le premier est déjà fait.

   a)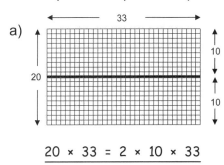

   20 × 33 = 2 × 10 × 33

   b)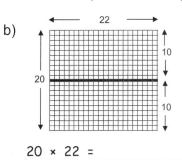

   20 × 22 = _____

   c)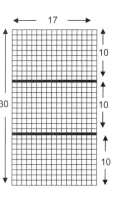

   30 × 17 = _____

3. Trouve chaque produit en 2 étapes.

   <u>Étape 1</u> : *Multiplie le deuxième nombre par 10.*
   <u>Étape 2</u> : *Multiplie le résultat par le chiffre des dizaines du premier nombre.*

   a) 20 × 34 = <u>2 × 340</u>   b) 30 × 13 = _____   c) 40 × 22 = _____   d) 50 × 31 = _____

   = <u>680</u>   = _____   = _____   = _____

4. Trouve le produit en faisant un calcul mental.

   a) 30 × 22 = _____   b) 20 × 40 = _____   c) 20 × 60 = _____   d) 40 × 27 = _____

   e) 20 × 41 = _____   f) 30 × 92 = _____   g) 51 × 20 = _____   h) 30 × 64 = _____

   i) 60 × 41 = _____   j) 61 × 50 = _____   k) 70 x 30 = _____   l) 80 x 20 = _____

5. Estime le produit.
   INDICE : Arrondis chaque facteur au chiffre le plus significatif (le plus à gauche).

   a) 27 × 39 ≈ 30 × 40 = <u>1200</u>   b) 43 × 51 ≈ _____   c) 22 × 47 ≈ _____

   d) 62 x 41 ≈ _____   e) 72 x 49 ≈ _____   f) 38 x 17 ≈ _____

Ed multiplie **20 × 37** en écrivant le produit sous la forme d'une somme de deux produits plus petits : **20 × 37 = (20 × 7) + (20 × 30)**

$$= 140 + 600$$
$$= 740$$

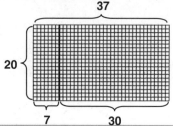

Il écrit chaque étape de la multiplication dans un tableau :

Étape 1 :
*Ed multiplie 2 × 7 = 14. Mais en réalité, il multiplie **20** × 7, alors il écrit d'abord un zéro à la place des unités.*

Étape 2 :
Ensuite, puisque 2 × 7 = 14, Ed écrit le 4 à la place du chiffre des dizaines et le 1 au haut de la colonne des centaines.

Étape 3 :
*Ed multiplie ensuite **20 × 30** (= 600). Comme raccourci, il multiplie 2 × 3 = 6 et ensuite il additionne le 1 du haut de la colonne des centaines 6 + 1 = 7 (= 700).*

1. Pratique les deux premières étapes de la multiplication.
   NOTE : Dans un des problèmes ci-dessous, tu ne devras pas regrouper les centaines.

   a) 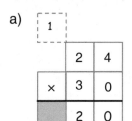   b) 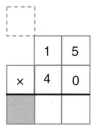 c) 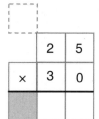 d) 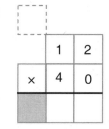 e)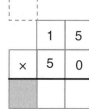

2. Multiplie :

   a) 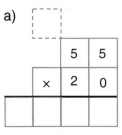 b) 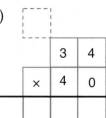 c) 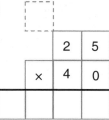 d) 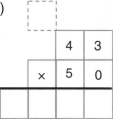 e)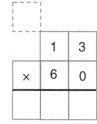

   f)   2 8   g)   3 6   h)   2 7   i)   2 3   j)   4 3
     × 3 0   × 2 0   × 4 0   × 6 0   × 7 0

3. Réécris chaque produit sous la forme d'une somme et ensuite trouve la réponse.

   a) 20 × 13 = ___(20 × 10) + (20 × 3) = 200 + 60 = 260___

   b) 20 × 42 = _____

   c) 30 × 23 = _____

Grace multiplie 26 × 28 en écrivant le produit sous la forme d'une somme de deux produits plus petits :

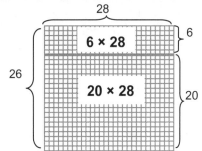

26 × 28 = 6 × 28 + 20 × 28
= 168 + 560
= 728

Elle écrit chaque étape de la multiplication dans un tableau :

Étape 1 :
*Elle multiplie **6 × 28**.*

1. Pratique la première étape de la multiplication.

a) 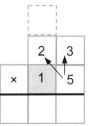 b) c) d) e)

f) g) h) i) j)

Étape 2 :
*Grace multiplie ensuite **20 × 28**.*
(Remarque qu'elle commence par écrire un 0 à la place des unités parce qu'elle multiplie par 20 et non par 2).

2. a) b) c) d) e)

3. Pratique les 2 premières étapes de la multiplication.

a)
```
      3   5
  ×   2   6
```

b)
```
      2   5
  ×   3   7
```

c)
```
      2   3
  ×   3   4
```

d)
```
      1   5
  ×   3   5
```

e)
```
      5   6
  ×   5   2
```

f)
```
      4   5
  ×   3   2
```

g)
```
      3   3
  ×   4   4
```

h)
```
      1   5
  ×   4   6
```

i)
```
      2   3
  ×   4   2
```

j)
```
      6   5
  ×   4   3
```

> <u>Étape 3</u> : *Grace complète la multiplication en additionnant les produits de **6 × 28** et **20 × 28**.*

4. Complète la multiplication en additionnant les nombres dans les deux dernières rangées des tableaux.

a)
```
  1   4
      2   8
  ×   2   6
      1   6   8
  5   6   0
      7   2   8
```

b)
```
  4   2
      5   7
  ×   6   3
      1   7   1
3   4   2   0
```

c)
```
      8   1
  ×   3   5
      4   0   5
2   4   3   0
```

d)
```
  2   2
      2   7
  ×   4   3
      8   1
1   0   8   0
```

e)
```
          1
      1   2
  ×   3   8
      9   6
  3   6   0
```

5. Multiplie :

a)
```
      2   5
  ×   3   3
```

b)
```
      4   3
  ×   5   2
```

c)
```
      6   3
  ×   2   7
```

d)
```
      4   5
  ×   2   9
```

e)
```
      2   8
  ×   3   4
```

6. Trouve les produits :

   a) 27 × 32   b) 56 × 73   c) 85 × 64   d) 19 × 93   e) 74 × 86   f) 64 × 98

1. Double chaque nombre mentalement en doublant le chiffres des unités et celui des dizaines séparément.

	23	44	12	31	43	54	83	92	71
Double									

2. Double les unités et les dizaines séparément. Additionne le résultat : 2 × 36 = 2 × 30 + 2 × 6 = 60 + 12 = 72.

	25	45	16	28	18	17	35	55	39
Double									

3. a) Une fleur coûte 34 ¢. Combien coûtent deux fleurs? _____

   b) Un lézard coûte 48 ¢. Combien coûtent deux lézards? _____

4. D'après les matrices, tu peux voir que :
   3 × 2 est comme 2 × 3.

   Est-ce que 4 × 5 est comme 5 × 4? Explique.

   3 × 2
   (3 rangées de 2)

   2 × 3
   (2 rangées de 3)

5. Réarrange les produits pour que tu puisses trouver les réponses mentalement.

   Exemple :   2 × 8 × 35
   = 2 × 35 × 8
   = 70 × 8
   = 560

   Exemple :   4 × 18 × 25
   = 4 × 25 × 18
   = 100 × 18
   = 1800

   a) 2 × 4 × 25   b) 2 × 3 × 45   c) 2 × 6 × 35

   d) 2 × 27 × 50   e) 4 × 75 × 250   f) 2 × 97 × 500

   g) 372 × 4 × 25   h) 2 × 2 × 15 × 250   i) 25 × 2 × 50 × 4

6. Double le nombre dans la boîte et divise par deux le nombre dans le cercle.

   Exemple :

      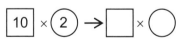   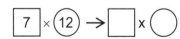

   Le produit change-t-il ou reste-t-il le même? Explique.

7. Divise par deux et double pour trouver les produits mentalement.

   Exemple :   32 × 5
   = 16 × 10
   = 160

   a) 42 × 5   b) 64 × 5   c) 86 × 5

Logique numérale 1

1. Remplis les espaces vides.

a)

$3 \times \underline{2} + 3 \times \underline{1}$

$= 3 \times (\ \underline{2}\ +\ \underline{1}\ )$

$= 3 \times \underline{3}$

b)

$3 \times \underline{} + 3 \times \underline{}$

$= 3 \times (\ \underline{}\ +\ \underline{}\ )$

$= 3 \times \underline{}$

c)

$3 \times \underline{} + 3 \times \underline{}$

$= 3 \times (\ \underline{}\ +\ \underline{}\ )$

$= 3 \times \underline{}$

d)

$3 \times \underline{} + 3 \times \underline{}$

$= 3 \times (\ \underline{}\ +\ \underline{}\ )$

$= 3 \times \underline{}$

e) $3 \times 5 + 3 \times 4$

$= 3 \times (\ \underline{5}\ +\ \underline{4}\ )$

$= 3 \times \underline{9}$

f) $3 \times 2 + 3 \times 6$

$= 3 \times (\ \underline{}\ +\ \underline{}\ )$

$= 3 \times \underline{}$

g) $7 \times 4 + 7 \times 3$

$= 7 \times (\ \underline{}\ +\ \underline{}\ )$

$= 7 \times \underline{}$

h) $9 \times 3 + 9 \times 2$

$= 9 \times (\ \underline{}\ +\ \underline{}\ )$

$= 9 \times \underline{}$

2. Écris chaque nombre sous forme décomposée.

a) $32\,753 = \underline{3 \times 10\,000 + 2 \times 1\,000 + 7 \times 100 + 5 \times 10 + 3}$

b) $45\,326 = \underline{}$

c) $72\,023 = \underline{}$

3. Écris autant d'expressions mathématiques que tu peux pour la matrice (multiplication, addition, ou les deux).

Exemple : $(2 \times 3) + (2 \times 3) + (2 \times 3) + (2 \times 3) = 24$

4. La déclaration est-elle toujours vraie, parfois vraie, ou jamais vraie? Explique.

a) $3 \times \square$ = nombre pair

b) $5 \times \square$ est un multiple de 5

c) $7 \times \square$ égale 0

d) $2 \times \square$ = nombre pair

e) $6 \times \square$ est un multiple de 2

f) Un facteur d'un nombre est plus grand que le nombre.

5. Explique pourquoi le produit de deux nombres à 2 chiffres doit être au moins 100.

6. En utilisant les chiffres 1, 2, 3 et 4, crée …

a) le plus grand produit

$\square \times \square\square\square$

b) le plus petit produit

$\square \times \square\square\square$

Réponds à ces questions dans ton cahier.

1. Une abeille a 6 pattes. Combien de pattes auraient 325 abeilles?

2. Combien d'heures y a-t-il dans le mois de janvier?

3. Les côtés d'un champ à 12 côtés mesurent 87 mètres chacun. Quel est le périmètre du champ?

4. Le cœur de Sapin bat 98 fois par minute. Combien de fois bat-il en une heure?

5. Une harpe a 47 cordes. Combien de cordes auraient 12 harpes?

6. Trouve les quatre premiers produits. (Montre ton travail sur une feuille séparée). Utilise la régularité des produits pour trouver les produits des problèmes e) et f) sans multiplier :

7. Un colibri bat ses ailes 15 fois par seconde.

Combien de fois bat-il ses ailes dans une minute?

a)
	3	7
×		9

b)
	3	7
×	1	2

c)
	3	7
×	1	5

d)
	3	7
×	1	8

e)
	3	7
x	2	1

f)
	3	7
x	2	4

8.

Planètes	Diamètre (en km)
Mercure	4 850
Mars	6 790
Pluto	3 400

La circonférence d'une planète est la distance autour de la planète.

La circonférence est toujours égale à environ trois fois le diamètre de la planète.

Utilise les nombres dans le tableau pour trouver la circonférence approximative des planètes.

9. Le coût d'un billet pour assister à une pièce est de 14 $.

Combien cela coûterait-il pour une classe de 26 élèves d'assister à la pièce?

Combien de monnaie recevraient-ils en retour s'ils payaient 500 $ pour les billets?

10. Souviens-toi que les **facteurs** d'un nombre sont les nombres entiers que l'on multiplie pour obtenir le nombre. Deux **facteurs** de 15 sont 3 et 5. 15 est le **produit** de 3 et 5.

Pour chaque énoncé ci-dessous, dis s'il est vrai ou faux. Explique ta réponse.

a) Les facteurs d'un nombre ne sont jamais plus grands que le nombre.
b) Le plus petit facteur d'un nombre est toujours 1.
c) Un nombre est toujours un facteur de soi-même.
d) La somme d'une paire de facteurs d'un nombre est <u>toujours</u> plus petite que le nombre lui-même (par ex., 3 et 2 sont des facteurs de 6 et 3 + 2 < 6).

NS5-33 : Les ensembles

Rita a 12 sandwiches. Un plateau peut contenir 4 sandwiches :

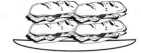  

Il y a 3 plateaux :

Qu'est-ce qui a été partagé ou divisé en <u>ensembles</u> ou en <u>groupes</u>? *(Sandwiches)*

Combien d'ensembles y a-t-il? *(Il y a 3 ensembles de sandwiches.)*

Combien d'objets divisés sont dans chaque ensemble? *(Il y a 4 sandwiches dans chaque ensemble.)*

- -

1. a)

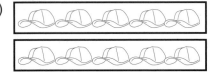

b)

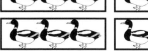 

Qu'est-ce qui est divisé ou partagé en ensembles?

_____

Combien y a-t-il d'ensembles? _____

Combien dans chaque ensemble? _____

Qu'est-ce qui est divisé ou partagé en ensembles?

_____

Combien y a-t-il d'ensembles? _____

Combien dans chaque ensemble? _____

2. Utilise des cercles pour les <u>ensembles</u> et des points pour les <u>objets</u> et fais un dessin pour montrer ...

   a) 5 ensembles
       4 objets dans chaque ensemble

   b) 6 groupes
       3 objets dans chaque groupe

   c) 7 ensembles
       3 objets dans chaque ensemble

   d) 3 ensembles
       4 objets dans chaque ensemble

jump math
MULTIPLYING POTENTIAL

Logique numérale 1

NS5-33 : Les ensembles *(suite)*

3.

	Qu'est-ce qui est partagé ou divisé en ensembles?	Combien d'ensembles?	Combien par ensemble?
a) 24 jouets 4 jouets par fille/garçon 6 filles/garçons	24 jouets	6	4
b) 8 enfants 32 biscuits 4 biscuits pour chaque enfant			
c) 18 fleurs 3 bouquets 6 fleurs dans chaque bouquet			
d) 9 arbres 45 oranges 5 oranges dans chaque arbre			
e) 8 pommes dans chaque sac 80 pommes 10 sacs			
f) 6 taxis 24 passagers 4 passagers dans chaque taxi			
g) 35 vaches 7 vaches dans chaque troupeau 5 troupeaux			
h) 7 portées de chiots 42 chiots 6 chiots dans chaque portée			

4. Fais un dessin pour les questions 3 a), b) et c) en utilisant des <u>cercles</u> pour les ensembles et des <u>points</u> pour ce qui est divisé.

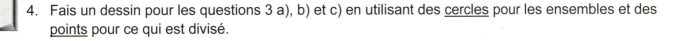

jump math
MULTIPLYING POTENTIAL.

Logique numérale 1

Tory a 18 biscuits. Elle a deux façons de partager ou de <u>diviser</u> les biscuits également :

I • Elle peut décider combien d'<u>ensembles</u> (ou <u>groupes</u>) de biscuits elle veut faire :

Par exemple :
Tory veut faire 3 ensembles de biscuits. Elle fait 3 cercles :

Elle met un biscuit à la fois dans les cercles jusqu'à ce qu'elle ait placé les 18 biscuits.

II • Elle peut décider combien de biscuits elle veut mettre <u>dans chaque ensemble</u> :

Par exemple :
Tory veut mettre 6 biscuits par ensemble. Elle compte 6 biscuits :

Elle compte des ensembles de 6 biscuits jusqu'à ce qu'elle ait placé les 18 biscuits.

- -

1. Partage **12** points également. Combien de points y a-t-il par ensemble? **INDICE : Place un point à la fois.**

   a) 4 ensembles :

   Il y a _____ points par ensemble.

   b) 3 ensembles :

   Il y a _____ points par ensemble.

2. Partage les triangles également parmi les ensembles.
   INDICE : Compte les triangles en premier. Divise par le nombre de cercles.

   a)   b)

3. Partage les carrés également parmi les ensembles.

4. Regroupe les lignes afin qu'il y ait 4 lignes par ensemble. Dis combien il y a d'ensembles.

   a)   b)   c)

   Il y a _____ ensembles.   Il y a _____ ensembles.   Il y a _____ ensembles.

5. Regroupe **16** fleurs afin qu'il y ait …

   a) 8 fleurs dans chaque ensemble.

   b) 4 fleurs dans chaque ensemble.

6. Écris ce que tu sais dans chaque cas. Fais un point d'interrogation si tu ne sais pas la réponse.

	Qu'est-ce qui a été partagé ou divisé en ensembles?	Combien d'ensembles?	Combien par ensemble?
a) Kathy a 30 autocollants. Elle met 6 autocollants dans chaque boîte.	30 autocollants	?	6
b) Il y a 24 enfants dans 6 fourgonnettes.	24 enfants	6	?
c) Andy a 14 pommes. Il les donne à 7 amis.			
d) Manju a 24 livres de bandes dessinées. Elle en met 3 dans chaque caisse.			
e) 35 enfants sont assis à 7 tables.			
f) Il y a 24 personnes dans 2 bateaux.			
g) 4 enfants se partagent 12 livres.			
h) Il y a 10 fleurs en 2 rangées.			
i) Il y a 8 hamsters dans 4 cages.			

7. Fais un dessin un utilisant des points et des cercles pour résoudre chaque question.

a) 10 points; 5 ensembles

_____ points dans chaque ensemble

b) 12 points; 4 points dans chaque ensemble

_____ ensembles

c) 15 points; 5 points dans chaque ensemble

_____ ensembles

d) 8 points; 4 ensembles

_____ points dans chaque ensemble

e) 3 amis se partagent 12 billets.

Combien de billets chaque ami reçoit-il? _____

f) 10 élèves vont dans 5 canoës.

Combien d'enfants dans chaque canoë? ____

g) Pria a 14 autocollants.
Elle en donne 7 à chacun de ses amis.

Combien d'amis reçoivent des autocollants?_____

h) Chaque panier contient 5 prunes.
Il y a 15 prunes en tout.

Combien y a-t-il de paniers? _____

i) Il y a 16 fleurs plantées dans 2 pots.

Combien de fleurs y a-t-il par pot? _____

j) Keith a 15 timbres.
Il place 3 timbres sur chaque page.

Combien de pages utilise-t-il? _____

NS5-35 : Diviser en comptant par bonds

Chaque énoncé de **division** implique un énoncé d'**addition**.

Par exemple, l'énoncé « 20 divisé en ensembles de 4 donne 5 ensembles » peut être représenté de la façon suivante :

4 + 4 + 4 + 4 + 4 = 20

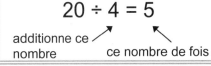

$$20 \div 4 = 5$$

additionne ce nombre   ce nombre de fois

Alors on peut dire que l'énoncé de division 20 ÷ 4 = 5 veut dire « additionne quatre cinq fois ».
Le nombre 4 est appelé le **diviseur** et le nombre 5 est le **quotient** de l'énoncé de division.

----

1. Fais un dessin et écris un énoncé d'<u>addition</u> pour chaque énoncé de <u>division</u>.

   a) 12 ÷ 3 = 4   b) 8 ÷ 2 = 4   c) 20 ÷ 5 = 4

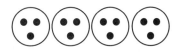

   $\underline{\quad\quad 3 + 3 + 3 + 3 = 12 \quad\quad}$ $\underline{\quad\quad\quad\quad\quad\quad}$ $\underline{\quad\quad\quad\quad\quad\quad}$

2. Fais un dessin et écris un énoncé de <u>division</u> pour chaque énoncé d'<u>addition</u>.

   a) 6 + 6 + 6 + 6 = 24   b) 4 + 4 + 4 + 4 + 4 + 4 = 24

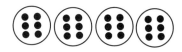

   $\underline{\quad\quad\quad\quad\quad}$ $\underline{\quad\quad\quad\quad\quad}$

   c) 7 + 7 + 7 = 21   d) 3 + 3 + 3 + 3 + 3 = 15

   $\underline{\quad\quad\quad\quad\quad}$ $\underline{\quad\quad\quad\quad\quad}$

   e) 4 + 4 + 4 + 4 = 16   f) 8 + 8 + 8 = 24

   $\underline{\quad\quad\quad\quad\quad}$ $\underline{\quad\quad\quad\quad\quad}$

Logique numérale 1

Tu peux résoudre le problème de division **12 ÷ 4 = ?** en comptant par bonds sur la droite numérique.

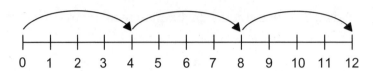

La droite numérique montre que tu as besoin de faire 3 bonds de 4 pour te rendre à 12 :

4 + 4 + 4 = 12   donc ...   **12 ÷ 4 = 3**

3. Fais des flèches pour montrer comment tu peux diviser en comptant par bonds.

a)

0 1 2 3 4 5 6 7 8

8 ÷ 4 = _____

b)

0 1 2 3 4 5 6 7 8 9 10 11 12 13 14 15 16

16 ÷ 2 = _____

4. Quel énoncé de division est représenté par les dessins ci-dessous?

a)

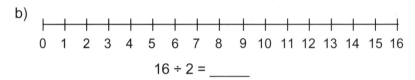

0 1 2 3 4 5 6 7 8 9 10 11 12 13 14 15 16 17 18

_____

b)

0 1 2 3 4 5 6 7 8 9

_____

5. Tu peux aussi trouver la réponse à une question de division en comptant par bonds sur tes doigts. Par exemple, pour trouver **40 ÷ 8**, compte par 8 jusqu'à ce que tu te rendes à 40.

Le nombre de doigts encore levés quand tu dis « 40 » est la réponse.

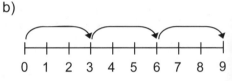

8   16   24   32   40

Donc 40 ÷ 8 = 5

Trouve les réponses en comptant par bonds sur tes doigts :

a) 18 ÷ 6 = _____   b) 12 ÷ 6 = _____   c) 32 ÷ 8 = _____   d) 21 ÷ 7 = _____   e) 45 ÷ 5 = _____

f) 25 ÷ 5 = _____   g) 36 ÷ 4 = _____   h) 35 ÷ 5 = _____   i) 27 ÷ 3 = _____   j) 16 ÷ 2 = _____

k) 36 ÷ 9 = _____   l) 35 ÷ 7 = _____   m) 12 ÷ 3 = _____   n) 18 ÷ 3 = _____   o) 24 ÷ 6 = _____

6. 8 amis se partagent la facture de la cafétéria de 32 $. Combien chaque ami doit-il payer?

7. Il y a 35 bougies dans 5 rangées. Combien de bougies dans chaque rangée?

_____

_____

Chaque énoncé de division implique un énoncé de multiplication. L'énoncé :

« 14 divisé en ensembles de 2 donne 7 ensembles » (ou **14 ÷ 2 = 7**)

peut aussi être écrit de cette façon : « 7 ensembles de 2 donnent 14 » (**7 × 2 = 14** ou **2 × 7 = 14**)

----

1. Écris deux énoncés de multiplication et deux énoncés de division pour chaque illustration.

   a)

   5 × 4 = 20   4 × 5 = 20

   20 ÷ 4 = 5   20 ÷ 5 = 4

   b)

   _____

   _____

   c)

   _____

   _____

   Combien de fleurs? _____

   Combien d'ensembles? _____

   Combien de fleurs par ensemble? _____

   d)

   _____

   _____

   Combien de canards? _____

   Combien d'ensembles? _____

   Combien de canards par ensemble? _____

2. Trouve la réponse du problème de division en trouvant d'abord la réponse de l'énoncé de multiplication.

   a) 6 × ⬚5 = 30   b) 8 × ☐ = 24   c) 5 × ☐ = 40   d) 9 × ☐ = 27   e) 7 × ☐ = 35

   30 ÷ 6 = ⬚5   24 ÷ 8 = ☐   40 ÷ 5 = ☐   27 ÷ 9 = ☐   35 ÷ 7 = ☐

3. L'illustration montre que 2 ensembles de 5 points contiennent le même nombre de points que 5 ensembles de 2 points (donc 2 × 5 = 5 × 2) :

   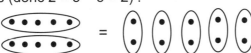

   a) Dans ton cahier, fais un dessin et explique comment ton dessin montre que :

      i) 7 × 4 = 4 × 7   ii) 9 × 2 = 2 × 9

   b) Dessine une matrice et explique comment elle montre que :

      6 + 6 + 6 + 6 = 4 + 4 + 4 + 4 + 4 + 4

ENSEIGNANT :

Pour résoudre les problèmes écrits de multiplication ou de division, les élèves devraient se demander :

- **Combien d'objets ou de choses y a-t-il en tout?**
- **Combien y a-t-il d'ensembles ou de groupes?**

- **Combien y a-t-il d'objets ou de choses dans chaque ensemble?**

Vos élèves devraient également savoir (et être capables d'expliquer avec des illustrations ou du matériel concret) :

- **Quand tu sais combien il y a d'ensembles et d'objets dans chaque ensemble, tu multiplies pour trouver le total.**

- **Quand tu connais le nombre total d'objets et d'ensembles, tu divises pour trouver combien il y a d'objets dans chaque ensemble.**

- **Quand tu connais le nombre total d'objets et le nombre d'objets dans chaque ensemble, tu divises pour trouver combien il y a d'ensembles.**

----

1. Remplis les espaces vides pour chaque illustration.

   a)

   _____ lignes en tout

   _____ lignes par ensemble

   _____ ensembles

   b)

   _____ lignes en tout

   _____ ensembles

   _____ lignes par ensemble

   c)

   _____ lignes par ensemble

   _____ ensembles

   _____ lignes en tout

   d)

   _____ lignes par ensemble

   _____ ensembles

   _____ lignes en tout

   e)

   _____ lignes

   _____ lignes par ensemble

   _____ ensembles

   f)

   _____ lignes en tout

   _____ ensembles

   _____ lignes par ensemble

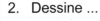

2. Dessine ...

   a) 10 lignes en tout; 2 lignes par ensemble; 5 ensembles   b) 15 lignes; 3 lignes par ensemble; 5 ensembles

   c) 4 ensembles; 7 lignes par ensemble; 28 lignes en tout   d) 18 lignes; 3 ensembles; 6 lignes par ensemble

3. Dessine <u>et</u> écris deux énoncés de division et un énoncé de multiplication pour ...

   a) 21 lignes en tout; 3 lignes par ensemble; 7 ensembles   b) 14 lignes; 7 lignes par ensemble; 2 ensembles

4. Il manque de l'information dans chacune des questions suivantes (voir les points d'interrogation).
    Écris un énoncé de multiplication ou de division pour trouver l'information manquante.

	Nombre total de choses	Nombre d'ensembles	Nombre de choses par ensemble	Énoncé de multiplication ou de division
a)	?	6	3	6 × 3 = 18
b)	20	4	?	20 ÷ 4 = 5
c)	15	?	5	
d)	10	2	?	
e)	?	4	6	
f)	21	7	?	

5. Pour chaque question, écris un énoncé de multiplication ou de division pour résoudre le problème.

a) 15 choses en tout
    5 choses par ensemble

    _____

    Combien d'ensembles?

    _____

b) 6 ensembles
    4 choses par ensemble

    _____

    Combien de choses en tout?

    _____

c) 25 choses en tout
    5 ensembles

    _____

    Combien de choses par ensemble?

    _____

d) 9 groupes
    4 choses par groupe

    _____

    Combien de choses en tout?

    _____

e) 9 choses par ensemble
    18 choses en tout

    _____

    Combien d'ensembles?

    _____

f) 3 groupes
    18 choses en tout

    _____

    Combien de choses par groupe?

    _____

g) 16 choses par ensemble
    3 ensembles

    _____

    Combien de choses en tout?

    _____

h) 8 choses par ensemble
    24 choses en tout

    _____

    Combien d'ensembles?

    _____

i) 20 choses en tout
    5 ensembles

    _____

    Combien de choses par ensemble?

    _____

NS5-37 : Savoir quand multiplier ou diviser *(suite)*

6. Remplis le tableau. Utilise un point d'interrogation pour montrer ce que tu ne sais pas. Écris ensuite un énoncé de multiplication ou de division dans la colonne de droite.

	Nombre total de choses	**Nombre d'ensembles**	**Nombre par ensemble**	**Énoncé de multiplication ou de division**
a) 8 chaises par table 3 tables	?	3	8	3 × 8 = 24 Combien de chaises? 24
b) 9 billes par bocal 5 bocaux				Combien de billes? ______
c) 35 fleurs 7 vases				Combien de fleurs dans chaque vase? ______
d) 32 personnes 4 bateaux				Combien de personnes par bateau? ______
e) 24 fleurs 6 plantes				Combien de fleurs par plante? ______
f) 36 bougies 6 bougies par paquet				Combien de paquets? ______

7. Les opérations apparentées pour l'énoncé de multiplication **3 × 5 = 15** sont : **5 × 3 = 15**; **15 ÷ 3 = 5** and **15 ÷ 5 = 3**. Écris les opérations apparentées pour les énoncés suivants :

a) 4 × 2 = 8

____

____

____

b) 6 × 3 = 18

____

____

____

c) 7 × 8 = 56

____

____

____

d) 9 × 4 = 36

____

____

____

Guy veut partager 9 pommes avec 3 de ses amis.
Il a 4 assiettes, une pour lui-même et une pour chacun de ses amis.
Il met une pomme à la fois dans chaque assiette :

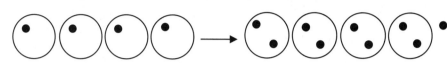

← *Il reste une pomme.*

On ne peut pas partager 9 pommes également en 4 ensembles. Chaque ami reçoit 2 pommes, et il en reste une.

$$9 \div 4 = 2 \text{ Reste } 1 \quad \text{OU} \quad 9 \div 4 = 2 \text{ R } 1$$

- -

1. Peux-tu partager 7 pommes de façon égale dans 2 assiettes? Montre ton travail en utilisant des cercles et des points.

2. Distribue les points le plus également possible parmi les cercles.

   a) 8 points dans 3 cercles

   b) 13 points dans 4 cercles

   _____ points par cercle; _____ points qui restent

   _____ points par cercle; _____ points qui restent

3. Distribue les points le plus également possible. Fais un dessin et écris un énoncé de division.

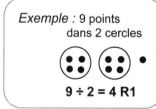

   Exemple : 9 points dans 2 cercles

   $9 \div 2 = 4 \text{ R1}$

   a) 14 points dans 4 cercles

   b) 18 points dans 6 cercles

   c) 17 points dans 4 cercles

   d) 22 points dans 3 cercles

4. Cinq enfants veulent partager 22 coquillages.
   Combien de coquillages chaque enfant recevra-t-il?
   Combien en restera-t-il?

5. Trouve deux façons différentes de partager 29 stylos en groupes égaux de sorte qu'il en reste un.

6. Quatre amis ont plus de 7 autocollants et moins de 13 autocollants.
   Ils se partagent les autocollants également. Combien d'autocollants ont-ils chacun?
   (Y a-t-il plus d'une réponse?)

Nina veut calculer 13 ÷ 5 dans sa tête (mentalement).

Étape 1 :
En comptant par bonds de 5, elle lève 2 doigts (elle arrête avant d'arriver à 13).

Étape 2 :
Nina arrête de compter quand elle arrive à 10. Elle soustrait 10 de 13 pour trouver le reste.

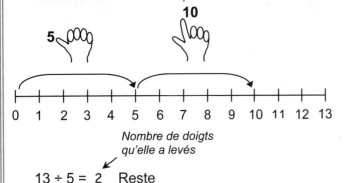

Nombre de doigts qu'elle a levés

13 ÷ 5 = _2_   Reste ____

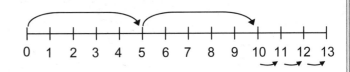

13 ÷ 5 = _2_   Reste _3_

1. Essaie de répondre aux questions suivantes en calculant dans ta tête (ou en comptant par bonds) :

   a) 22 ÷ 5 = _____ R _____   b) 17 ÷ 5 = _____ R _____   c) 31 ÷ 5 = _____ R _____

   d) 27 ÷ 5 = _____ R _____   e) 13 ÷ 5 = _____ R _____   f)   7 ÷ 5 = _____ R _____

   g) 13 ÷ 3 = _____ R _____   h) 17 ÷ 3 = _____ R _____   i) 23 ÷ 3 = _____ R _____

   j) 23 ÷ 7 = _____ R _____   k) 19 ÷ 6 = _____ R _____   l) 25 ÷ 8 = _____ R _____

   m) 37 ÷ 9 = _____ R _____   n) 43 ÷ 7 = _____ R _____   o) 29 ÷ 8 = _____ R _____

   p) 13 ÷ 6 = _____ R _____   q) 47 ÷ 9 = _____ R _____   r) 64 ÷ 7 = _____ R _____

   s) 53 ÷ 9 = _____ R _____   t) 46 ÷ 6 = _____ R _____   u) 23 ÷ 4 = _____ R _____

2. Richard veut diviser 18 pêches parmi 5 amis.

   Combien de pêches chaque ami recevra-t-il? _____

   Combien de pêches restera-t-il? _____

3. Paul place 16 crayons dans trois boîtes.

   Combien de crayons placera-t-il dans chaque boîte? _____

   Combien de crayons restera-t-il? _____

Logique numérale 1

Manuel prépare une collation pour 4 classes.
Il doit diviser 97 oranges en 4 groupes.
Il utilisera la longue division et un modèle pour résoudre le problème.

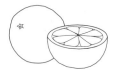

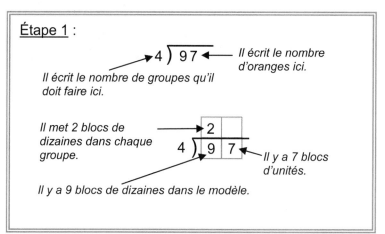

Étape 1 :

Il écrit le nombre de groupes qu'il doit faire ici.

Il écrit le nombre d'oranges ici.

Il met 2 blocs de dizaines dans chaque groupe.

Il y a 7 blocs d'unités.

Il y a 9 blocs de dizaines dans le modèle.

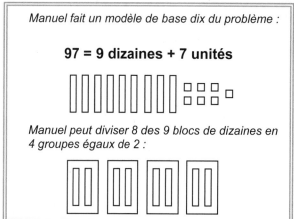

Manuel fait un modèle de base dix du problème :

97 = 9 dizaines + 7 unités

Manuel peut diviser 8 des 9 blocs de dizaines en 4 groupes égaux de 2 :

1. Manuel a écrit un énoncé de division pour résoudre un problème.
   Combien de groupes veut-il faire?
   De combien de dizaines et d'unités a-t-il besoin pour faire un modèle du problème?

a) 3) 76

   groupes _____

   blocs de dizaines ___

   unités _____

b) 4) 95

   groupes _____

   blocs de dizaines ___

   unités _____

c) 4) 92

   groupes _____

   blocs de dizaines ___

   unités _____

d) 5) 86

   groupes _____

   blocs de dizaines ___

   unités _____

2. Combien de blocs de dizaines peux-tu mettre dans chaque groupe?

a) 3) 4 5   [1]

b) 5) 9 3

c) 4) 6 2

d) 3) 8 9

e) 4) 8 2

f) 3) 3 8

g) 5) 9 7

h) 4) 8 1

i) 6) 8 5

j) 7) 9 6

3. Combien de groupes ont été faits pour chaque énoncé de division? Combien de dizaines par groupe?

a) 3) 8 5   [2]

   groupes _3_

   nombre de dizaines par groupe _2_

b) 4) 9 4

   groupes _____

   nombre de dizaines par groupe _____

c) 5) 7 5

   groupes _____

   nombre de dizaines par groupe _____

d) 2) 8 9

   groupes _____

   nombre de dizaines par groupe _____

Étape 2 :

Il y a 2 blocs de dizaines par groupe.

$$4)\overline{9\ 7}\quad \dfrac{2}{}$$

Il y a 4 groupes.

$2 \times 4 = $ Il y a 8 blocs de dizaines.

Dans le modèle :

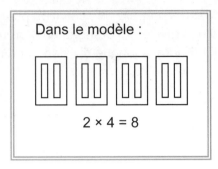

$2 \times 4 = 8$

4. Pour chaque question, trouve combien de dizaines il y a en multipliant.

a)

$$2)\overline{9\ 7}\quad\dfrac{4}{}$$

Combien de groupes? _____

Combien de dizaines? _____

Combien de dizaines par groupe? _____

Combien de dizaines en tout? _____

b)

$$4)\overline{9\ 9}\quad\dfrac{2}{}$$

Combien de groupes? _____

Combien de dizaines? _____

Combien de dizaines par groupe?_____

Combien de dizaines en tout? _____

5. Compte par bonds pour trouver combien de dizaines il y a dans chaque groupe. Effectue ensuite une multiplication pour savoir combien de dizaines tu as placées.

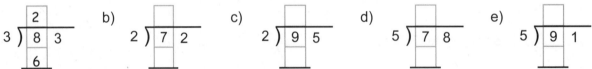

a) $3)\overline{8\ 3}$ avec 2 et 6

b) $2)\overline{7\ 2}$

c) $2)\overline{9\ 5}$

d) $5)\overline{7\ 8}$

e) $5)\overline{9\ 1}$

f) $5)\overline{5\ 3}$

g) $4)\overline{9\ 3}$

h) $3)\overline{8\ 4}$

i) $6)\overline{9\ 3}$

j) $7)\overline{9\ 5}$

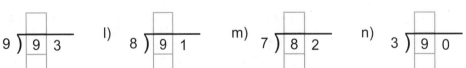

k) $9)\overline{9\ 3}$

l) $8)\overline{9\ 1}$

m) $7)\overline{8\ 2}$

n) $3)\overline{9\ 0}$

o) $3)\overline{8\ 7}$

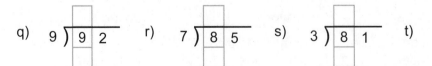

p) $4)\overline{8\ 5}$

q) $9)\overline{9\ 2}$

r) $7)\overline{8\ 5}$

s) $3)\overline{8\ 1}$

t) $2)\overline{9\ 4}$

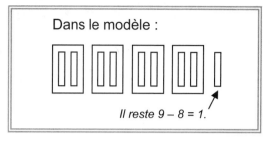

Étape 3 :

Il y a 9 blocs de dizaines. Manuel en a placé 8.

Il soustrait pour trouver combien il en reste (9 − 8 = 1).

Dans le modèle :

Il reste 9 − 8 = 1.

6. Utilise, pour chaque question, les trois premières étapes de la longue division.

a)   b)   c)   d)   e)

8) 9 5   2) 7 5   4) 6 1   3) 8 3   3) 4 5

f)   g)   h)   i)   j)

5) 8 9   6) 9 3   3) 8 7   5) 7 1   4) 8 2

Étape 4 :

Il reste un bloc de dizaines et 7 unités, donc 17 unités. Manuel écrit un 7 à côté du 1 pour le démontrer :

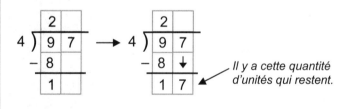

Il y a cette quantité d'unités qui restent.

Dans le modèle :

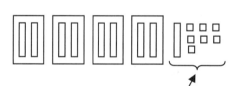

Il reste encore 17 unités à placer dans les 4 groupes.

7. Utilise les quatre premières étapes de la longue division pour résoudre les problèmes suivants :

a)   b)   c)   d)   e)

5) 7 5   3) 5 7   4) 9 3   2) 7 3   5) 9 6

f)   g)   h)   i)   j)

9) 9 3   4) 7 6   8) 9 8   7) 9 1   8) 9 6

Logique numérale 1

Étape 5 :

Manuel trouve le nombre d'unités qu'il peut placer dans chaque groupe en divisant 17 par 4.

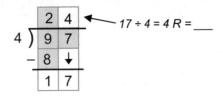

17 ÷ 4 = 4 R = ___

Dans le modèle :

?

Comment peux-tu trouver combien d'unités il reste?

8. Utilise les cinq premières étapes de la longue division pour résoudre les problèmes suivants :

a) 4) 9 6

b) 5) 8 5

c) 2) 7 5

d) 3) 5 1

e) 5) 7 2

f) 7) 8 5

g) 2) 9 5

h) 8) 9 6

i) 3) 9 2

j) 2) 9 3

Étapes 6 et 7 :

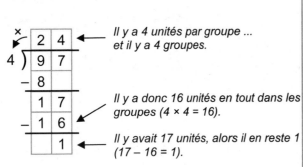

Il y a 4 unités par groupe ... et il y a 4 groupes.

Il y a donc 16 unités en tout dans les groupes (4 × 4 = 16).

Il y avait 17 unités, alors il en reste 1 (17 – 16 = 1).

Dans le modèle :

*Il y a 16 unités dans les groupes, alors il reste 1 unité : **17 – 16 = 1.***

L'énoncé de division et le modèle montrent que Manuel peut donner 24 oranges à chaque classe avec une de reste.

9. Utilise toutes les sept étapes de la longue division pour résoudre les problèmes suivants :

a)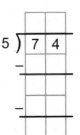
5) 7 4

b)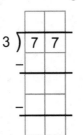
3) 7 7

c)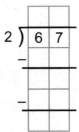
2) 6 7

d)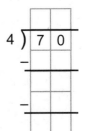
4) 7 0

e)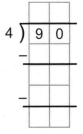
4) 9 0

f)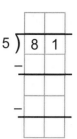

5) 8 1

g)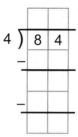

4) 8 4

h)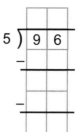

5) 9 6

i)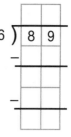

6) 8 9

j)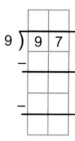

9) 9 7

k)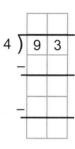

4) 9 3

l)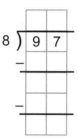

8) 9 7

m)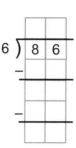

6) 8 6

n)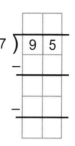

7) 9 5

o)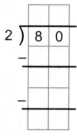

2) 8 0

10. Avi met 98 fleurs dans des bouquets contenant 8 fleurs chacun. Combien de fleurs lui reste-t-il?

11. Combien de semaines y a-t-il dans 93 jours?

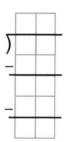

12. Michelle coure 3 km tous les jours. En combien de jours peut-elle courir 45 km?

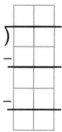

13. Une piscine à 6 côtés a un périmètre de 72 m. De quelle longueur est chaque côté?

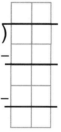

14. Guerdy met 85 livres dans des boîtes de 6, et Tyree met 67 livres dans des boîtes de 4. Qui utilise le plus de boîtes?

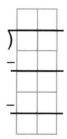

1. Trouve 335 ÷ 2 en dessinant un modèle de base dix et en effectuant une longue division.

    __Étape 1__ : *Dessine un modèle de base dix pour 335.*

      Dessine ton modèle ici.

    __Étape 2__ : *Divise les blocs de centaines en 2 groupes égaux.*

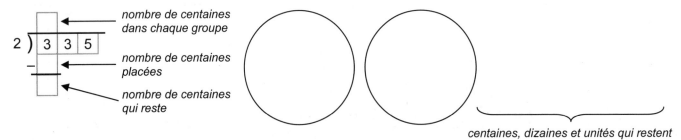

centaines, dizaines et unités qui restent

    __Étape 3__ : *Échange la centaine qui reste pour 10 dizaines.*

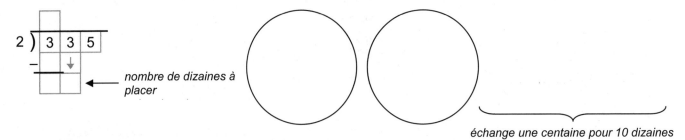

échange une centaine pour 10 dizaines

    __Étape 4__ : *Divise les blocs de dizaines en 2 groupes égaux.*

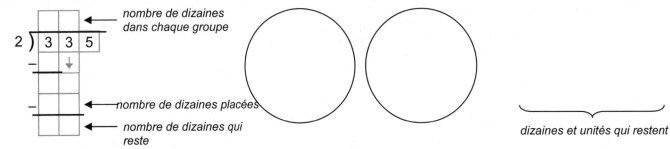

dizaines et unités qui restent

    __Étape 5__ : *Échange le bloc de dizaines qui reste pour 10 unités.*

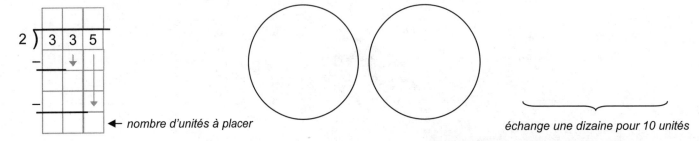

échange une dizaine pour 10 unités

(suite)

<u>Étapes 6 et 7</u> :   *Divise les unités en 2 groupes égaux.*

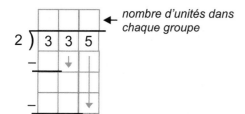

→ *nombre d'unités dans chaque groupe*

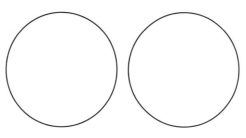

← *nombre d'unités placées*
← *nombre d'unités qui reste*

unités qui restent

2. Divise :

a)   b)   c)   d)

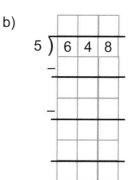   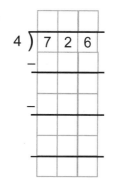   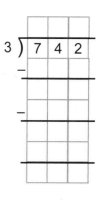

e)   f)   g)   h)

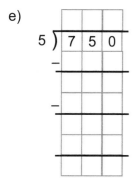   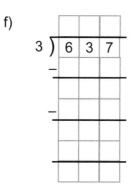   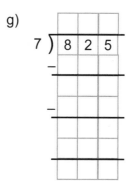   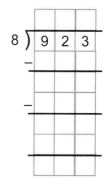

i)   j)   k)   l)

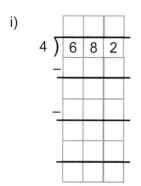   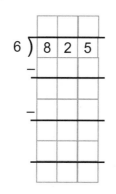   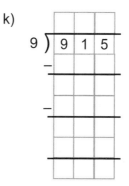   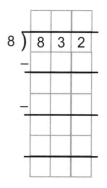

3. Dans chaque question ci-dessous, il y a moins de centaines que de nombre de groupes. Écris un « 0 » dans la place des centaines pour montrer que tu ne peux pas placer les centaines dans des groupes égaux. Fais ensuite la division comme si les centaines avaient été regroupées en dizaines.

Divise. Le premier est déjà fait pour toi.

a)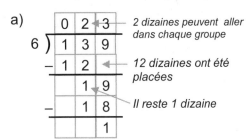

b)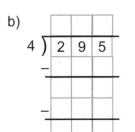

c)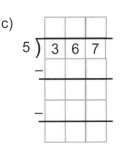

d)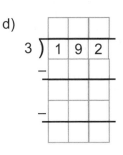

e)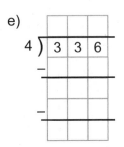

f)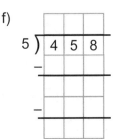

g)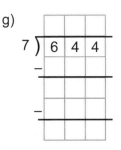

h)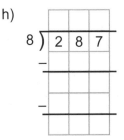

i)

4. Divise.

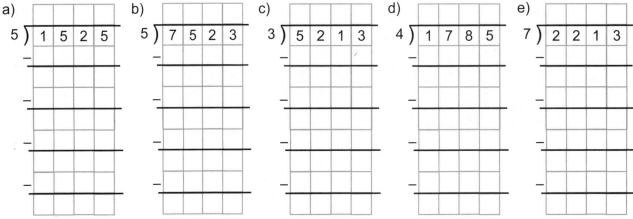

a) 5) 1 5 2 5

b) 5) 7 5 2 3

c) 3) 5 2 1 3

d) 4) 1 7 8 5

e) 7) 2 2 1 3

5. Ken nage 4 longueurs de la piscine. En tout, il nage 144 mètres. De quelle longueur est la piscine?

6. Le périmètre d'un parc de forme hexagonale est de 852 km. De quelle longueur est chaque côté du parc?

7. Sept amis ramassent 2 744 livres pour une œuvre de charité. Chaque ami ramasse le même nombre de livres. Combien de livres chaque ami a-t-il ramassé?

Réponds aux questions suivantes dans ton cahier.

1. Une classe paie 20 $ pour un gâteau et 4 $ par enfant pour une pointe de pizza.

   En tout ils ont payé 140 $.

   Combien d'enfants y a-t-il dans la classe?

2. Fais autant de nombres à 3 chiffres que tu peux avec les chiffres 5, 1 et 0 (n'utilise chaque chiffre qu'une fois).

   Lesquels de tes nombres sont divisibles par :

   a) 2   b) 5

   c) 10   d) 3

3. Ce nombre a …

   • un reste de 2 quand il est divisé par 3
   • un reste de 4 quand il est divisé par 5

   Quel est ce nombre?

4. Raj veut diviser 24 abricots, 64 raisins et 56 arachides en sacs égaux (sans qu'il n'en reste).

   Quel est le plus grand nombre de sacs qu'il peut faire?

   Explique.

Dans les questions ci-dessous, tu devras interpréter ce que veut dire le reste.

Exemple : Cindy veut mettre 64 biscuits dans des plateaux. Chaque plateau peut contenir 5 biscuits.

Combien lui faudra-t-il de plateaux?

64 ÷ 5 = 12 reste 4

Il lui faudra 13 plateaux (elle aura aussi besoin d'un plateau pour les 4 biscuits qui restent).

5. Une voiture peut contenir 5 passagers.

   Combien de voitures faudrait-il pour 29 passagers?

6. Manu colorie 4 images dans son cahier d'images à chaque jour.

   Combien de jours lui faudra-t-il pour colorier 50 images?

7. Jay partage 76 prunes de façon aussi égale que possible parmi 9 amis.

   Combien de prunes chaque ami recevra-t-il?

8. Siru veut mettre ses timbres dans un album.

   Chaque page peut contenir 9 timbres.

   Combien de pages lui faudra-t-il pour 95 timbres?

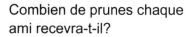

Réponds aux questions suivantes dans ton cahier.

1.  Un autobus peut transporter 36 étudiants.
   Combien d'étudiants est-ce que 25 autobus peuvent transporter?

2. Une couleuvre pond au moins 3 œufs et pas plus de 40 œufs.

   Quel est le plus petit nombre d'œufs que 6 couleuvres pourraient pondre? Quel est le plus grand nombre?

3. Si 2 crayons coûtent 17 ¢, combien cela coûterait pour 8 crayons? Montre ton travail.

4. Si un livre coûte 19 $, combien cela coûterait pour 7 livres?

5. La cicindèle est l'insecte le plus rapide sur terre. Elle peut parcourir 9 km en une heure.

   Combien de mètres pourrait-elle parcourir en une demi-heure?

6. Crée un problème de division pour aller avec l'énoncé de division suivant :

   $$72 \div 8$$

7. Quel est le plus petit nombre de pommes entières que tu peux partager de façon égale parmi 2, 3 ou 4 personnes?

8. a) Alice a entre 20 et 40 ans. L'année dernière, son âge était un multiple de 4. Cette année, il est un multiple de 5. Quel âge a Alice?

   b) George a entre 30 et 50 ans. L'année dernière, son âge était un multiple de 6. Cette année, il est un multiple de 7. Quel âge a George?

9. Nandita a fait 24 fois le tour de la piste de son école. La piste mesure 75 mètres de long.

   a) Quelle distance a-t-elle couru?

   b) Quelle distance doit-elle courir de plus si elle veut faire 2 000 mètres?

   c) Cela fait combien de tours de piste de plus?

10. Si 3 CD coûtent 23 $, calcule le coût de 12 CD.

11. Quel chiffre pourrais-tu mettre dans la boîte? Explique.

    $\boxed{}\,\mathbf{569} \div \mathbf{6}$ est environ 400.

12. Trois facteurs ont livré des nombres différents de lettres en une semaine :

    - Carl :   2 624 lettres
    - Sally :   1 759 lettres
    - Selma : 3 284 lettres

    Un des facteurs a-t-il livré plus de la moitié du nombre total de lettres?

NS5-44 : Arrondir sur une droite numérique

1. Fais une flèche vers le 0 ou le 10 pour montrer si le nombre encerclé est plus près de **0 ou de 10** :

a)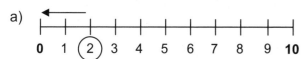

b)

c)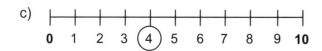

d)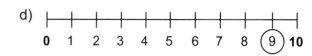

2. a) Quels nombres à un chiffre sont plus près de i) 0? _____ ii) 10? _____

   b) Pourquoi 5 est-il un cas spécial? _____

3. Fais une flèche pour montrer à quel multiple de dix tu arrondirais.

   Arrondis ensuite chaque nombre à la dizaine près.

a)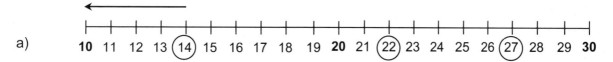

   Arrondis à :   _____10_____   _____   _____

b)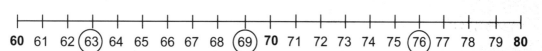

   Arrondis à :   _____   _____   _____

c)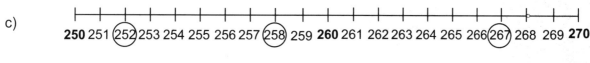

   Arrondis à : _____   _____   _____

4. Encercle la bonne réponse.

   a) 29 est plus près de 20 ou 30   b) 14 est plus près de 10 ou 20

   c) 36 est plus près de 30 ou 40   d) 72 est plus près de 70 ou 80

   e) 254 est plus près de 250 ou 260   f) 488 est plus près de 480 ou 490

5. Fais une flèche pour montrer si le nombre encerclé est plus près de 0 ou de 100 :

a)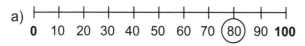

b)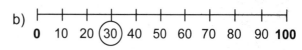

6. Est-ce que 50 est plus près de 0 ou de 100? Pourquoi 50 est-il un cas spécial?

_____

Logique numérale 1

NS5-44 : Arrondir sur une droite numérique *(suite)*

7. Encercle la bonne réponse.

   a) 80 est plus près de : 0 ou 100

   c) 40 est plus près de : 0 ou 100

   b) 20 est plus près de : 0 ou 100

   d) 60 est plus près de : 0 ou 100

8. Montre la position approximative de chaque nombre sur la droite numérique. À quel multiple de 100 l'arrondirais-tu?

   a) 627   b) 683   c) 795   d) 706

   Arrondis à : _____

9. Encercle la bonne réponse.

   a) 165 est plus près de : 100 ou 200

   c) 870 est plus près de : 800 ou 900

   b) 635 est plus près de : 600 ou 700

   d) 532 est plus près de : 500 ou 600

10. Fais une flèche pour montrer si le nombre encerclé est plus près de 0 ou de 1 000.

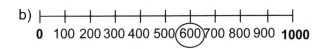

11. Encercle la bonne réponse.

   a) 100 est plus près de 0 ou 1000   b) 900 est plus près de 0 ou 1000   c) 600 est plus près de 0 ou 1 000

12. Fais une flèche pour montrer à quel multiple de 1 000 tu arrondirais le nombre dans le cercle.

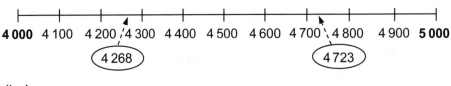

   Arrondis à : _____   _____

13. Encercle la bonne réponse.

   a) 2 953 est plus près de : 2 000 ou 3 000

   c) 5 521 est plus près de : 5 000 ou 6 000

   b) 7 293 est plus près de : 7 000 ou 8 000

   d) 8 232 est plus près de : 8 000 ou 9 000

14. Écris une règle pour arrondir un nombre à quatre chiffres au millier près.

NS5-45 : Arrondir

1. Arrondis à la **dizaine** près.

   a) 22 [ ]   b) 26 [ ]

   c) 73 [ ]   d) 58 [ ]

   e) 94 [ ]   f) 83 [ ]

   g) 15 [ ]   h) 49 [ ]

   i) 27 [ ]   j) 37 [ ]   k) 91 [ ]

   > **SOUVIENS-TOI :**
   >
   > Si le chiffre des unités est :
   >
   > 0, 1, 2, 3 ou 4 – arrondis vers le bas
   >
   > 5, 6, 7, 8 ou 9 – arrondis vers le haut

2. Arrondis à la **dizaine** près. Souligne le chiffre des dizaines en premier. Mets ensuite ton crayon sur le chiffre à sa droite (le chiffre des unités). C'est ce chiffre qui te dit d'arrondir vers le haut ou vers le bas.

   a) 14$\underline{5}$ ↓ [150]   b) 183 [ ]   c) 361 [ ]

   d) 342 [ ]   e) 554 [ ]   f) 667 [ ]

   g) 656 [ ]   h) 847 [ ]   i) 938 [ ]

3. Arrondis les nombres suivants à la **centaine** près. Souligne le chiffre des centaines en premier. Mets ensuite ton crayon sur le chiffre à sa droite (le chiffre des dizaines).

   a) ↓ $\underline{7}$30 [700]   b) 490 [ ]   c) 540 [ ]

   d) 270 [ ]   e) 167 [ ]   f) 317 [ ]

   g) 160 [ ]   h) 873 [ ]   i) 791 [ ]

   j) 6 $\underline{2}$37 [6 200]   k) 1 286 [ ]   l) 8 218 [ ]

   m) 4 905 [ ]   n) 6 321 [ ]   o) 9 583 [ ]

4. Arrondis les nombres suivants au **millier** près. Souligne le chiffre des milliers en premier. Mets ensuite ton crayon sur le chiffre à sa droite (le chiffre des centaines).

   a) ↓ $\underline{7}$ 872 [8 000]   b) 8 952 [ ]   c) 5 231 [ ]

   d) 3 092 [ ]   e) 3 871 [ ]   f) 1680 [ ]

1. Souligne le chiffre auquel tu veux arrondir. Dis ensuite s'il faut arrondir vers le haut ou vers le bas.

a) *centaines*

7	3	2	5

vers le haut
(vers le bas)

b) *centaines*

6	5	6	3

vers le haut
vers le bas

c) *dizaines*

3	8	5	2

vers le haut
vers le bas

d) *milliers*

7	2	8	5	3

vers le haut
vers le bas

e) *dizaines de milliers*

5	7	6	3	4

vers le haut
vers le bas

f) *dizaines de milliers*

2	3	5	5	9

vers le haut
vers le bas

2. Complète les étapes pour arrondir indiquées dans la question 1. Suis ensuite les étapes ci-dessous.

Arrondis le chiffre souligné vers le haut ou vers le bas.
- Arrondir vers le haut : additionne 1 au chiffre
- Arrondir vers le bas : le chiffre ne change pas

2	3	4	5
	3		

h
b

Les chiffres à la droite du chiffre arrondi deviennent des zéros.

Les chiffres à la gauche ne changent pas.

2	3	4	5
2	3	0	0

h
b

a) *milliers*

7	3	2	0	1

h
b

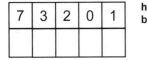

b) *dizaines de milliers*

3	5	8	3	5

h
b

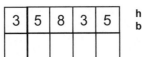

c) *centaines*

9	4	2	1	7

h
b

d) *centaines*

2	8	6	8	1

h
b

e) *dizaines*

5	2	3	7	2

h
b

f) *dizaines de milliers*

8	3	9	2	1

h
b

3. Parfois, quand tu arrondis, tu dois regrouper.

Exemple :
Arrondis 3985 à la centaine près.

3	9	8	5
		10	

985 s'arrondit à 1 000.

3	9	8	5
4	0		

Regroupe les 10 centaines en 1 (millier) et additionne-le au 3 (milliers).

3	9	8	5
4	0	0	0

Finis d'arrondir.

Arrondis chaque nombre au chiffre donné (regroupe si tu dois).

a) 2195   *dizaines*   b) 3942   *centaines* c) 9851   *milliers*   d) 13291   *dizaines*

e) 4921   *centaines* f) 6973   *centaines* g) 1239   *dizaines*   h) 7896   *dizaines*

NS5-47 : Estimer les sommes et les différences

1. Estime en arrondissant à la dizaine près.

> ≈ ← *Les mathématiciens utilisent ce symbole pour indiquer « **à peu près égal à** ».*

a) 42 → 40
   + 23 → + 20
   _____
        60

b) 28 → ☐
   + 54 → + ☐

c) 62 → ☐
   − 19 → − ☐

d) 87 → ☐
   − 57 → − ☐

e) 73 + 17 ≈ __70 + 20 = 90__

f) 89 − 46 ≈ _____

g) 16 + 34 ≈ _____

h) 63 + 26 ≈ _____

i) 82 + 47 ≈ _____

j) 46 − 17 ≈ _____

k) 48 + 27 ≈ _____

l) 76 + 14 ≈ _____

m) 62 − 47 ≈ _____

2. Estime en arrondissant à la centaine près.

a) 290 → 300
   + 360 → + 400
   _____
        700

b) 390 → ☐
   + 460 → + ☐

c) 620 → ☐
   − 180 → − ☐

d) 840 → ☐
   − 550 → − ☐

e) 680 + 160 ≈ _____

f) 470 − 220 ≈ _____

g) 610 + 240 ≈ _____

h) 840 + 180 ≈ _____

i) 670 + 340 ≈ _____

j) 941 − 463 ≈ _____

k) 126 + 567 ≈ _____

l) 523 + 285 ≈ _____

3. Estime en arrondissant au millier ou à la dizaine de milliers près.

a) 1 275 → 1 000
   + 3 940 → + 4 000
   _____
        5 000

b) 6 231 → ☐
   − 4 123 → − ☐

c) 7 537 → ☐
   + 6 425 → + ☐

d) 29 753 → ☐
   − 23 123 → − ☐

4. Arrondis à la centaine près. Trouve ensuite la somme ou la différence.

a) 9 232 + 1 503 ≈ _____

b) 4 692 − 1 931 ≈ _____

c) 64 857 − 42 345 ≈ _____

Réponds aux questions suivantes dans ton cahier.

1. Terre-Neuve s'est jointe au Canada en 1949.

   Le Yukon s'est joint en 1889.

   Environ combien d'années après le Yukon Terre-Neuve s'est-elle jointe au Canada?

   Territoire du Yukon **Terre-Neuve**

2. La superficie de l'Île-du-Prince-Édouard est de 5 660 km² et celle de la Nouvelle-Écosse est de 55 284 km². Estime la différence.

   Île-du-Prince-Édouard **Nouvelle-Écosse**

3. La population des Territoires du Nord-Ouest est de 42 000. La population du Nunavut est de 29 400.

   Estime la différence entre les deux populations.

   Territoires du Nord-Ouest **Nunavut**

4. Le Manitoba s'est joint au Canada en 1870.

   Est-ce que « 1870 » est une date exacte ou une estimation?

   Manitoba

5. Un almanach indique que la population du Nouveau-Brunswick est de 750 000, et que celle de la Nouvelle-Écosse est de 936 900.

   À quels chiffres ces nombres ont-ils été arrondis? Explique.

   Nouveau-Brunswick **Nouvelle-Écosse**

6. Pour estimer la différence entre 1675 et 1432, devrais-tu arrondir les nombres au millier près ou à la centaine près?

   Justifie ta réponse.

7. Un magasin d'équipements sportifs vend les articles suivants :

   A. Bicyclette **B.** Ensemble de golf **C.** Raquette de tennis **D.** Skis **E.** Patins à roues alignées
   472 $ 227 $ 189 $ 382 $ 112 $

   a) Que pourrais-tu acheter si tu avais 800 $ à dépenser? Estime pour trouver la réponse. Ensuite additionne les prix actuels.
   b) Fais une nouvelle liste d'articles que tu pourrais acheter.

NS5-49 : Multiplier par 10, 100, 1 000 et 10 000

1. a) Compte par bonds de 10 <u>douze</u> fois. Quel nombre as-tu atteint? _____

   b) Trouve le produit : 10 × 12 = _____

   c) Compte par bonds de 100 douze fois. Quel nombre as-tu atteint? _____

   d) Trouve le produit : 100 × 12 = _____

2. Combien de zéros ajoutes-tu à un nombre quand tu multiplies le nombre par ...

   a) 10 : Tu ajoutes _____ zéro.　b) 100 : Tu ajoutes _____ zéros.　c) 1 000 : Tu ajoutes _____ zéros.

3. Continue la régularité.

   a)　　10 × 8 = _____　　　b)　　10 x 25 = _____　　　c)　　10 x 62 = _____

   　　100 × 8 = _____　　　　　100 × 25 = _____　　　　　100 × 62 = _____

   　　1 000 × 8 = _____　　　　1 000 × 25 = _____　　　　1 000 × 62 = _____

   　10 000 × 8 = _____　　　10 000 × 25 = _____　　　10 000 × 62 = _____

4. Trouve les produits.

   a)　　17 × 10 = _____　　　b)　　10 × 50 = _____　　　c)　　10 × 97 = _____

   d)　　69 × 100 = _____　　e)　　20 × 100 = _____　　f)　　19 × 100 = _____

   g)　　100 × 89 = _____　　h)　　37 × 100 = _____　　i) 46 × 10 000 = _____

5. Arrondis chaque nombre au chiffre le plus significatif (le plus à gauche).
   Trouve ensuite le produit des nombres arrondis.

   chiffre le plus significatif

   a) 　b) 12 × 22　c) 13 × 79　d) 11 × 64　e) 59 × 110　f) 91 × 120

10 × 80
= 800

=

=

=

=

=

6. Combien de chiffres y aura-t-il dans la réponse? Écris ta réponse dans la boîte.

   a) (2 + 5) × 100 : chiffres　b) (7 + 5) × 100 : chiffres　c) (5 + 69) × 1000 : ☐ chiffres

NS5-50 : Autres méthodes d'estimation

1. Nadia tient compte de ses estimations quand elle arrondit, pour voir si elles sont trop hautes ou trop basses.

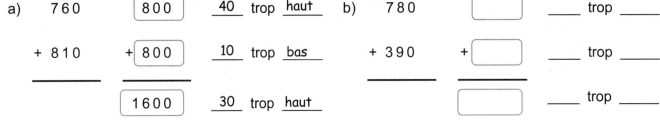

a)
```
   760        800      40  trop  haut
 + 810      + 800      10  trop  bas
 _____    _____
             1600      30  trop  haut
```

b)
```
   780        ▢      ___  trop ___
 + 390      + ▢      ___  trop ___
 _____    _____
             ▢      ___  trop ___
```

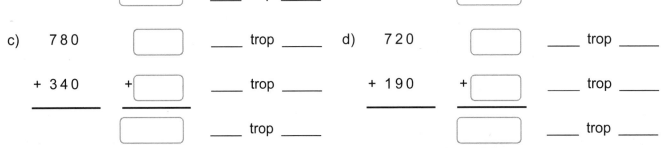

c)
```
   780        ▢      ___  trop ___
 + 340      + ▢      ___  trop ___
 _____    _____
             ▢      ___  trop ___
```

d)
```
   720        ▢      ___  trop ___
 + 190      + ▢      ___  trop ___
 _____    _____
             ▢      ___  trop ___
```

2. Dis si tu penses que l'estimation est trop haute ou trop basse. Additionne ensuite les nombres pour voir si tu as raison.

   a) 325 + 630   Estimation : 900

   b) 485 + 212   Estimation : 700

3. Si tu utilises la méthode d'**estimation initiale**, tu ignores tout sauf le premier chiffre du nombre.

   $$③52 + ④10 = ③00 + ④00 = ⑦00$$

   Estime en utilisant la méthode d'estimation initiale.

   a) 385 + 204   b) 427 + 631   c) 782 + 541

4. Il est parfois possible de faire une bonne estimation si tu arrondis un des nombres vers le haut et l'autre vers le bas.

Exemple :	Réponse actuelle	Arrondi à la centaine près	Estimation initiale	Nombres arrondis vers le haut et vers le bas
763 + 751	1514	1 600	1 400	1 500

Cette méthode donne le meilleur résultat.

   Laquelle des méthodes ci-dessus donne le meilleur résultat pour les sommes et différences suivantes?

   a) 796 + 389   b) 648 + 639   c) 602 + 312   d) 687 − 235   e) 4 382 − 2 871

5. Écris une question de soustraction où l'estimation initiale donne …

   a) un meilleur résultat que d'arrondir

   b) un moins bon résultat que d'arrondir

   c) le même résultat que d'arrondir

Logique numérale 1

Réponds aux questions suivantes dans ton cahier.

1. Explique pourquoi 800 ÷ 20 = 80 ÷ 2.

2. Trouve les produits et quotients en arrondissant les deux nombres au chiffre le plus significatif.

> *Exemple* : 572 ÷ 19
> ≈ 600 ÷ 20 = 30

   a) 537 ÷ 9   b) 2 341 ÷ 39   c) 571 × 27

   d) 934 ÷ 28   e) 387 × 19   f) 3 872 × 8

   g) 4 927 ÷ 48   h) 275 ÷ 32   i) 275 × 32

3. Trouve les quotients en arrondissant le premier nombre à la dizaine près.

> *Exemple* :   476 ÷ 6
> ≈ 480 ÷ 6 = 80

   a) 357 ÷ 6   b) 242 ÷ 6   c) 747 ÷ 5

   d) 207 ÷ 3   e) 478 ÷ 8   f) 212 ÷ 7

   g) 275 ÷ 4   h) 539 ÷ 6   i) 361 ÷ 9

4. Double le nombre dans la boîte et le nombre dans le cercle.

$$\boxed{20} \div \enclose{circle}{5} = \quad 40 \quad \div \quad 10$$

   Explique pourquoi le quotient demeure le même.
   (INDICE : Compare les résultats quand 5 personnes se partagent 20 $ et 10 personnes se partagent 40 $.)

   Estime en doublant les deux nombres.

> *Exemple* : 142 ÷ 5
> = 284 ÷ 10 ≈ 28

   a) 234 ÷ 5   b) 425 ÷ 5   c) 2 312 ÷ 5

6. Estime en trouvant des paires de nombres qui égalent environ 100 quand ils sont additionnés.

> *Exemple* : 2 3 5 + 3 4 8 + 2 6 2 + 4 5 3
> = 200 + 300 + 200 + 400 + 100 + 100

   a) 341 + 120 + 679 + 258

   b) 254 + 318 + 348 + 583

7. Carla a multiplié un nombre à 3 chiffres par un nombre à 1 chiffre.
   Le résultat était environ 1 000.

   Dis quels nombres elle a pu utiliser.

8. Explique comment tu pourrais estimer le nombre de mots dans un livre.

NS5-52 : Compter des pièces de monnaie

1. Compte par le premier nombre donné, et ensuite le nombre indiqué après la ligne verticale.

a) <u>5</u> , ___ , ___ , ___ , ___ | ___ , ___ , ___

    Compte par 5   *Continue de compter par 1*

b) <u>5</u> , ___ , ___ , ___ | ___ , ___ , ___

    Compte par 5   *Continue de compter par 1*

2. Complète chaque régularité.

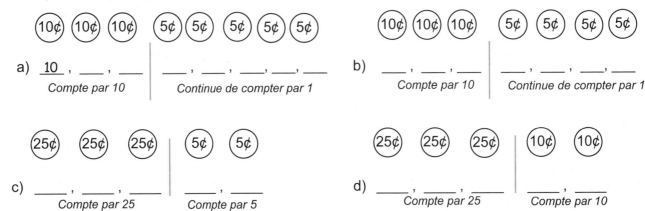

a) <u>10</u> , ___ , ___ | ___ , ___ , ___ , ___ , ___

    Compte par 10   *Continue de compter par 1*

b) ___ , ___ , ___ | ___ , ___ , ___ , ___

    Compte par 10   *Continue de compter par 1*

c) ___ , ___ , ___ | ___ , ___

    Compte par 25   *Compte par 5*

d) ___ , ___ , ___ | ___ , ___

    Compte par 25   *Compte par 10*

3. Complète chaque régularité.

a) <u>25</u> , <u>50</u> , <u>75</u> | <u>80</u> , <u>85</u> | <u>86</u>

    Compte par 25   *Compte par 5*   *Compte par 1*

b) ___ , ___ | ___ , ___ | ___ , ___ , ___

    Compte par 25   *Compte par 10*   *Compte par 1*

c) ___ , ___ | ___ , ___ | ___ , ___

    Compte par 25   *Compte par 10*   *Compte par 5*

d) ___ , ___ , ___ | ___ , ___ | ___ , ___

    Compte par 25   *Compte par 10*   *Compte par 1*

BONUS

___ , ___ | ___ , ___ , ___ | ___ , ___ | ___ , ___ , ___ , ___

    Compte par 25   *Compte par 10*   *Compte par 5*   *Compte par 1*

4. Complète chaque régularité en comptant par le nombre donné sur la première pièce de monnaie, et ensuite par les nombres donnés sur les pièces de monnaie suivantes.

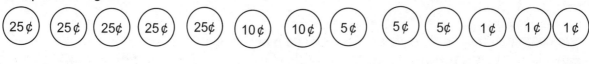

a) <u>10</u> , <u>20</u> , <u>25</u> , <u>30</u> , <u>31</u> , <u>32</u>

b) ___ , ___ , ___ , ___ , ___ , ___

BONUS
Complète la régularité.

___ , ___ , ___ , ___ , ___ , ___ , ___ , ___ , ___ , ___ , ___ , ___ , ___

5. Complète la régularité en comptant par le nombre donné.

a)

___10___ , ___20___ , ___30___ | ___35___ , ___40___ | ___41___

Compte par 10 | *Compte par 5* | *Compte par 1*

b)

____ , ____ | ____ , ____ | ____ , ____ , ____

Compte par 25 | *Compte par 5* | *Compte par 1*

c)

____ , ____ | ____ , ____ | ____ , ____

Compte par 25 | *Compte par 10* | *Compte par 1*

d)

____ , ____ , ____ | ____ , ____ | ____ , ____

Compte par 25 | *Compte par 10* | *Compte par 5*

BONUS

e)

____ , ____ | ____ , ____ , ____ | ____ , ____ | ____ , ____ , ____ , ____

Compte par 25 | *Compte par 10* | *Compte par 5* | *Compte par 1*

6. Écris le montant total d'argent, en cents, pour le nombre de pièces de monnaie dans les tableaux.
   INDICE : Compte le plus grand montant en premier.

a)

5 ¢	1 ¢
6	7

Montant total = _____

b)

25 ¢	10 ¢
3	2

Montant total = _____

c)

25 ¢	5 ¢
5	5

Montant total = _____

d)

25¢	5 ¢	1 ¢
4	2	4

Montant total = _____

e)

25 ¢	10 ¢	5 ¢
6	3	7

Montant total = _____

f)

25 ¢	10 ¢	5 ¢	1 ¢
2	3	1	5

Montant total = _____

g)

25 ¢	10 ¢	5 ¢	1 ¢
5	2	2	2

Montant total = _____

7. Compte les pièces de monnaie données et écris le montant total.
   INDICE : Compte le plus grand montant en premier.

a) Montant total = _____

b) Montant total = _____

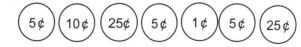

c) Montant total = _____

d) Montant total = _____

BONUS

e) Montant total = _____

NS5-53 : Compter par différentes dénominations

1. Dessine les pièces de monnaie qui manquent pour obtenir chaque total.

a)	Combien de 10 ¢?
(10¢) (10¢) (10¢) + = 50 ¢	

b)	Combien de 25 ¢?
(25¢) (5¢) + = 80 ¢	

c)	Combien de 10 ¢?
(25¢) (25¢) + = 70 ¢	

d)	Combien de 25 ¢?
(25¢) (10¢) + = 85 ¢	

2. Dessine les pièces de monnaie <u>additionnelles</u> dont tu as besoin pour obtenir chaque total.
   Tu peux utiliser seulement **deux** pièces pour chaque question.

a) 26 ¢ (10¢) (10¢)	b) 50 ¢ (25¢) (10¢)
c) 45 ¢ (25¢) (10¢)	d) 85 ¢ (25¢) (25¢)
e) 31 ¢ (10¢) (1¢)	f) 65 ¢ (25¢) (25¢)
g) 105 ¢ (25¢) (25¢) (25¢)	h) 95 ¢ (25¢) (25¢) (25¢)
i) 5 $ (2 $)	j) 7 $ (2 $) (2 $)
k) 3 $ (1 $)	l) 10 $ (2 $) (2 $) (2 $) (1 $)
m) 131 ¢ (1 $) (5¢)	n) 340 ¢ (2 $) (1 $) (25¢)

3. Fais un dessin pour montrer le plus petit nombre de pièces possible dont l'enfant a besoin pour acheter les articles.

   a) Ron a 25 ¢. Il veut acheter une gomme à effacer pour 55 ¢.

   b) Alain a trois 25 ¢, un 10 ¢ et un 5 ¢. Il veut acheter un cahier pour 97 ¢.

   c) Jane a 2 pièces de 2 $ et 2 pièces de 1 $. Elle veut acheter une plante pour dix dollars.

   d) Raiz a trois 2 $ et un 1 $. Il veut acheter un livre pour neuf dollars et quarante-cinq cents.

4. Montre comment tu peux faire 80 ¢ en utilisant seulement :

   a) des 10 cents et des 25 cents   b) des 5 cents et des 25 cents

5. Écris un problème comme l'un de ceux dans la question 3, et échange-le avec un camarade de classe.

NS5-54 : Le moins de pièces de monnaie possible

1. Quel est le plus grand montant que tu pourrais payer en pièces de 25 cents, sans dépasser le montant? Dessine des pièces de 25 ¢ pour montrer ta réponse.

Montant	Plus grand montant que tu pourrais payer en pièces de 25 ¢	Montant	Plus grand montant que tu pourrais payer en pièces de 25 ¢
a) 45 ¢		b) 52 ¢	
c) 79 ¢		d) 83 ¢	
e) 63 ¢		f) 64 ¢	
g) 49 ¢		h) 31 ¢	
i) 82 ¢		j) 96 ¢	

2. Trouve le plus grand montant que tu pourrais payer en pièces de 25 ¢.
   Représente le montant qui reste en utilisant le moins de pièces de monnaie possible.

Montant	Montant payé en pièces de 25 ¢	Montant qui reste	Montant qui reste en pièces de monnaie
a) 82 ¢	75 ¢	82 ¢ - 75 ¢ = 7 ¢	(5¢) (1¢) (1¢)
b) 57 ¢			
c) 85 ¢			
d) 95 ¢			

3. Échange des pièces pour obtenir chaque montant avec le moins de pièces possible.
   Fais un dessin dans ton cahier pour montrer ta réponse finale.

a) (5¢) (5¢) (10¢) (10¢)   b) (25¢) (25¢) (25¢) (25¢)   c) (5¢) (5¢) (10¢) (1 $)

d) (10¢) (10¢) (5¢) (1 $)   e) (25¢) (5¢) (10¢) (10¢) (25¢) (2 $) (25¢) (25¢)

f) (10¢) (10¢) (5¢) (1 $) (10¢) (1 $) (1 $) (10¢) (1¢) (1¢) (1¢) (5¢)

4. Montre comment tu pourrais échanger les montants suivants pour le moins de pièces possible.

   a) six pièces de 25 ¢   b) six 10 ¢ et deux 5 ¢   c) huit pièces de 1 $

   d) neuf pièces de 1 $ et cinq 5 ¢   e) dix pièces de 1 $, six 10 ¢, deux 5 ¢ et cinq 1 ¢

Logique numérale 1

NS5-55 : Écrire les dollars et les cents

1. Écris le montant d'argent donné en dollars, 10 cents et cents, et ensuite sous forme de notation décimale.

	Dollars	10 ¢	1 ¢	Montant en $			Dollars	10 ¢	1 ¢	Montant en $
a) 173 ¢	1	7	3	0,73 $	b) 465 ¢					
c) 62 ¢					d) 2 ¢					

2. Écris le montant en cents, et ensuite sous forme de notation décimale.

a) sept 1 ¢ = ___7 ¢___ = ___0,07 $___   b) quatre 5 ¢ = _____ = _____   c) six 10 ¢ = _____ = _____

d) quatre 1 ¢ = _____ = _____   e) treize 1 ¢ = _____ = _____   f) un 25 ¢ = _____ = _____

g) cinq 5 ¢ = _____ = _____   h) trois 25 ¢ = _____ = _____   i) huit 10 ¢ = _____ = _____

j) six 1 $ = _____ = _____   k) quatre 1 $ = _____ = _____   l) sept 1 $ = _____ = _____

3. Compte le montant total en dollars et en cents et écris-le sous forme de notation décimale (en dollars).

	Montant en dollars		Montant en cents		Total
a)	2 $ 2 $ 1 $ = _____		25 ¢ 25 ¢ 5 ¢ = _____		_____
b)	10 5 = _____		25 ¢ 10 ¢ 1 ¢ = _____		_____
c)	10 10 = _____		25 ¢ 25 ¢ 1 ¢ = _____		_____

4. Compte les pièces de monnaie et écris le montant total en dollars et en cents (notation décimale).

	Pièces		Montant en cents	Montant en dollars
a)	25 ¢ 25 ¢ 25 ¢ 25 ¢ 5 ¢		___105 ¢___	___1,05 $___
b)	25 ¢ 25 ¢ 25 ¢ 10¢ 10¢ 10¢ 5¢		_____	_____

5. Écris chaque montant en dollars (notation décimale).

a) 325 ¢ = _____   b) 20 ¢ = _____   c) 6 ¢ = _____   d) 283 ¢ = _____   e) 205 ¢ = _____

Logique numérale 1

6. Écris chaque montant en cents.

   a) 2,99 $ = _____   b) 3,43 $ = _____   c) 1,41 $ = _____   d) 0,08 $ = _____

7. Pour chaque paire, encercle le montant d'argent qui est le plus grand.

   a)   193 ¢   ou   1,96 $ b)   1,01 $ ou   103 ¢   c)   840 ¢   ou   8,04 $

8. Pour chaque paire, encercle le montant d'argent qui est le plus grand.

   a) sept dollars et soixante-cinq cents   ou   sept dollars et soixante-dix cents

   b) neuf dollars et quatre-vingt-trois cents   ou   978 ¢

   c) quinze dollars et quatre-vingts cents   ou   15,08 $

9. Compte le montant par type de dénomination et trouve ensuite le total.

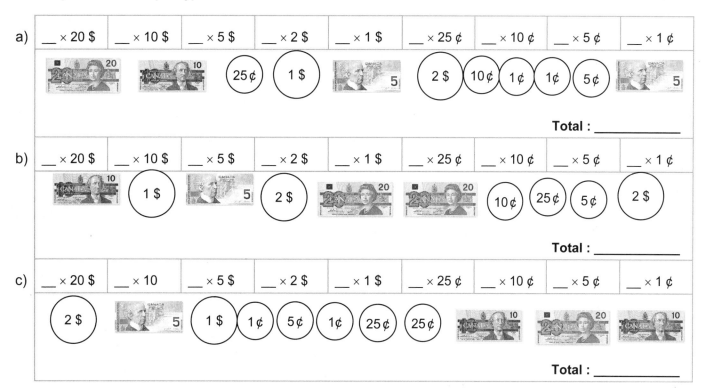

10. Quel montant est plus grand : 256 ¢ ou 2,62 $? Explique comment tu le sais.

11. Alain a acheté un ensemble de marqueurs pour 3,50 $. Il a payé avec 4 pièces. Lesquelles?

12. Tanya reçoit une allocation de 5,25 $ par semaine. Sa maman lui donne 6 pièces. Quelles pièces lui donne-t-elle? Peux-tu trouver plus d'une réponse?

13. Écris les montants suivants en mots.

   a) 3,57 $ b) 12,23 $ c) 604,80 $ d) 327,25 $ e) 26,93 $ f) 766,03 $

NS5-56 : Le moins de pièces de monnaie possible

1. Trouve le nombre de pièces dont tu as besoin pour obtenir le montant dans la colonne de droite.

   INDICE : Compte par bonds par pièces de 25 cents jusqu'à ce que tu arrives aussi près que possible du montant. Compte ensuite par pièces de 10 cents, et ainsi de suite.

	Nombre de 25 ¢	Sous-total	Nombre de 10 ¢	Sous-total	Nombre de 5 ¢	Sous-total	Nombre de 1 ¢	Montant total
a)	3	75 ¢	0	75 ¢	1	80 ¢	3	83 ¢
b)								52 ¢
c)								97 ¢
d)								23 ¢
e)								42 ¢
f)								94 ¢

2. Écris le plus grand montant que tu peux payer en billets de 20 $ sans dépasser le montant.

   a) **45 $** : _____   b) **32 $** : _____   c) **27 $** : _____   d) **48 $** : _____   e) **37 $** : _____

3. Écris le nombre de chaque type de billet (ou pièce) qu'il te faudrait pour obtenir les montants en **GRAS :**

		#	Type	#	Type	#	Type	#	Type	#	Type	#	Type
a)	**21,00 $**	0	50,00 $	1	20,00 $	0	10,00 $	0	5,00 $	0	2,00 $	1	1,00 $
b)	**30,00 $**		50,00 $		20,00 $		10,00 $		5,00 $		2,00 $		1,00 $
c)	**54,00 $**		50,00 $		20,00 $		10,00 $		5,00 $		2,00 $		1,00 $
d)	**85,00 $**		50,00 $		20,00 $		10,00 $		5,00 $		2,00 $		1,00 $
e)	**64,00 $**		50,00 $		20,00 $		10,00 $		5,00 $		2,00 $		1,00 $

4. Dessine le plus petit nombre de pièces qu'il te faudrait pour obtenir les montants suivants :

   a) 72 ¢   b) 93 ¢   c) 82 ¢   d) 52 ¢

5. Dessine le plus petit nombre de pièces et de billets qu'il te faudrait pour obtenir les montants suivants :

   a) 55,00 $ b) 67,00 $ c) 64,00 $ d) 123,00 $

   e) 62,35 $ f) 42,12 $ g) 57,61 $ h) 78,18 $

   i) 73,08 $ j) 157,50 $ k) 92,82 $ l) 85,23 $

1. Calcule la monnaie à rendre pour chaque achat.

   a) Prix d'un crayon = 44 ¢
      Montant payé = 50 ¢

      Monnaie = _____

   b) Prix d'une gomme à
      effacer = 41 ¢
      Montant payé = 50 ¢
      Monnaie = _____

   c) Prix d'un taille-crayon = 84 ¢
      Montant payé = 90 ¢

      Monnaie = _____

   d) Prix d'une règle = 53 ¢
      Montant payé = 60 ¢

      Monnaie = _____

   e) Prix d'un marqueur = 76 ¢
      Montant payé = 80 ¢

      Monnaie = _____

   f) Prix d'un cahier = 65 ¢
      Montant payé = 70 ¢

      Monnaie = _____

   g) Prix d'un dossier = 68 ¢
      Montant payé = 70 ¢

      Monnaie = _____

   h) Prix d'un jus = 49 ¢
      Montant payé = 50 ¢

      Monnaie = _____

   i) Prix d'une glace = 28 ¢
      Montant payé = 30 ¢

      Monnaie = _____

2. Compte par 10 pour trouver la monnaie à rendre pour un dollar (100 ¢)

Prix payé	Monnaie	Prix payé	Monnaie	Prix payé	Monnaie
a) 90 ¢		d) 40 ¢		g) 20 ¢	
b) 70 ¢		e) 10 ¢		h) 60 ¢	
c) 50 ¢		f) 30 ¢		i) 80 ¢	

3. Trouve la monnaie à rendre pour chaque achat.

   a) Prix d'un classeur = 80 ¢
      Montant payé = 1,00 $

      Monnaie = _____

   b) Prix d'une gomme à
      effacer = 70 ¢
      Montant payé = 1,00 $

      Monnaie = _____

   c) Prix d'une pomme = 20 ¢
      Montant payé = 1,00 $

      Monnaie = _____

   d) Prix d'un marqueur = 60 ¢
      Montant payé = 1,00 $

      Monnaie = _____

   e) Prix d'un chausson = 50 ¢
      Montant payé = 1,00 $

      Monnaie = _____

   f) Prix d'un crayon = 30 ¢
      Montant payé = 1,00 $

      Monnaie = _____

   g) Prix d'un taille-crayon = 10 ¢
      Montant payé = 1,00 $

      Monnaie = _____

   h) Prix d'un jus = 40 ¢
      Montant payé = 1,00 $

      Monnaie = _____

   i) Prix d'un popsicle = 60 ¢
      Montant payé = 1,00 $

      Monnaie = _____

4. Trouve le plus petit nombre à deux chiffres qui se termine par zéro (10, 20, 30, …) qui est <u>plus grand</u> que le nombre donné.

   a) 74 __80__   b) 56 _____   c) 43 _____   d) 28 _____   e) 57 _____   f) 4 _____

(suite)

5. *Calcule la monnaie à rendre pour les montants ci-dessous. Suis les étapes montrées pour 16 ¢.*

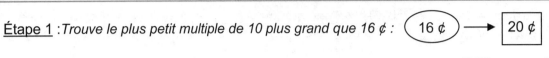

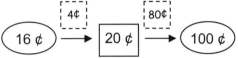

Étape 1 : *Trouve le plus petit multiple de 10 plus grand que 16 ¢ :* 16 ¢ → 20 ¢

Étape 2 : *Trouve les différences :* 20 – 16 et 100 – 20

Étape 3 : *Additionne les différences :* 4 ¢ + 80 ¢ **Monnaie = 84 ¢**

a)

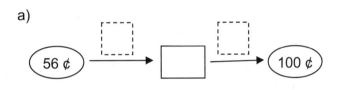

Monnaie = _____

b)

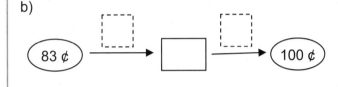

Monnaie = _____

c)

54 ¢ → □ → 100 ¢

Monnaie = _____

d)

25 ¢ → □ → 100 ¢

Monnaie = _____

e)

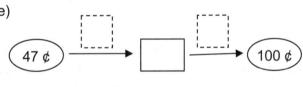

Monnaie = _____

f)

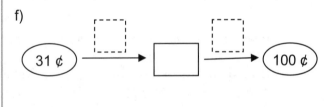

Monnaie = _____

6. Calcule la monnaie à rendre pour 100 ¢. Essaie de faire le calcul dans ta tête.

a) 74 ¢ _____ b) 67 ¢ _____ c) 36 ¢ _____ d) 53 ¢ _____ e) 72 ¢ _____

f) 35 ¢ _____ g) 97 ¢ _____ h) 59 ¢ _____ i) 89 ¢ _____ j) 92 ¢ _____

7. Calcule la monnaie à rendre dans ta tête.

a) Prix : 37 ¢ Montant payé : 50 ¢

Monnaie à rendre : _____

b) Prix : 58 ¢ Montant payé : 75 ¢

Monnaie à rendre : _____

8. Paul a payé 42 ¢ pour un timbre avec 1 $.

Dessine la monnaie qui lui est rendue, en utilisant le moins de pièces possible.

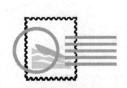

(suite)

9. Calcule la monnaie à rendre :

Montant payé	Prix	Monnaie	Montant payé	Prix	Monnaie
a) 30,00 $	22,00 $		b) 70,00 $	64,00 $	
c) 40,00 $	34,00 $		d) 90,00 $	87,00 $	
e) 50,00 $	46,00 $		f) 20,00 $	13,00 $	

10. Suis les étapes ci-dessous pour calculer la monnaie à rendre pour 50,00 $ pour un achat de 22,00 $.

Étape 1 : *Trouve le plus petit multiple de 10 plus grand que 22 $:*   22 $ → 30 $

Étape 2 : *Trouve les différences :*   30 − 22 et 50 − 30

22 $ → [8 $] 30 $ → [20 $] 50 $

Étape 3 : *Additionne les différences :*   8 $ + 20 $ **Monnaie = 28,00 $**

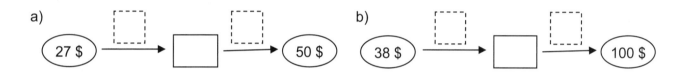

a)   27 $ → ⬚ → 50 $

Monnaie = _____

b)   38 $ → ⬚ → 100 $

Monnaie = _____

c)   53 $ → ⬚ → 100 $

Monnaie = _____

d)   14 $ → ⬚ → 50 $

Monnaie = _____

11. Calcule la monnaie à rendre pour 100 $. Essaie de faire le calcul dans ta tête.

   a) 84 $: _____   b) 25 $: _____   c) 46 $: _____   d) 88 $: _____   e) 52 $: _____

BONUS

12. Calcule la monnaie à rendre en trouvant en premier la monnaie à rendre pour le dollar près et ensuite pour le multiple de 10 le plus près.

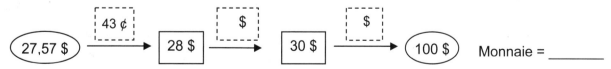

27,57 $ → [43 ¢] 28 $ → [$] 30 $ → [$] 100 $ Monnaie = _____

13. Utilise la méthode décrite à la question 12 pour trouver la monnaie à rendre pour 100 $.

   a) 32,85 $ b) 86,27 $ c) 52,19 $ d) 66,43 $

1. Sara a payé 14,42 $ pour une plante et 3,53 $ pour un vase.
   Pour trouver combien elle a dépensé, elle additionne les montants en suivant les étapes suivantes.

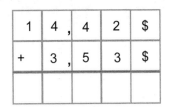

1	4	,	4	2	$
+	3	,	5	3	$

__Étape 1 :__
Elle aligne les nombres : les dollars sur les dollars, les 10 ¢ sur les 10 ¢ et les cents sur les cents.

1	4	,	4	2	$
+	3	,	5	3	$
1	7	,	9	5	$

__Étape 2 :__
Elle additionne les nombres en commençant par les cents.

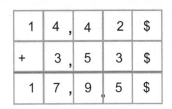

1	4	,	4	2	$
+	3	,	5	3	$
1	7	,	9	5	$

__Étape 3 :__
Elle ajoute la virgule (décimale) pour montrer le montant en dollars.

Additionne :

a) 5,45 $ + 3,23 $

5,	4	5	$
+ 3,	2	3	$

b) 26,15 $ + 32,23 $

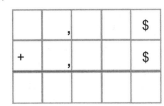

	,		$
+	,		$

c) 19,57 $ + 30,32 $

	,		$
+	,		$

2. Pour additionner le montants ci-dessous, tu vas devoir regrouper.

a)

1	6	,	6	0	$
+ 2	3	,	7	5	$

b)

2	7	,	4	5	$
+ 4	5	,	1	2	$

c)

8	7	,	4	3	$
+		6	, 5	2	$

d)

3	4	,	6	0	$
+ 2	6	,	0	0	$

e)

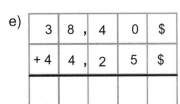

3	8	,	4	0	$
+ 4	4	,	2	5	$

f)

1	6	,	5	2	$
+ 4	8	,	2	5	$

3. Jasmine a acheté des bas pour 7,25 $ et une casquette pour 23,53 $.
   Combien d'argent lui faut-il pour payer la facture?

4. Une bibliothèque a dépensé 270,25 $ pour acheter des romans, et 389,82 $ pour des ouvrages documentaires. Combien la bibliothèque a-t-elle dépensé en tout?

5. Eli a acheté 3 CD à 12,30 $ chacun.
   Combien a-t-il dépensé en tout?

Réponds aux questions suivantes dans ton cahier.

6. Sakku a 25 $.

S'il achète un jeu d'échecs pour 9,50 $ et un livre pour 10,35 $, lui restera-t-il assez d'argent pour acheter un livre pour 5,10 $?

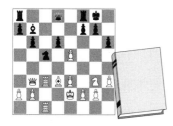

7. Trouve le montant que chaque enfant a gagné en pelletant de la neige :

a) Karen a gagné 3 billets de vingt dollars, une pièce de 2 $, deux pièces de 1 $, deux 25 ¢ et un 5 ¢.

b) Jill a gagné 4 billets de 10 $, six pièces de 2 $ et trois pièces de 25 ¢.

c) Sandor a gagné deux billets de vingt dollars et trois billets de dix dollars, deux pièces de 1 $ et cinq pièces de 25 ¢.

d) Tory a gagné cinq billets de dix dollars, six pièces de 2 $, deux pièces de 1 $ et six pièces de 10 ¢.

8. a) Si tu achètes une montre et un ballon de soccer, combien dépenseras-tu?

b) Qu'est-ce qui coûte plus cher : une montre et une casquette, ou une paire de pantalons et un ballon de soccer?

c) Avec 100 $, peux-tu acheter un ballon de soccer, une paire de racquettes de tennis et une paire de pantalons ?

d) Quel est le coût total des trois articles les plus coûteux parmi les articles illustrés?

e) Crée ton propre problème avec les articles ci-dessous.

28,50 $

12,30 $

49,95 $

15,64 $

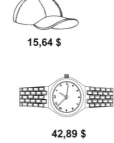

42,89 $

35,47 $

9. Essaie de répondre aux questions suivantes en calculant dans ta tête.

a) Combien coûtent 4 baguettes à 2,30 $ chacun?

b) Combien de pommes à 40 ¢ peux-tu acheter avec 3,00 $?

c) Un marqueur permanent coûte 3,10 $.

Combien peux-tu en acheter avec 25,00 $?

d) Si tu as 10 $, as-tu assez pour acheter un livre qui coûte 4,75 $ et un stylo qui coûte 5,34 $?

e) Qu'est-ce qui coûte plus cher, 4 pommes à 32 ¢ la pomme, ou 3 oranges à 45 ¢ l'orange?

1. Trouve le montant d'argent qui reste en soustrayant.

a)
	4	,	6	2	$
−	2	,	3	0	$
		,			

b)
	8	,	6	5	$
−	4	,	2	3	$
		,			

c)
	7	,	8	9	$
−	3	,	6	8	$
		,			

d)
	9	,	8	2	$
−	7	,	8	1	$
		,			

e)
	6	,	8	2	$
−	5	,	2	1	$
		,			

2. Soustrais les montants d'argent en regroupant une ou deux fois.

Exemple :

Étape 1 :

  6   10
7̶	,	0̶	0	$
− 2	,	4	3	$
	,			

Étape 2 :

         9
  6   1̶0̶
7̶	,	0̶	0	$
− 2	,	4	3	$
4	,	5	7	$

a)
4	,	0	0	$
− 2	,	2	9	$
	,			

b)
9	,	0	0	$
− 6	,	2	4	$
	,			

c)
7	,	0	0	$
− 5	,	7	2	$
	,			

d)
4	6	,	0	0	$
− 2	3	,	4	5	$
		,			

e)
5	8	,	4	5	$
− 2	7	,	7	8	$
		,			

f)
6	7	,	2	3	$
− 3	4	,	6	4	$
		,			

3. Andrew a dépensé 3,67 $ pour son petit déjeuner. Il a payé avec un billet de cinq dollars.

   Calcule la monnaie qui lui revient.

4. Mera a 12,16 $ et Wendy a 13,47 $.

   Combien d'argent Wendy a-t-elle de plus que Mera?

5. Rita a 20,00 $. Elle veut acheter des légumes pour 7,70 $, du jus pour 3,45 $ et des produits laitiers pour 9,75 $.

   A-t-elle assez d'argent pour acheter tous ces articles?

   Si non, combien lui manquera-t-il?

6. Marc a 30,00 $.

   Il veut acheter une paire de souliers pour 18,35 $ et une paire de pantalons pour 14,53 $.

   De combien d'argent de plus a-t-il besoin?

1. Estime le montant au dollar près et compte ensuite le montant précis.

a)

__ × 20 $	__ × 10 $	__ × 5 $	__ × 2 $	__ × 1 $	__ × 25 ¢	__ × 10 ¢	__ × 5 ¢	__ × 1 ¢

Total estimé : _____   Total : _____

b)

__ × 20 $	__ × 10 $	__ × 5 $	__ × 2 $	__ × 1 $	__ × 25 ¢	__ × 10 ¢	__ × 5 ¢	__ × 1 ¢

Total estimé : _____   Total : _____

c)

__ × 20 $	__ × 10 $	__ × 5 $	__ × 2 $	__ × 1 $	__ × 25 ¢	__ × 10 ¢	__ × 5 ¢	__ × 1 ¢

Total estimé : _____   Total : _____

2. Arrondis les montants en cents suivants à la dizaine près.

> **SOUVIENS-TOI :**
> Si le chiffre des <u>unités</u> est :
> **0, 1, 2, 3 ou 4** – arrondis vers le **bas**
> **5, 6, 7, 8 ou 9** – arrondis vers le **haut**

a) 63 ¢   [60 ¢]   b) 88 ¢   [   ]

c) 46 ¢   [   ]   d) 17 ¢   [   ]

e) 54 ¢   [   ]   f) 79 ¢   [   ]

g) 25 ¢   [   ]   h) 11 ¢   [   ]   i) 32 ¢   [   ]

3. Encercle les montants dont les <u>cents</u> sont moins de 50 ¢. Le premier est déjà fait pour toi.

a) (5,47 $)   b) 5,37 $ c) 2,64 $ d) 4,74 $ e) 8,49 $ f) 2,55 $

47 est moins de 50

4. Arrondis les montants suivants au dollar près.

> **SOUVIENS-TOI :**
> Si le montant des cents est <u>moins de</u> 50 ¢, arrondis vers le **bas**.
> Si le montant des cents est <u>égal ou plus de</u> 50 ¢, arrondis vers le **haut**.

a) 5,71 $ [6,00 $]   b) 12,52 $ [   ]

c) 25,85 $ [   ]   d) 7,46 $ [   ]

e) 45,30 $ [   ]   f) 12,22 $ [   ]   g) 53,05 $ [   ]

h) 64,78 $ [   ]   i) 11,50 $ [   ]   j) 78,25 $ [   ]

5. Estime les sommes et les différences suivantes en arrondissant chaque montant au dollar près. Fais ensuite le calcul. La réponse semble-t-elle raisonnable?

a)   4,35 $
    + 4,65 $

b)   7,66 $
    − 3,26 $

c)   5,81 $
    + 3,37 $

d)   9,85 $
    − 2,67 $

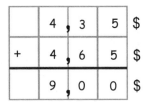
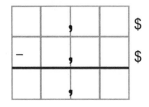
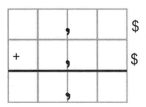
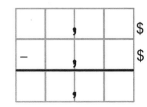

e)   26,83 $
    − 15,56 $

f)   57,64 $
    + 20,35 $

g)   75,47 $
    + 17,22 $

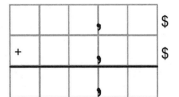
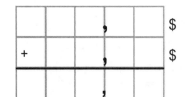
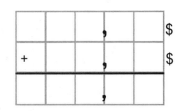

 Résous les problèmes suivants dans ton cahier en arrondissant et en estimant.

6. Jasmine a acheté un lecteur de disques compacts pour 79,21 $ avec un billet de 100 $. Estime combien de monnaie lui revient.

7. Tony dépense 17,46 $ à l'épicerie et Sayaka dépense 24,93 $.

    Environ combien Sayaka a-t-elle dépensé de plus que Tony?

8. Todd a dépensé 8,21 $ pour des pâtes, 6,87 $ pour des légumes, 11,14 $ pour des fruits et 10,93 $ pour des produits laitiers.

    Environ combien a-t-il dépensé en tout?

9. Donna a acheté du matériel scolaire pour ses trois enfants.

    Elle a dépensé 12,34 $ par enfant.

    Environ combien d'argent Donna a-t-elle dépensé en tout?

10. Pour chaque problème ci-dessous, estime et calcule le montant <u>exact</u>.

    a) Dianna a 54,37 $ et Erick a 23,41 $. Combien d'argent Dianna a-t-elle de plus?

    b) Maribel a 29,04 $. Sharon a 32,76 $. Combien d'argent ont-elles en tout?

11. Explique pourquoi arrondir au dollar près n'aide pas à résoudre la question suivante :

    « Patrick a 11,41 $. Jill a 10,87 $.

    Environ combien d'argent Patrick a-t-il de plus que Jill? »

ME5-1 : Lire l'heure → Révision

1. Combien y a-t-il de minutes d'écoulées après l'heure? Compte par 5 autour de l'horloge (écris ta réponse).

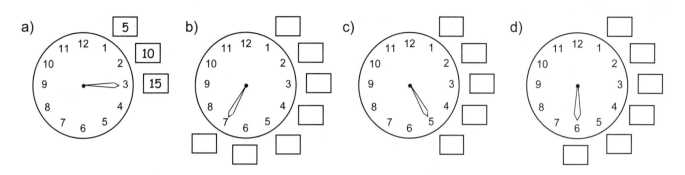

2. En-dessous de chaque horloge, écris l'heure de deux façons : en chiffres et en mots.

a)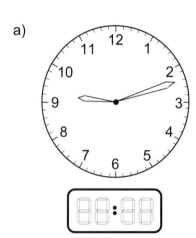

b)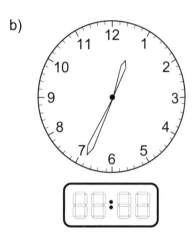

c)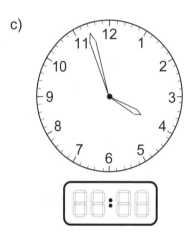

3. Dessine les aiguilles sur chaque horloge pour indiquer l'heure donnée.

a) **11:21**

b) **8 h46**

c) **3 h19**

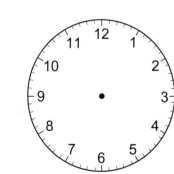
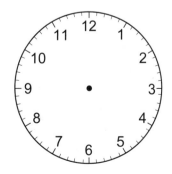
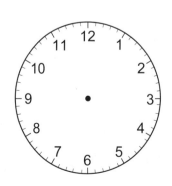

La mesure 1

ME5-2 : Lire l'heure → L'aiguille des secondes

L'aiguille des secondes est plus longue et plus fine que les aiguilles des minutes et des heures.

L'aiguille des secondes se lit comme l'aiguille des minutes.

aiguille des secondes

aiguille des minutes

aiguille de l'heure

L'heure exacte indiquée ci-dessus, incluant les secondes, est :

5:50:00

| heures | minutes | secondes |

---

1. Écris l'heure indiquée par chaque horloge, en chiffres :

a)

b)

c)

d)
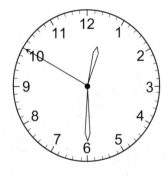

e)

f)

2. Trouve la différence entre les heures indiquées sur les deux horloges : ➤ en minutes et en secondes

➤ en secondes seulement

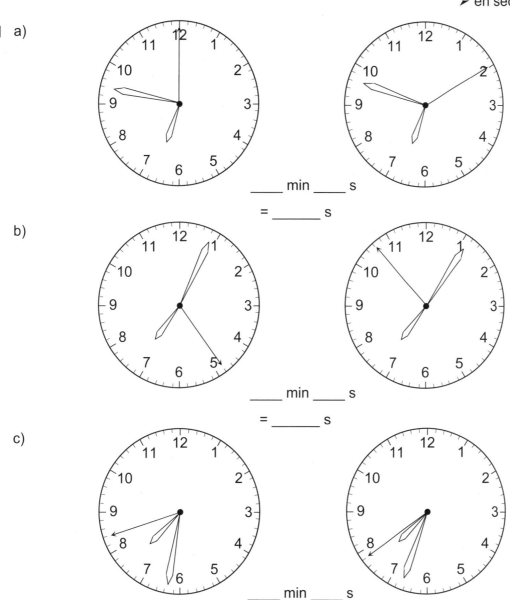

a)

_____ min _____ s

= _____ s

b)

_____ min _____ s

= _____ s

c)

_____ min _____ s

= _____ s

3. Utilise l'horloge dans ta salle de classe pour mesurer le temps que ça te prend pour effectuer les tâches suivantes. Fais-le avec un partenaire. Remplis le tableau avec soin et assure-toi de *faire toutes tes estimations en premier*! N'oublie pas de compter les unités.

Tâche	Temps estimé	Temps actuel
Écris l'alphabet sur une feuille de papier		
Compte par 5 jusqu'à 200		
Nomme tous les élèves dans ta classe		
Compte à l'envers de 100 à 1		

Quelle heure est-il?

À vrai dire, ils ont tous les trois raison. Il y a plusieurs façons différentes de lire l'heure. Tu as probablement déjà entendu les trois variations ci-dessus. En voici d'autres que tu reconnaîtras peut-être :

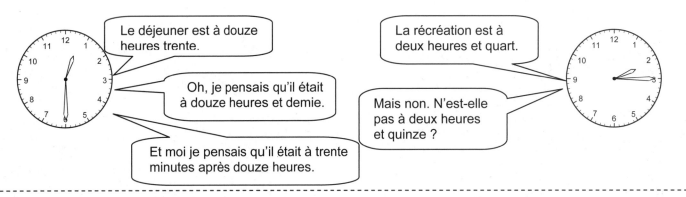

----

1. Pour chaque question, écris l'heure en chiffres. Le premier est déjà fait pour toi.

    a) vingt minutes après cinq heures   _5_ : _20_

    b) onze heures et quart   _____ : _____

    c) trois heures cinquante-six   _____ : _____

    d) huit heures et demie   _____ : _____

    e) quarante et une minutes après sept heures   _____ : _____

    f) neuf heures moins quart   _____ : _____

    BONUS

    g) quatre heures moins seize minutes   _____ : _____

    h) douze heures moins vingt-trois minutes   _____ : _____

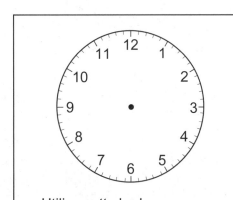

Utilise cette horloge pour vérifier tes réponses (dessine les aiguilles pour chaque question). *Utilise un crayon pour pouvoir effacer tes réponses après chaque question! (Ou utilise une horloge en carton.)*

2. Pour chaque question, écris l'heure de deux façon différentes en utilisant des mots.
    Regarde le cadran d'une horloge pour t'aider dans tes réponses.
    EXEMPLE : Tu peux écrire « 6 h 42 » ainsi : « 42 minutes après 6 heures », ou « 18 minutes avant 7 heures ».

a)   **11 h 35**

_____

_____

b)   **7 h 40**

_____

_____

c)   **4 h 57**

_____

_____

d)   **1 h 34**

_____

_____

BONUS
e)   Peux-tu trouver **trois** façons différentes d'écrire l'heure suivante?

i) _____

ii) _____

iii) _____

3. Pour chaque question, donne l'heure de **quatre** façons différentes :
    *   avec des chiffres
    *   sur une horloge analogique
    *   avec des mots - **deux** façons différentes

a) **9 h 48**

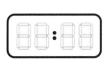

_____

_____

b) **4 h 32**

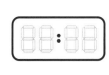
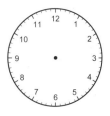

_____

_____

ME5-4 : Temps écoulé

1. En comptant par 5, trouve combien de temps s'est écoulé ...

a)

Début

Fin

de 5 h 10 à 5 h 30

_____

b)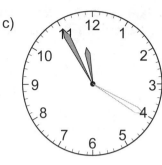

de 4 h 10 à 4 h 40

_____

c)

de 11 h 20 à 11 h 55

_____

d)

de 6 h 35 à 6 h 55

_____

e)

de 3 h 40 à 4 h 00

_____

f)

de 10 h 25 à 11 h 00

_____

2. Compte par 5 pour montrer combien de temps s'est écoulé ...

a) entre 8 h 45 et 9 h 20.

_____, _____, _____, _____, _____, _____, _____, _____, _____
   0   5   10   15

Temps écoulé : _____

b) entre 3 h 40 et 4 h 10.

_____, _____, _____, _____, _____, _____, _____, _____, _____

Temps écoulé : _____

c) entre 11 h 25 et 12 h 05.

_____, _____, _____, _____, _____, _____, _____, _____, _____

Temps écoulé : _____

d) entre 12 h 35 et 1 h 15.

_____, _____, _____, _____, _____, _____, _____, _____, _____

Temps écoulé : _____

 3. Karl a commencé à étudier à 7 h 25 et il a terminé à 8 h 10. Pendant combien de temps a-t-il étudié?

4. Briana est partie pour l'école à 7 h 45. Amil est parti une demi-heure plus tard. À quelle heure Amil est-il parti?

5. Tom a mis du pain dans le four à 3 h 50. Il doit le laisser cuire pendant 45 minutes. À quelle heure devra-t-il sortir le pain du four?

jump math
MULTIPLYING POTENTIAL

La mesure 1

ME5-4 : Temps écoulé *(suite)*

6. Trouve combien de temps s'est écoulé entre les heures en caractères gras (les intervalles ne sont pas à l'échelle).

a)

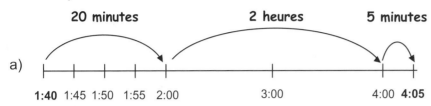

1:40 1:45 1:50 1:55 2:00   3:00   4:00 4:05

Temps écoulé : _____

b)

10:50 10:55 11:00   12:00   1:00   2:00 2:05 2:10

Temps écoulé : _____

c)

12:45 12:50 12:55 1:00   2:00   3:00 3:05 3:10 3:15

Temps écoulé : _____

7. Compte par des intervalles de 5 minutes et de 1 heure pour trouver combien de temps s'est écoulé ...

a) entre 9 h 40 et 12 h 05.

   _9:40_ , _9:45_ , _9:50_ , _____, _____, _____, _____, _____ Temps écoulé : _____

b) entre 4 h 50 et 7 h 10.

   _____, _____, _____, _____, _____, _____, _____, _____ Temps écoulé : _____

c) entre 6 h 55 et 11 h 10.

   _____, _____, _____, _____, _____, _____, _____, _____ Temps écoulé : _____

8. Trouve combien de temps s'est écoulé en faisant une soustraction.

a)	3:43	b)	8:22	c)	11:48	d)	6:40	e)	3:42
	3:20		7:21		5:30		2:25		1:05

9. Trace une ligne de temps pour trouver combien de temps s'est écoulé entre ...

   a) 9 h 30 et 11 h 05.   b) 2 h 35 et 4 h 05.   c) 1 h 50 et 4 h 15.

jump math
MULTIPLYING POTENTIAL

La mesure 1

ME5-5 : Horloge de 24 heures

1. Remplis le tableau en suivant la régularité.

Horloge de 12 heures	Horloge de 24 heures
12 h du matin	00:00
1 h du matin	01:00
2 h du matin	02:00

Horloge de 12 heures	Horloge de 24 heures
9 h du matin	09:00
10 h du matin	
12 h (midi)	12:00
1 h (après-midi)	13:00

Horloge de 12 heures	Horloge de 24 heures
5 h du soir	17:00
6 h du soir	

2. a) Quel nombre dois-tu ajouter à 1 h de l'après-midi pour changer l'heure à l'horloge de 24 heures? __

   b) Écris trois autres heures qui changent de la même façon : _____

3. Pour chaque heure du matin ou du soir, écris l'heure selon l'horloge de 24 heures.
   INDICE : Ne regarde le tableau ci-dessus que si tu as besoin d'aide.

   a) 6 h du matin = _____

   b) 7 h du soir = _____

   c) 4 h de l'après-midi = _____

   d) 8 h du soir = _____

   e) 9 h du soir = _____

   f) 12 h (minuit) = _____

   g) 12 h (midi) = _____

   h) 5 h du soir = _____

   i) 10 h du matin = _____

4. Pour chaque heure écrite selon l'horloge de 24 heures, écris l'heure selon l'horloge de 12 heures (matin, après-midi ou soir).

   a) 8 h = _____

   b) 14 h = _____

   c) 12 h = _____

   d) 0 h = _____

   e) 19 h = _____

   f) 16 h = _____

   g) 5 h = _____

   h) 22 h = _____

5. David est allé voir les reptiles à 10 h 30. Complète le tableau pour montrer quand David a quitté les différentes sections du zoo (utilise l'horloge de 24 heures).

	Début	Reptiles	Singes	Déjeuner	Ours polaires	Lions
Durée de la visite		2 heures	1 heure, 30 min.	30 minutes	45 minutes	20 minutes
Fin de la visite	10:30					

6. Décris les différences entre l'horloge de 24 heures et l'horloge de 12 heures pour une heure ...

   a) qui tombe le matin

   b) qui tombe l'après-midi ou le soir

jump math
MULTIPLYING POTENTIAL

La mesure 1

1. Remplis les tableaux.

a)

Jours	Heures
1	24
2	48
3	

b)

Semaines	Jours
1	7
2	
3	

c)

Années	Semaines
1	52
2	
3	

d)

Années	Jours
1	365
2	
3	

2. Une décennie est 10 ans. Un siècle est 100 ans. Remplis les espaces vides.

a) 40 ans = _____ décennies

b) 60 ans = _____ décennies

c) 90 ans = _____ décennies

d) 200 ans = _____ siècles

e) 800 ans = _____ siècles

f) 1 500 ans = _____ siècles

g) 2 décennies = _____ ans

h) 3 siècles = _____ ans

i) 40 décennies = _____ siècles

3. Christophe Colomb a découvert le nouveau monde en 1492.
   Combien de siècles se sont écoulés depuis?

4. Quel intervalle est le plus long? Explique.

   a) 70 minutes OU 1 heure 20 minutes

   b) 3 heures 10 minutes OU 170 minutes

5. Un guépard peut courir 30 mètres en une seconde.
   L'homme le plus rapide peut courir 600 mètres en une minute.
   Combien de mètres le guépard peut-il courir de plus en une minute?

6. Tom a travaillé pendant 1 heure et 55 minutes. Clara a travaillé 20 minutes de plus.
   Pendant combien de temps Clara a-t-elle travaillé?

7. Le bateau B a quitté le port de Vancouver une heure plus tard que le bateau A.
   Les deux bateaux ont voyagé à une vitesse constante dans la même direction.

	Heure	14 h 00	15 h 00	16 h 00	17 h 00	18 h 00	19 h 00	20 h 00
Distance du port	Bateau A	0 km	4 km					
	Bateau B	0 km	0 km					25 km

a) À quelle distance les bateaux étaient-ils l'un de l'autre à 17 h?

b) À quelle heure le bateau B a-t-il rattrapé le bateau A?

ME5-7 : La température

Le degré Celsius est une unité de mesure pour la température. On l'écrit comme ceci : °C .

L'eau gèle à 0°C et bout à 100°C. La température normale du corps humain est de 37°C.

1. Lis les thermomètres et écris la température.

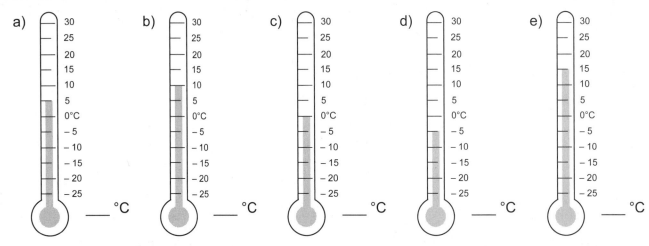

a) ____ °C   b) ____ °C   c) ____ °C   d) ____ °C   e) ____ °C

2. Quelle est la variation normale de la température pour chacune des saisons où tu vis? (Demande de l'aide à ton enseignant pour ceci.)

   a) Hiver –
      entre _____ °C et _____ °C

   b) Printemps –
      entre _____ °C et _____ °C

   c) Été –
      entre _____ °C et _____ °C

   d) Automne –
      entre _____ °C et _____ °C

3. La température de Kyle est de 36°C. De combien sa température est-elle plus basse que la normale?

4.

Animal	Température du corps
Chien	39°C
Pigeon	41°C
Lézard	31°C - 35°C
Saumon	5°C - 17°C
Serpent à sonnettes	15°C - 37°C

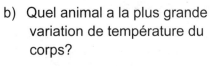

a) De combien la température du pigeon est-elle plus élevée que celle du chien?

b) Quel animal a la plus grande variation de température du corps?

c) La température des animaux à sang froid varie en fonction de la température de l'air.

   Indique les animaux à sang froid.

BONUS

5. Pam a mesuré la température un jour et a découvert qu'il faisait – 10°C.
   La journée suivante, la température était de 10°C.
   De combien de degrés la température a-t-elle augmenté?

jump math
MULTIPLYING POTENTIAL.

La mesure 1

…es faits ou de l'information. Par exemple, ton âge est une donnée, ainsi que ton nom.

Les données peuvent être organisées en **catégories**. On utilise des attributs pour trier les données, comme …

• Genre (garçon ou fille)   • Âge (11 ans ou 10 ans)   • Longueur des cheveux (longs ou courts)

----

1. Compte combien d'objets il y a dans chaque catégorie.

   a) *Objets :*   pièce de monnaie   arbre   poteau téléphonique

   agrafe   fenêtre   collier en or

   Catégories :   Bois ____   Verre ____   Métal ____

   b) *Objets :*   framboises   ciel   gazon   lèvres

   camion d'incendie   lime   cornichon   panneau d'arrêt

   Catégories :   Vert ____   Bleu ____   Rouge ____

En mathématiques, on utilise parfois des cercles pour montrer quels objets ont une propriété.
Les objets à l'intérieur du cercle ont la propriété et les objets à l'extérieur du cercle ne l'ont pas.

---

2. Quelles formes vont à l'intérieur et quelles formes vont à l'extérieur des cercles? Mets les lettres de chaque forme à l'intérieur ou à l'extérieur du cercle. (**NOTE : Les polygones ont des côtés droits.**)

A   B   C   D   E   F

a)
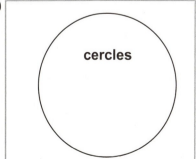
cercles

b)
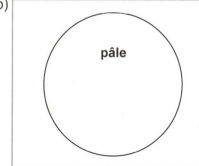
pâle

c)
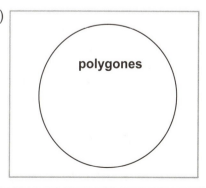
polygones

PDM5-1 : La classification de données *(suite)*

Les **diagrammes de Venn** sont une façon d'utiliser des cercles pour montrer quels objets ont une propriété.

Les objets à l'intérieur du cercle ont la propriété et les objets à l'extérieur du cercle ne l'ont pas.

3. a) Quelle forme a les deux propriétés? Mets la bonne lettre dans les deux cercles.

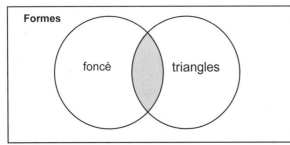

b) Quelle forme n'a aucune des propriétés? Mets la bonne lettre à l'extérieur des deux cercles.

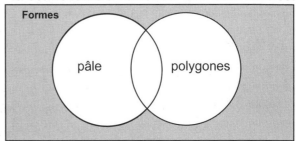

4. Complète les diagrammes de Venn. (**NOTE : Un polygone a des côtés droits.**)

a)

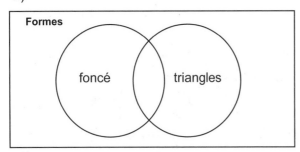

b)

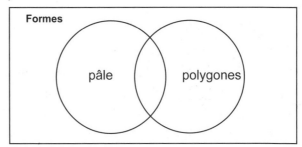

5. Complète le diagramme de Venn en utilisant les lettres dans le tableau.

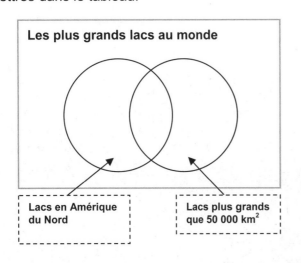

Les plus grands lacs au monde (par superficie)			
A	Mer Caspienne	Asie	371 000 km²
B	Lac Supérieur	Amérique du N.	84 500 km²
C	Mer d'Aral	Asie	64 500 km²
D	Lac Huron	Amérique du N.	63 500 km²
E	Lac Victoria	Afrique	62 940 km²
F	Lac Michigan	Amérique du N.	58 020 km²
G	Lac Tanganyika	Afrique	32 000 km²
H	Lac Baïkal	Asie	31 500 km²
I	Lac Great Bear	Amérique du N.	31 400 km²

PDM5-2 : Les diagrammes de Venn (avancé)

1.  Sam a recueilli les informations suivantes sur les planètes dans notre système solaire :

Planète	Nombre de lunes	Jours requis pour tourner autour du soleil
Mercure (A)	0	88
Venus (B)	0	225
Terre (C)	1	365
Mars (D)	2	687
Jupiter (E)	62	4 344
Saturne (F)	33	10 768
Uranus (G)	27	30 660
Neptune (H)	13	60 152

Données de spacetoday.org

a) Quelles planètes ont plus de 15 lunes?

Écris leurs lettres ici : _____

b) Quelles planètes prennent moins de 10 000 jours pour tourner autour du soleil?

Écris leurs lettres ici : _____

c) Y a-t-il des planètes sur les **deux** listes? Si oui, écris la lettre : _____

d) Y a-t-il des planètes qui ne sont sur **aucune** des deux listes? Si oui, écris la lettre : _____

e) Place maintenant **toutes** les planètes, par lettre, dans le diagramme de Venn ci-dessous.

Fais particulièrement attention à la planète qui est sur les deux listes. Où vas-tu la placer? Où vas-tu placer la planète qui n'est sur aucune des deux listes?

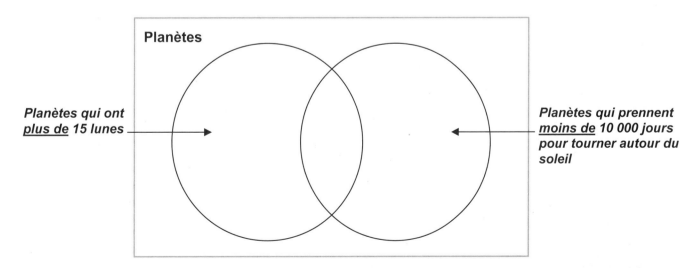

Un **diagramme à bandes** a 4 parties :

- un **axe** vertical et un **axe** horizontal,
- une **échelle**,
- des **titres/étiquettes** (incluant un titre principal),
- des **données** (à voir dans les bandes).

Les bandes dans un diagramme à bandes peuvent être verticales ou horizontales.

L'échelle dit combien chaque intervalle dans la grille représente.

Les étiquettes indiquent les données que chaque bande représente.

---

1. Trouve l'échelle pour chaque diagramme à bandes.

a)

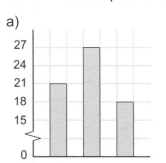

commence à : _____

compte par : _____

arrête à : _____

b)

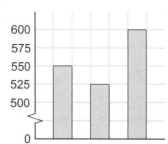

commence à : _____

compte par : _____

arrête à : _____

c)

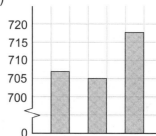

commence à : _____

compte par : _____

arrête à : _____

2.

Méthode de transport utilisée pour aller à l'école	Nombre d'étudiants
Bicyclette	51
Métro	46
À pied	90
Autobus	95
Auto	28

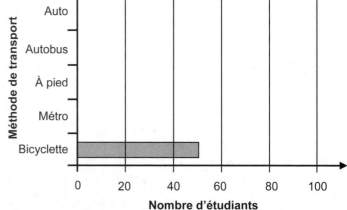

a) Complète le diagramme à bandes.

b) Quelle échelle a été utilisée dans le diagramme à bandes? Penses-tu que c'était un bon choix? Pourquoi?

c) Si tu faisais un sondage des étudiants à ton école, penses-tu que les résultats seraient semblables à ceux de l'école publique Bambury? Explique.

3.

Desserts vendus à une vente de pâtisseries		# vendus
(G)	Petits gâteaux au chocolat	12
(B)	Biscuits	15
(D)	Carrés aux dates	7
(F)	Pâtisseries aux fruits	10
(M)	Muffins	5

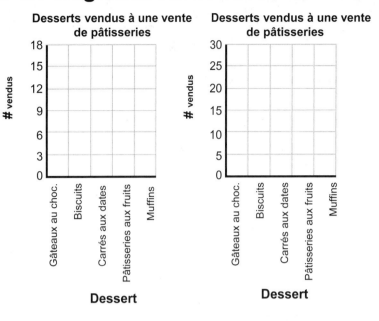

a) Crée deux diagrammes à bandes en te basant sur les données dans le tableau ci-dessus.

b) Quel diagramme donne l'impression de meilleurs ventes? Dis pourquoi tu le penses.

4. Crée un tableau pour montrer le nombre d'animaux sauvages observés par Karen.

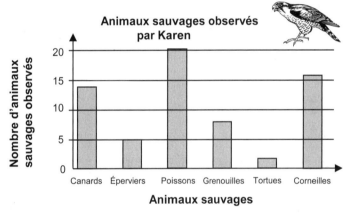

5.

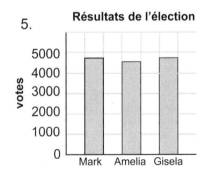

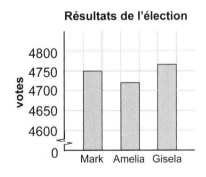

a) Dans quel diagramme est-il plus facile de lire la différence dans le nombre de votes par candidat? Explique.

b) Qui a gagné l'élection?

6. Choisis une échelle et crée un diagramme à bandes qui...
   A. n'a ni trop ni trop peu de marquages et
   B. qui rend facile la lecture des données.

Temps de vie des animaux

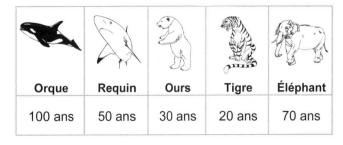

Orque	Requin	Ours	Tigre	Éléphant
100 ans	50 ans	30 ans	20 ans	70 ans

PDM5-4 : Les diagrammes à bandes doubles

1. Un **diagramme à bandes doubles** sert à comparer deux ensembles de données.

    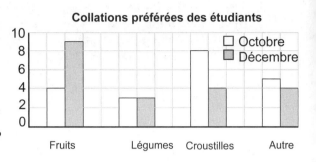

    Collations préférées des étudiants

    a) Combien d'étudiants ont choisi les croustilles en octobre ? _____

    b) Quelle collation était la plus populaire en décembre?

        _____

    c) Quelle collation a reçu le même nombre de votes en octobre qu'en décembre?

        _____

    d) Combien y a-t-il d'étudiants dans la classe?

        _____

    e) Un peu avant Noël, les étudiants ont fait un projet sur la nutrition.

        Ont-ils fait leur projet en septembre ou en novembre? Explique ta réponse.

2. Sonia a créé un diagramme à bandes doubles pour suivre les votes dans l'élection à son école.

    a) Copie et complète son diagramme sur du papier quadrillé.

Nom	Naoko	Bilal	Tim	Matias	Tina
Votes - filles	65	43	60	3	50
Votes - garçons	18	41	11	95	10

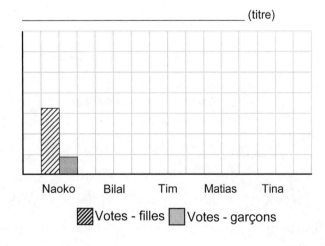

_____ (titre)

b) Qui a obtenu le plus de votes des filles?

c) Qui a obtenu le plus de votes des garçons?

d) Combien de personnes ont obtenu plus de votes de garçons que de filles?

    Comment ton diagramme le montre-t-il?

e) Combien de filles ont voté pour la personne qui a gagné l'élection?

    Comment as-tu trouvé ces données?

Dans un **diagramme à ligne brisée**, les points individuels sont reliés par une ligne.

1.

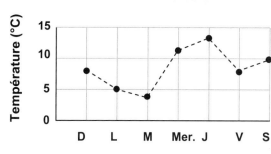

La température dans mon jardin en novembre

a) Quelle est l'échelle?

Commence à _____, compte par _____, arrête à _____.

b) Que signifie le « M » sur l'axe horizontale?

_____.

c) Quelle journée a-t-il fait le plus frais?

_____.

d) Quelle journée a-t-il fait le plus chaud?

_____.

e) Quelles deux journées la température était-elle la même?

_____.

2.

Consommation de frappés aux fruits par Brad au cours de l'année passée

(Nombre de frappés aux fruits : Jan. 2, Fév. 0, Mar. 2, Avr. 2, Mai 6, Juin 12, Juil. 14, Août 16, Sept. 10, Oct. 6, Nov. 4, Déc. 2)

Hiver : Jan., Fév., Mar. — Printemps : Avr., Mai, Juin — Été : Juil., Août, Sept. — Automne : Oct., Nov., Déc.

a) Dans quel mois Brad a-t-il bu le plus de frappés aux fruits?

b) Combien de frappés aux fruits Brad a-t-il bu :

i) en mai?   ii) en juillet?

c) Dans quels mois Brad a-t-il bu plus de 5 frappés aux fruits?

d) Fais la liste des saisons, en commençant par celle dans laquelle Brad a bu le plus de frappés aux fruits.

PDM5-6 : Données discrètes et continues

Les données sont **continues** si tous les nombres entre les valeurs des données sont possibles.

Sinon, les données sont **discrètes**. Les données non numériques sont toujours discrètes.

---

1. Les données sont-elles discrètes ou continues?

   a) Hauteur (cm) :   120   128,2   131   132   140,6

      Une hauteur de 128,5 cm est-elle possible? 128,9? OUI   NON   Les données sont _____.

   b) Jour de la semaine auquel les personnes regardent le plus de TV :

Jour	Dim.	Lundi	Mardi	Merc.	Jeudi	Ven.	Sam.
# de personnes	2	2	1	0	4	2	5

      Peut-il y avoir une journée entre

      samedi et dimanche?   OUI   NON   Les données sont _____.

   c) Sport préféré :

Sport	Hockey	Baseball	Soccer	Basket-ball	Volley-ball
# de personnes	17	3	14	9	6

      Peut-il y avoir 14½ personnes? 14¾?   OUI   NON   Les données sont _____.

   d) Mois des anniversaires :

Mois de l'anniversaire	Jan.	Fév.	Mars	Avril	Mai	Juin	Juil.	Août	Sept.	Oct.	Nov.	Déc.
# de personnes	2	3	0	4	1	2	5	3	2	4	3	2

      Peut-il y avoir un mois entre

      janvier et février?   OUI   NON   Les données sont _____.

   e) Température : 23°C   22,5°C   37°C   0°C

      Une température de 32,3°C est-elle possible? 17,1°C? OUI   NON   Les données sont _____.

Probabilité et traitement de données 1

PDM5-6: Données discrètes et continues *(suite)*

2. Les données sont-elles **continues** ou **discrètes**?

   a) Distance entre les villes en km.

   Une fraction de ___kilomètre___ est-elle possible? Les données sont ________________ .

   b) Nombre de plis pour effectuer un projet d'origami.

   Une fraction d'un ____________ est-elle possible? Les données sont ________________ .

   c) Nombre de coureurs que Jenn dépasse en 5 minutes.

   Une fraction de ____________ est-elle possible? Les données sont ________________ .

   d) Nombre de millilitres de jus.

   Une fraction de ______________ est-elle possible? Les données sont ______________ .

3. Décide si les données sur chaque axe sont discrètes ou continues. Justifie deux de tes réponses dans ton cahier.

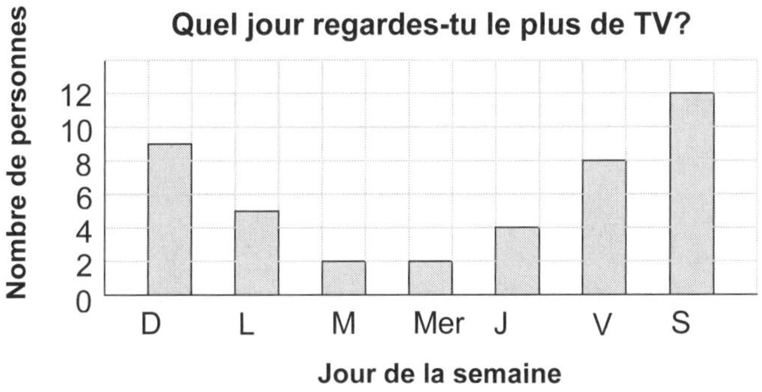

Horizontal

____

Vertical

____

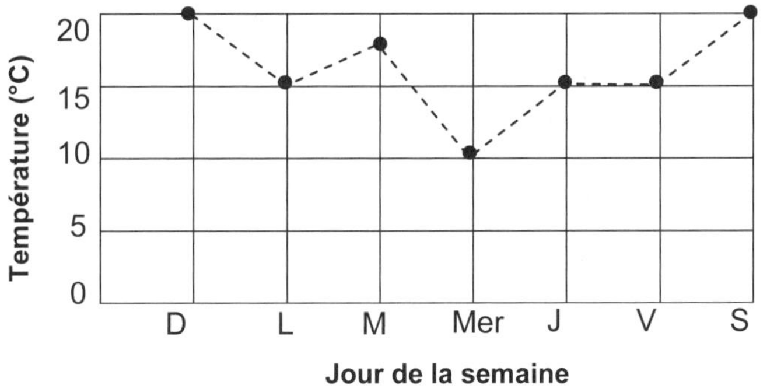

Horizontal

____

Vertical

____

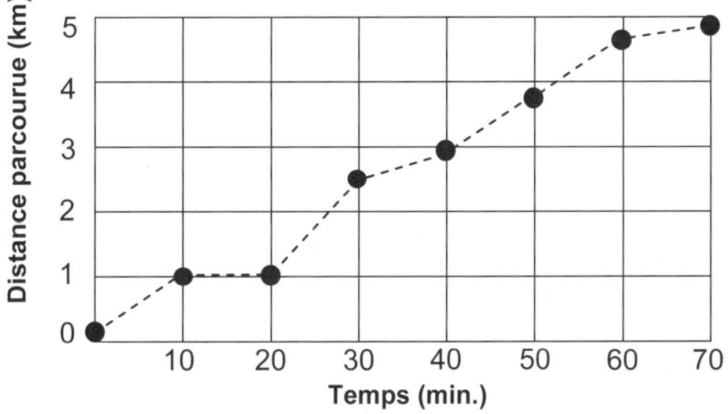

Horizontal

____

Vertical

____

PDM5-7 : Diagrammes à ligne continue

Quand les données sont continues, tu peux utiliser un **diagramme à ligne continue** pour prédire la tendance des valeurs des données.

1. À quelle distance Katie était-elle de sa maison après 10 minutes?

a)
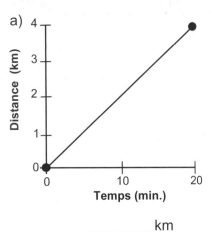

_____ km

b)
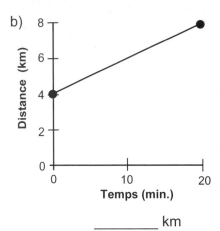

_____ km

c)
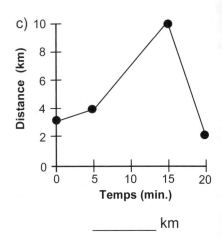

_____ km

2. Dessine un diagramme à ligne continue. Réponds ensuite à la question.

a) Combien d'argent Tom a-t-il gagné pour 3 heures et demie de travail?

Heures travaillées	0	1	2	3	4
Argent gagné ($)	0	10	20	30	40

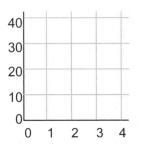

b) Qu'est-ce que 3½ × 10 ?

Nombre	0	1	2	3	4
Nombre × 10	0	10	20	30	40

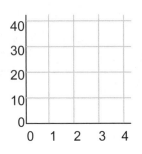

c) Quelle distance Natalia et son chien ont-ils parcourue en 2 minutes et demie?

Temps (minutes)	0	1	2	3	4
Distance parcourue (mètres)	0	100	200	300	400

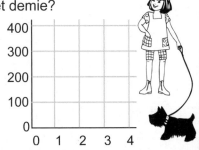

3. Sur du papier quadrillé, trace un diagramme à ligne continue pour trouver ...

a) 1 ½ × 10   b) 2 ½ × 4   c) 2 ¼ × 4

jump math
MULTIPLYING POTENTIAL.

Probabilité et traitement de données 1

1. Si les données sur les **deux** axes sont continues, relie les points avec une ligne continue (————).
   Sinon, relie les points avec une ligne brisée (– – – – –) comme dans a).

a)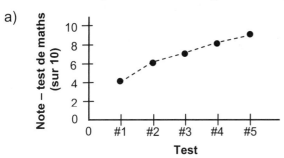

b)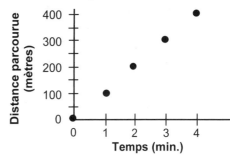

c)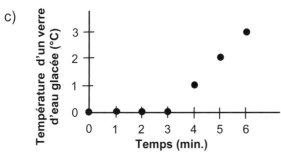

d)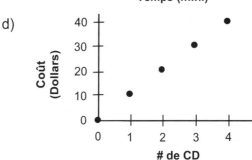

2. Certains diagrammes sont tracés avec une ligne continue (pour montrer les **tendances**) même
   quand les données ne sont pas continues.

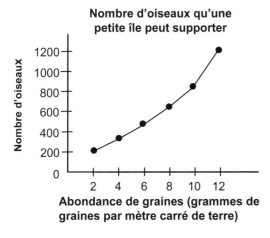

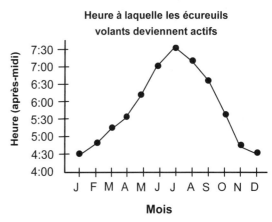

   a) Décris les tendances que tu peux voir dans chaque diagramme.

   b) Quelles données dans les diagrammes ne sont pas continues? Explique.

   c) Compare les heures auxquelles les écureuils volants sont actifs en janvier et
   en juillet. Pourquoi penses-tu qu'il y a une différence?

3. Utiliserais-tu un diagramme à ligne ou à bandes pour représenter les données? Explique ton choix.

a)

Enfant	Sonia	Natalia	Soren	Bilal
Nombre de muffins vendus	38	47	25	42

b)

# de CD	1	2	3	4	5
Coût ($)	20	40	55	70	80

PDM5-9 : Les données primaires et secondaires

Explique tes réponses aux questions ci-dessous dans ton cahier.

> Les données que tu recueilles toi-même s'appellent des **données primaires (ou de première main)**.

1. Comment recueillerais-tu des données primaires pour chacune des questions suivantes?

   A. sondage   **B.** observation   **C.** mesure

   a) Quelle fraction de cyclistes portent des vêtements blancs le soir?

   b) De combien varie la température d'une tasse d'eau chaude au fil du temps?

   c) Y a-t-il plus de personnes qui naissent en hiver ou en été?

   d) Quels sont les films préférés de mes camarades de classe?

   e) Lesquels des cours que je suis ont les plus gros manuels?

> Les données recueillies par quelqu'un d'autre (que tu peux trouver dans des livres ou sur Internet, par exemple) sont des **données secondaires**.

2. Utiliserais-tu des données **A**. primaires **OU** **B**. secondaires   pour trouver…

   a) … combien de redressements assis chaque membre de ta famille peut faire en une minute?

   b) … le record du monde pour le plus grand nombre de redressements assis en une minute?

   c) … le nombre moyen de mots que tu peux écrire en une minute?

   d) … combien de neige est tombée à Toronto chaque mois l'année dernière?

3. Écris une question à laquelle tu répondrais en utilisant :

   a) des données primaires.

   b) des données secondaires.

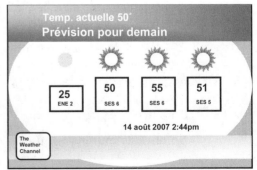

4. Regarde le bulletin d'information météorologique aux nouvelles. Peux-tu trouver des exemples de données secondaires?

Réponds aux questions suivantes dans ton cahier.

1. Tasha veut estimer combien de pois sucrés dans son jardin sont mûrs.

   Elle a 100 plants de pois sucrés dans son jardin. Voici les données qu'elle a recueillies :

	Dans le premier plant	Dans les 20 premiers plants
# de pois mûrs	5	40
# de pois	10	160

   a) Quelle fraction des pois dans le premier plant sont mûrs?

   b) Quelle fraction des pois dans les 20 premiers plants sont mûrs?

   c) Tasha peut-elle prédire quelle fraction des pois dans son jardin sont mûrs en se basant sur un plant seulement?

   d) Qu'est-ce qui donne la meilleure estimation : estimer en se basant sur un plant ou sur 20 plants? Explique.

   e) Utilise les données pour les 20 premiers plants pour estimer ...

   i) le nombre total de pois dans le jardin   ii) le nombre de pois **mûrs** dans le jardin

2. Explique auprès de qui tu mènerais un sondage si tu voulais savoir ...

   a) ...la taille moyenne des élèves de 5ᵉ année en Ontario.

   b) ...la taille moyenne des élèves de 5ᵉ année dans ta classe.

   c) ...quel film tes amis aimeraient voir ce soir.

   d) ...combien de personnes ont regardé le Super Bowl.

Réponds aux questions suivantes dans ton cahier.

1. Quelle question (A, B, C, ou D) utiliserais-tu pour trouver qui préfère lire, les filles ou les garçons? Explique.

   A. Genre   F ☐   H ☐

   Aimes-tu lire pour le plaisir?

        OUI ☐   NON ☐

   B. Genre   F ☐   H ☐

   Combien de livres as-tu lus dans la dernière année pour le plaisir? _____

   C. Genre   F ☐   H ☐

   À quelle fréquence aimes-tu lire pour le plaisir?

   Chaque fois que je peux ☐   Parfois ☐

   Pas très souvent ☐   Jamais ☐

   D. Genre   F ☐   H ☐

   Combien de livres as-tu lus dans la dernière année pour le plaisir?

   0 ☐   1-5 ☐

   6-10 ☐   11 ou plus ☐

2. Écris une question de sondage pour savoir ...

   i) ...la pointure de chaussures la plus commune chez les filles en 5e année.

   ii) ...combien d'animaux de compagnie ont les étudiants dans ton école.

   iii) ...le jus préféré des étudiants.

3. Pour les sujets à la question 2, auprès de qui mènerais-tu ton sondage?
   Choisis un échantillonnage qui représente le groupe dont tu veux savoir davantage.

4. Maintenant crée ton propre sondage. Enregistre tes idées, données, observations et conclusions.

   a) Décide quelle question tu veux poser. Quelles réponses penses-tu recevoir?

Comment vas-tu à l'école?	Fréquence
À pied	
En autobus	
À bicyclette	

   b) Auprès de qui veux-tu mener ton sondage? L'échantillonnage est-il représentatif?
      Inclus-tu suffisamment de personnes?

   c) Quel type de diagramme devrais-tu utiliser?

   d) Fait un résumé de tes conclusions. Les résultats sont-ils ceux auxquels tu t'attendais?

Réponds aux questions suivantes dans ton cahier.

1. *Les glaçons qui sont faits en utilisant le même volume d'eau mais des contenants de formes différentes fondent-ils à la même vitesse?*

   a) Dessine 3 contenants différents que tu pourrais utiliser pour faire l'expérience.

   b) Comment pourrais-tu t'assurer que tu places le même volume d'eau dans chaque contenant?

   c) Comment mesurerais-tu la vitesse à laquelle les glaçons fondent?

   d) Quels autres matériaux te faudrait-il?

   e) Quel serait l'effet sur les résultats si tu plaçais un contenant au soleil, et l'autre à l'ombre?

   f) Prédis les résultats de ton expérience. Penses-tu que la forme du contenant affecte la vitesse à laquelle les glaçons fondent?

   g) Quel type de diagramme utiliserais-tu pour représenter tes résultats?

2. C'est maintenant à ton tour de créer une expérience.

a) Décide de la question que tu veux poser. Tu peux utiliser un des exemples ci-dessous ou inventer ta propre question.

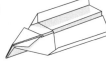

A. Choisis 3 rectangles en papier de la même superficie mais de périmètres différents pour construire des avions en papier.

Quel rectangle produit l'avion qui parcoure la plus grande distance?

B. Comment est-ce qu'en ajoutant du sucre à des fraises tu peux affecter le temps qu'elles demeureront fraîches?

C. Comment est-ce qu'en ajoutant du sel à de la glace tu peux affecter la vitesse à laquelle elle fond?

b) Qu'est-ce que tu dois mesurer?

c) Comment vas-tu mesurer tes résultats?

d) Comment pourras-tu t'assurer que les résultats de ton expérience seront fiables? (Tu vas devoir t'assurer que toutes tes données, etc., sauf ce que tu veux mesurer, demeurent constantes.)

e) Prédis tes résultats.

f) Trace le tableau que tu vas utiliser pour enregistrer tes résultats.

g) Choisis et trace le type de diagramme approprié pour représenter tes données.

h) Fais un résumé de tes conclusions.

G5-1 : Les côtés et sommets des formes 2-D

Tous les polygones ont des **côtés** (les « arêtes ») et des **sommets** (les « coins » où se rencontrent les côtés) :

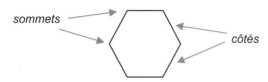

sommets   *côtés*

NOTE : Un polygone est une forme plane à deux dimensions (2-D) avec des côtés qui sont des lignes droites.

> **INDICE :**
> **Pour t'assurer que tu ne manques aucun côté ou sommet quand tu comptes ...**
>
>
>
> **fais un trait sur chaque côté <u>et</u> un cercle autour de chaque sommet.**

-----

1. Trouve le nombre de côtés et de sommets pour chacun des polygones suivants.
   INDICE : Fais un trait sur chaque côté et un cercle autour de chaque sommet quand tu les comptes.

   a)

   _____ côtés _____ sommets

   b)

   _____ côtés _____ sommets

   c)

   _____ côtés _____ sommets

   d)

   _____ côtés _____ sommets

   e)

   _____ côtés _____ sommets

   f)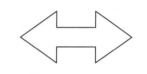

   _____ côtés _____ sommets

2. Pierre nomme les formes suivantes selon le nombre de côtés qu'elles ont.

   a)  _____ côtés

   triangle

   b) _____ côtés

   quadrilatère

   c) 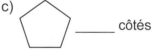 _____ côtés

   pentagone

   d) _____ côtés

   hexagone

3. Complète le tableau. Trouve autant de formes que tu peux pour chaque nom de forme.

Formes	Lettres
Triangles	
Quadrilatères	

Formes	Lettres
Pentagones	
Hexagones	

4. Sur du papier quadrillé, trace un polygone qui a :   a) 4 côtés   b) 6 côtés

5. Combien de côtés ont trois quadrilatères et cinq pentagones en tout? Explique.

Géométrie 1

G5-2 : Introduction aux angles

1. Pour chaque question, indique si l'angle est i) un **angle droit**; ii) **plus petit** qu'un angle droit; OU
iii) **plus grand** qu'un angle droit.

a)  b)   c)

| plus petit | | | |

2. Indique tous les angles droits. Encercle ensuite les formes qui ont <u>deux</u> angles droits.

a)  b)   c)   d)   e)

3. Indique les angles droits avec un petit carré.   Fais un trait pour indiquer les angles qui sont plus petits qu'un angle droit.   Fais deux traits pour indiquer les angles qui sont plus grands qu'un angle droit.

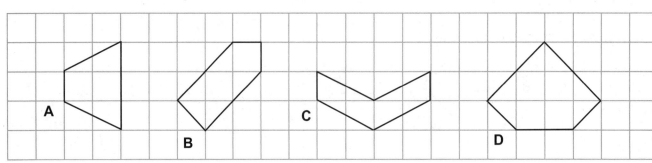

 4. a) Trace 5 lettres de l'alphabet qui ont au moins un angle droit. Identifie les angles droits avec un petit carré.

b) Selon toi, quelle lettre de l'alphabet a le plus d'angles droits?

5. Un angle plus petit qu'un angle droit s'appelle un angle <u>aigu</u>.
Un angle plus grand qu'un angle droit s'appelle un angle <u>obtus</u>.

a) Trace 3 lettres qui ont des angles aigus, et 3 lettres qui ont des angles obtus.

b) Peux-tu penser à une lettre qui a un angle droit <u>et</u> un angle aigu?

M a 3 angles aigus

A a 2 angles obtus

G5-3 : Mesurer les angles

Pour mesurer un angle, tu utilises un **rapporteur**. Un rapporteur est gradué de 0 à 180 degrés autour de sa circonférence. Chaque graduation ou subdivision correspond à un degré. L'abréviation de « quarante-cinq degrés » est 45°.

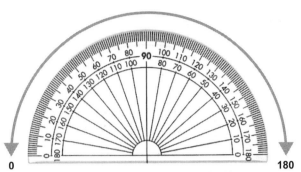

Il y a 180 graduations (180°) autour de l'extérieur d'un rapporteur.

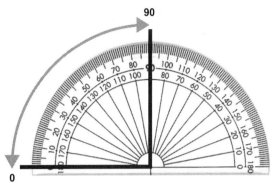

Un angle droit mesure 90° (ou un coin droit).

Les angles qui sont *plus petits* que 90° s'appellent des angles **aigus**.

Les angles qui sont *plus grands* que 90° s'appellent des angles **obtus**.

----

1. Sans rapporteur, identifie chaque angle et écris s'il est « aigu » ou « obtus ».

a)

_____

b)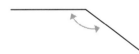

_____

c)

_____

d)

_____

e)

_____

f)

_____

g)

_____

h)

_____

i)

_____

Un rapporteur a deux échelles. L'exercice suivant t'aidera à décider quelle échelle utiliser.

2. Indique si l'angle est <u>aigu</u> ou <u>obtus</u>.

   Encercle ensuite les *deux* nombres intersectés par la demi-droite.

   Choisis ensuite la bonne mesure (par exemple, si tu dis que l'angle est aigu, choisis le nombre qui est plus petit que 90).

a)

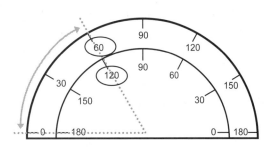

L'angle est : _____aigu_____

L'angle est de : __60°__

b)

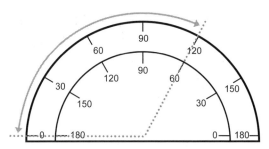

L'angle est : _____

L'angle est de : _____

c)

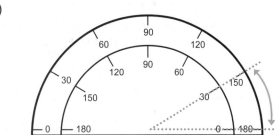

L'angle est : _____

L'angle est de : _____

d)

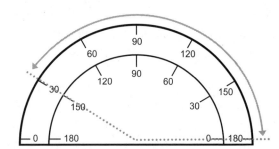

L'angle est : _____

L'angle est de : _____

3. Indique de nouveau si l'angle est aigu ou obtus. Écris ensuite la mesure de l'angle.
   NOTE : Les lettres à côté de chaque rapporteur correspondent à un jeu dans le guide de l'enseignant.

a)

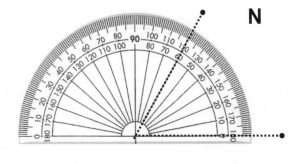

N

_____

b)

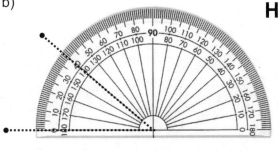

H

_____

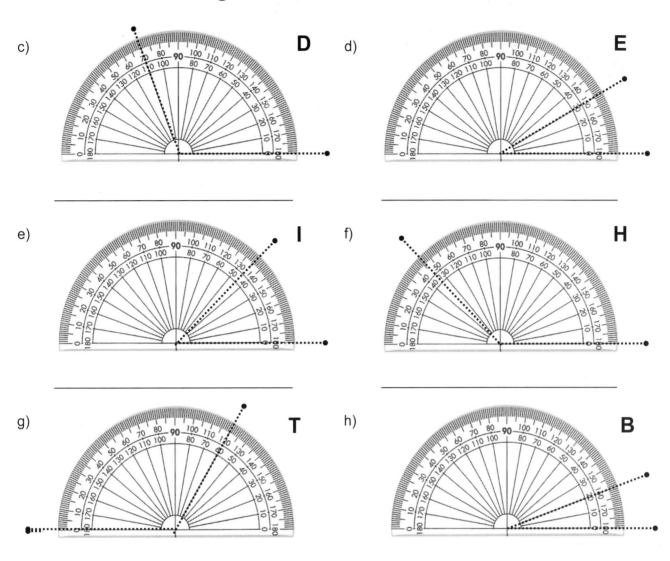

c) **D**

d) **E**

e) **I**

f) **H**

g) **T**

h) **B**

4. Mesure les angles en utilisant un rapporteur. Écris tes réponses dans les boîtes – n'oublie pas les unités!

INDICE : Utilise une règle pour prolonger les demi-droites dans les exercices d) et e).

a) **E**

b) **D**

c) **O**

d) **B**

e) **R**

f) **A**

Claire trace un angle de 60° comme suit :

Étape 1 :
Elle trace une ligne de base et place le rapporteur sur la ligne tel qu'indiqué :

Étape 2 :
Elle fait une marque à 60° :

Étape 3 :
Avec une règle, elle relie l'extrémité de la ligne de base à sa marque :

ligne de base

Elle aligne le centre du rapporteur avec l'extrémité de la ligne de base.

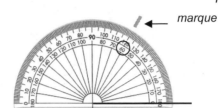

marque

marque

---

1. Utilise un rapporteur pour construire les angles donnés.

    a)

    b)

    150°   120°   60°

2. Dans ton cahier, utilise un rapporteur pour construire les angles suivants :

    a) 45°   b) 80°   c) 50°   d) 35°   e) 62°

    f) 90°   g) 125°   h) 75°   i) 145°   j) 168°

3. a) Utilise une règle pour prolonger les aiguilles de l'horloge. Mesure ensuite l'angle entre les deux aiguilles.

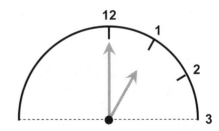

    b) Trouve l'angle entre les deux aiguilles de l'horloge ... sans mesurer!

    i) 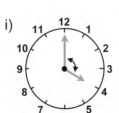   ii)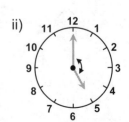

G5-5 : Les angles dans les triangles et les polygones

Un angle <u>aigu</u> est plus petit que 90°, un angle <u>obtus</u> est plus grand que 90°, et un angle <u>droit</u> mesure exactement 90°.

i) Tous les angles d'un **triangle à angle aigu** sont aigus.

ii) Un **triangle à angle obtus** a un angle obtus.

iii) Un **triangle à angle droit** a un angle de 90°.

Si tu mesures correctement les angles d'un triangle, tu verras que la somme des angles fera toujours 180°.

- -

1. Indique si le triangle est un triangle <u>à angle aigu</u>, un triangle <u>à angle obtus</u> ou un triangle <u>à angle droit</u>. Tu peux simplement écrire « aigu », « obtus » ou « droit ».

a) 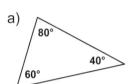 b) 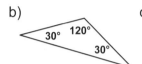 c)   d) 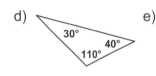 e)

_____   _____   _____   _____   _____

2. Mesure chaque angle des triangles et écris la mesure dans le triangle. Identifie le type de triangle.

a) 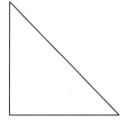   b) 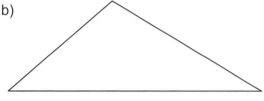   c)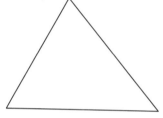

_____   _____   _____

3. Les angles et les côtés d'un polygone **régulier** sont tous égaux.

a) Mesure un angle dans chacun des polygones ci-dessous. Remplis ensuite le tableau.

i)    ii) 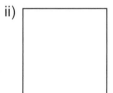   iii) 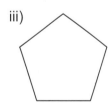   iv)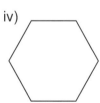

Polygones	i) Triangle équilatéral	ii) Carré	iii) Pentagone régulier	iv) Hexagone régulier
Mesure des angles				

b) D'après toi, les angles d'un octogone régulier seront-ils plus grands ou plus petits que 120°? Explique.

Géométrie 1

G5-6 : Classifier les triangles

Les triangles peuvent être classifiés selon la mesure de leurs angles et aussi en fonction de la longueur de leurs côtés :

    i)   Dans un **triangle équilatéral**, les trois côtés sont tous de la même longueur.

    ii)   Dans un **triangle isocèle**, deux côtés sont de longueur égale.

    iii)   Dans un **triangle scalène**, les trois côtés sont de longueurs différentes.

- -

1. Mesure les <u>angles</u> et les <u>côtés</u> (en cm, ou en mm s'il le faut) de chaque triangle, et écris tes mesures sur les triangles. Classifie ensuite les triangles dans les tableaux.

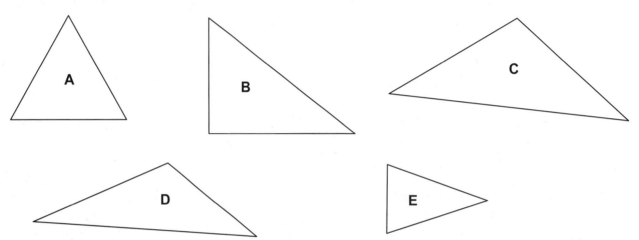

a) Classifie les triangles selon la mesure des angles. b) Classifie les triangles selon la longueur des côtés.

Propriété	Triangles avec la propriété
À angle aigu	
À angle obtus	
À angle droit	

Propriété	Triangles avec la propriété
Équilatéral	
Isocèle	
Scalène	

2. Classifie les triangles ci-dessus selon leurs propriétés.

   a)   b)

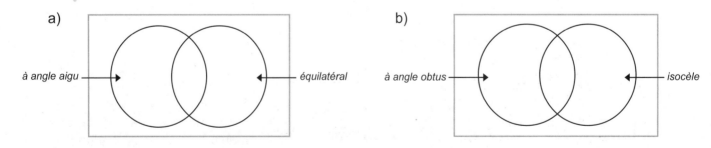

à angle aigu → ← équilatéral   à angle obtus → ← isocèle

3. Choisis l'une des propriétés de chaque liste ci-dessous. Trace un triangle qui a les deux propriétés. Si tu ne peux pas tracer le triangle, écris « impossible ».

Liste 1 : à angle aigu, à angle obtus, à angle droit   **Liste 2 :** équilatéral, isocèle, scalène

jump math
MULTIPLYING POTENTIAL.

G5-7 : Construire des triangles et des polygones

Pour construire un triangle à partir d'une ligne de base :

i) Avec un rapporteur, construis un angle à chaque extrémité de la ligne de base :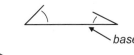

ii) Prolonge les côtés jusqu'à ce qu'ils se rencontrent :

1. Construis des triangles en te servant des bases et des angles donnés.

   a)

   b)

   40°   70°   50°   40°

2. Construis des triangles avec les mesures suivantes :

   a) Base = 5 cm; Angles à la base = 45° et 50°

   b) Côtés = 5 cm et 7 cm; Angle entre les deux côtés = 40°

3. a) Construis trois triangles, ayant chacun une base de 5 cm, et dont les angles à la base sont de :

   i)   40° et 40°   ii)   50° et 50°   iii)   60° et 60°

   b) Mesure les côtés des triangles que tu as tracés.
       Qu'est-ce que tu remarques à propos des longueurs de chaque côté?

   c) Quel type de triangle as-tu tracé?

4. Trace à main levée ....

   a) un triangle à angle droit   b)   un triangle à angle aigu   c)   un triangle à angle obtus

5. Trace un carré sur du papier quadrillé et puis trace les diagonales du carré.
   Mesure tous les angles autour du point d'intersection P où les
   diagonales se rencontrent. Que remarques-tu?

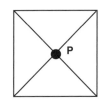

Les **lignes parallèles** sont comme les deux rails d'un chemin de fer, c'est-à-dire :

- ✓ elles sont droites;
- ✓ elles demeurent toujours à la même distance l'une de l'autre.

Les lignes parallèles ne se rencontrent <u>jamais</u>, même si elles sont très longues.

NOTE: Les lignes de longueurs différentes peuvent aussi être parallèles (tant qu'elles sont toutes les deux droites et qu'elles demeurent toujours à la même distance l'une de l'autre).

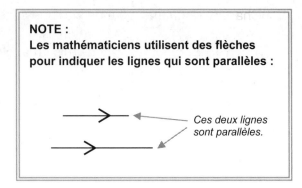

NOTE :
Les mathématiciens utilisent des flèches pour indiquer les lignes qui sont parallèles :

Ces deux lignes sont parallèles.

---

1. Utilise des flèches pour indiquer les lignes qui sont parallèles (voir la note ci-dessus).

a)

b)

c)

d)

e)

f)

g)

h)

BONUS

i) Choisis une paire de lignes qui <u>ne sont pas</u> parallèles. Mets la lettre correspondante ici : _____

j) Comment sais-tu que ces lignes ne sont pas parallèles?

2. Les paires de lignes suivantes sont parallèles. Pour chaque, relie les points pour faire un quadrilatère. Le premier est déjà fait pour toi.

a)

b)

c)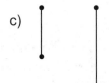

d)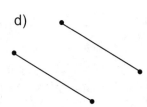

e) Dans chaque exemple, est-ce que les deux lignes originales sont toujours parallèles?_____

3. Chacune des formes ci-dessous a **une paire** de côtés parallèles. Marque d'un « X » les côtés opposés qui ne sont <u>pas</u> parallèles. Le premier est déjà fait pour toi :

a)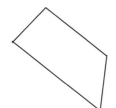

b)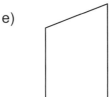

c)

d)

e)

f)

g)

NOTE :
Si une figure a <u>plus d'une paire</u> de lignes parallèles, tu peux éviter la confusion en utilisant des flèches différentes pour les indiquer.

Exemple :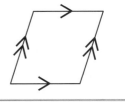

---

4. Avec des flèches, marque toutes les paires de lignes parallèles dans les figures ci-dessous.

a)

_____ paires

b)

_____ paires

c)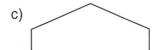

_____ paires

d)

_____ paires

5. Sur la grille, trace ...

a) ... une paire de lignes horizontales qui sont parallèles et séparées de 3 intervalles

b) ... une paire de lignes verticales qui sont parallèles et de longueurs différentes

c) ... une figure avec 1 paire de côtés parallèles

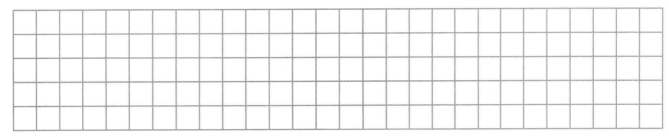

6. **F** La lettre F contient deux lignes parallèles.

Choisis 5 lettres de l'alphabet et marque toutes les lignes parallèles.

D'après toi, quelle lettre de l'alphabet a le plus grand nombre de lignes parallèles?

G5-9 : Les propriétés des formes

Certains quadrilatères n'ont pas de lignes parallèles. Les trapèzes ont <u>une</u> paire de lignes parallèles. Les **parallélogrammes** ont <u>deux</u> paires de lignes parallèles.

PAS *de paire de lignes parallèles*   **UNE** *paire de lignes parallèles*   **DEUX** *paires de lignes parallèles*

1. Pour chacune des formes ci-dessous, marque les lignes parallèles avec une flèche. Marque les paires de côtés opposés qui ne sont pas parallèles avec un « X ». En dessous de chaque forme, écris combien de <u>paires</u> de côtés sont parallèles.

A _____   B _____   C _____   D _____

   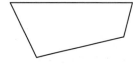   

E _____   F _____   G _____   H _____

2. Classifie les quadrilatères ci-dessus dans le tableau suivant; écris la lettre dans la colonne appropriée.

Pas de paires de côtés parallèles	Une paire de côtés parallèles	Deux paires de côtés parallèles

3. Complète les tableaux en utilisant les figures ci-dessous. Commence par marquer les angles droits et les lignes parallèles dans chaque figure.

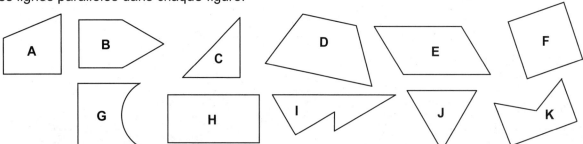

a)

Propriété	Formes avec la propriété
0 angle droit	
1 angle droit	
2 angles droits	
4 angles droits	

b)

Propriété	Formes avec la propriété
0 lignes parallèles	
1 paire	
2 paires	

4. En utilisant une règle, mesure les côtés des formes ci-dessous. Encercle les formes équilatérales.

NOTE : Une forme dont tous les côtés sont de la même longueur est une forme _équilatérale_. (« Equi » provient du mot latin qui veut dire « égal » et « latéral » veut dire « côtés ».)

a)

____ cm

____ cm   ____ cm

____ cm

b)

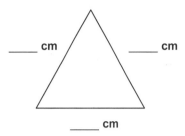

____ cm   ____ cm

____ cm

c)

____ cm

____ cm   ____ cm

____ cm   ____ cm

____ cm   ____ cm

____ cm

d)

____ cm

____ cm   ____ cm

____ cm

5. Complète les tableaux ci-dessous. Commence par marquer les angles droits et les lignes parallèles dans chaque figure. Si tu n'es pas certain si une figure est équilatérale, mesure les côtés avec ta règle.

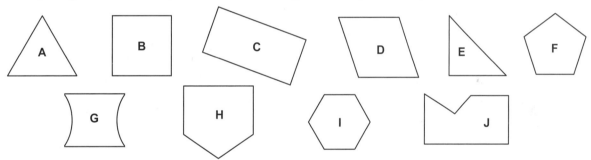

a)
Propriété	Formes avec la propriété
Équilatérale	
Non équilatérale	

b)
Propriété	Formes avec la propriété
0 angle droit	
1 angle droit	
2 angles droits	
3 angles droits	
4 angles droits	

c)
Propriété	Formes avec la propriété
0 angle obtus	
1 angle obtus ou plus	

d)
Propriété	Formes avec la propriété
0 côtés parallèles	
1 paire de côtés parallèles	
2 paires de côtés parallèles	
3 paires de côtés parallèles	

e)
Nom des polygones	Formes
Triangles	
Quadrilatères	
Pentagones	
Hexagones	

NOTE : Les polygones ont des côtés _droits_.

Géométrie 1

G5-10 : Les quadrilatères spéciaux

Un **quadrilatère** (figure avec 4 côtés) avec deux paires de côtés parallèles s'appelle un **parallélogramme**.

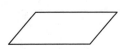

Parallélogramme
Un quadrilatère avec deux paires de côtés parallèles

Certains quadrilatères ont des noms spéciaux :

Losange
Parallélogramme avec 4 côtés égaux

Rectangle
Parallélogramme avec 4 angles droits

Carré
Parallélogramme avec avec 4 angles droits et 4 côtés égaux

Trapèze
Parallélogramme avec une paire de côtés parallèles seulement

---

1. i) Marque tous les angles droits dans les quadrilatères ci-dessous.

   ii) Mesure la longueur de chaque côté avec une règle. Écris ensuite le nom du quadrilatère.

   a)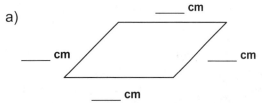

   Nom : _____

   b)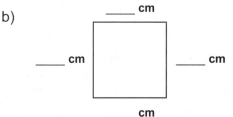

   Nom : _____

2. Associe le nom du quadrilatère à la description qui convient le mieux :

Carré	*Parallélogramme avec 4 angles droits*
Rectangle	*Parallélogramme avec 4 côtés égaux*
Losange	*Parallélogramme avec 4 angles droits et 4 côtés égaux*

3. Écris le nom de chaque forme :

   a)    b)    c)    d)

   _____   _____   _____   _____

4. Marque tous les angles droits et identifie ensuite chaque quadrilatère.

   a)    b)   c) 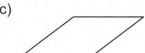   d)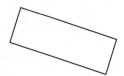

   _____   _____   _____   _____

 jump math
MULTIPLYING POTENTIAL.

Géométrie 1

G5-10 : Les quadrilatères spéciaux (suite)

5. Pour chaque quadrilatère, indique le nombre de <u>paires</u> de côtés parallèles, et écris ensuite le nom du quadrilatère.

a)

b)

c)

_____   _____   _____

_____   _____   _____

6. La forme tracée sur la grille est un trapèze.
   À côté, trace un deuxième trapèze qui n'a <u>pas</u> d'angles droits :

7. Utilise les mots « tous les », « certains » ou « aucuns » pour compléter les phrases.

   a) _____ carrés sont des rectangles   b) _____ trapèzes sont des parallélogrammes

   c) _____ parallélogrammes sont des trapèzes d) _____ parallélogrammes sont des rectangles

8. a) J'ai 4 côtés égaux, mais aucun angle droit. Que suis-je? _____

   b) J'ai 4 angles droits, mais mes côtés ne sont pas tous égaux. Que suis-je? _____

   c) J'ai exactement 2 angles droits. Quel quadrilatère spécial pourrais-je être? _____

9. Cette forme a 4 angles droits.
   Nomme les deux quadrilatères spéciaux qu'elle pourrait être.

   _____

   _____

10. Ce quadrilatère a 4 côtés égaux.
    Nomme les deux quadrilatères spéciaux qu'il pourrait être.

    _____

    _____

11. Écris 3 noms différents pour un carré.

12. Sur du papier quadrillé (ou un géoplan), construis un quadrilatère avec :

    a) 0 angle droit   b) un angle droit   c) deux angles droits   d) 0 côtés parallèles

    e) une paire de côtés parallèles   f) deux paires de côtés parallèles et 0 angle droit.

13. Décris toutes les similarités ou différences entre …
    a) un losange et un carré   b) un trapèze et un parallélogramme

Géométrie 1

G5-11 : Explorer la congruence

Les formes sont **congruentes** si elles ont la **même grandeur** et la **même forme**. Les formes congruentes peuvent être de couleurs ou de motifs différents, et faire face à des directions différentes.

1. Écris <u>congruentes</u> ou <u>pas congruentes</u> sous chaque paire de formes.

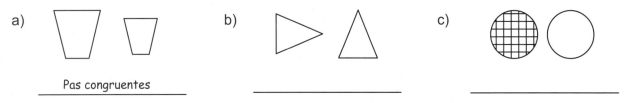

   a)   b)   c)

   Pas congruentes _____   _____   _____

2. Indique les formes congruentes en leur donnant la même lettre.
   INDICE : Tu devras utiliser les lettres A et B.

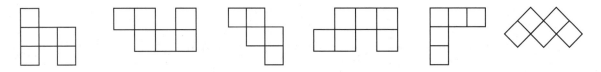

3. Ces paires de formes sont-elles congruentes?

   a) 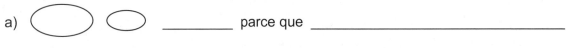 _____ parce que _____

   b) 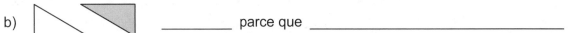 _____ parce que _____

4. a) Trace un triangle <u>congruent</u> pour la forme ci-dessous :

   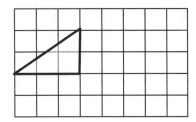

   b) Trace un trapèze <u>congruent</u> pour la forme ci-dessous, mais tourné sur son côté.

   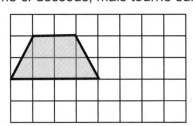

5. Indique les formes congruentes en leur donnant la même lettre.
   INDICE : Tu devras utiliser les lettres A, B, C et D. (Deux formes sont congruentes avec la forme A.)

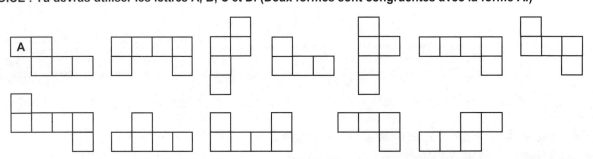

jump math
MULTIPLYING POTENTIAL

Géométrie 1

G5-12 : Explorer la congruence (avancé)

1. Regarde les formes de gauche à droite. Si tu trouves une forme qui est congruente à une forme que tu as déjà regardée, raye-la.

    Combien reste-t-il de formes qui ne sont pas congruentes? Le premier est déjà fait pour toi.

    a) 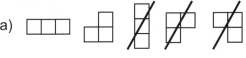 　 2 　 formes non congruentes

    b) 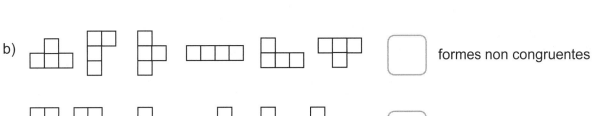 　 　 formes non congruentes

    c) 　 　 formes non congruentes

2. En commençant par la forme la plus à gauche, ajoute un carré à chaque forme à l'endroit indiqué par la flèche. Si tu crées une forme qui est congruente à une forme que tu as déjà tracée, raye-la.

    Combien de formes non congruentes as-tu créées?

    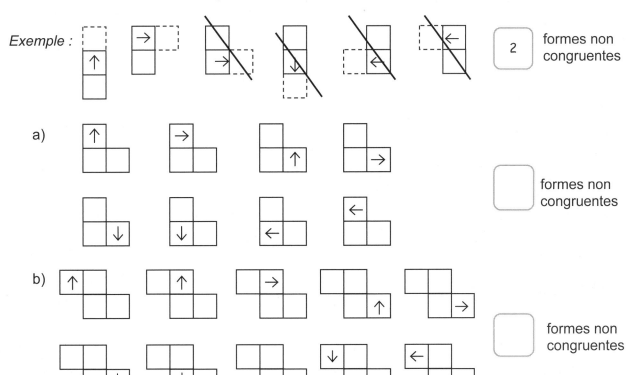

    Exemple : 　 　 2 　 formes non congruentes

    a) 　 　 formes non congruentes

    b) 　 　 formes non congruentes

3. Combien de formes non congruentes peux-tu créer en ajoutant un carré à chaque figure originale? **INDICE : Fais une copie de chaque forme, et ajoute un carré à chaque copie, comme dans la question 2.**

    a) 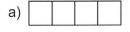 　 b) 　 c)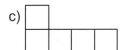

G5-13 : La symétrie

Certaines formes ont des lignes de **symétrie**. Tina place un miroir sur la demie de la forme. Si la demie qui est reflétée dans le miroir permet de voir la forme au complet, cela veut dire que la forme est symétrique.

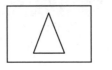 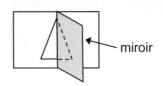
miroir

> **NOTE :**
> **Les figures qui se trouvent de chaque côté du miroir sont congruentes.**

Tina vérifie aussi si la forme a une ligne de symétrie en la découpant et en la pliant en deux. Si les demies des deux côtés du pli sont exactement pareilles, Tina sait alors que le pli montre la **ligne de symétrie**.

1. Complète l'illustration de façon à ce que la ligne pointillée soit une ligne de symétrie.

a) b) 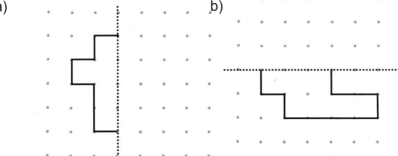 c)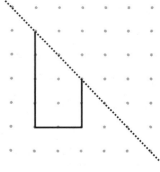

d)  e) 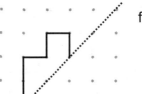 f) 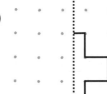 g)

2. a) Les formes de chaque côté de la ligne de symétrie sont <u>presque</u> congruentes. Ajoute un carré à chaque forme afin que les deux côtés soient congruents.

i) 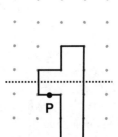 ii) 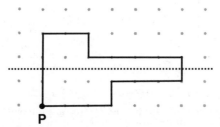 iii)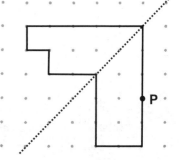

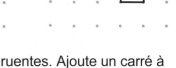

b) Pour chaque forme, montre l'image du point P après qu'elle soit reflétée par la ligne de symétrie.

G5-13 : La symétrie *(suite)*

3. Les courtepointes sont souvent faites de triangles de tissus cousus ensemble.

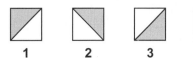

1   2   3   4

a) Crée des dessins pour une courtepointe avec des carrés que tu colories à moitié.
Dessine toutes les lignes de symétrie que tu vois (verticales, horizontales, et diagonales).

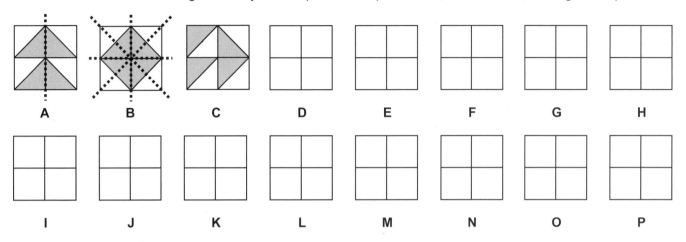

A   B   C   D   E   F   G   H

I   J   K   L   M   N   O   P

b) Complète le tableau en te basant sur le nombre de lignes de symétrie que tu as trouvées.

Nombre de lignes de symétrie	0	1	2	4
Lettre correspondante	C,	A,		B,

4. a) Trace au moins 5 lettres de l'alphabet et montre leurs lignes de symétrie.

   b) Peux-tu trouver une lettre qui a 2 lignes de symétrie ou plus?

5. La figure à gauche a quatre lignes de symétrie.

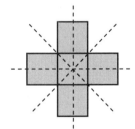

   a) Montre comment tu pourrais déplacer un carré pour créer une nouvelle figure sans lignes de symétrie.

   b) Montre deux façons différentes de déplacer un carré pour créer une nouvelle figure avec une ligne de symétrie.
   NOTE : Tu peux déplacer le carré du centre.

6. Avec une règle et un rapporteur, construis un triangle avec les dimensions indiquées.

   Construis ensuite sa réflexion de l'autre côté de la ligne de symétrie.

   Ensemble, quel type de triangle les deux plus petits triangles ont-il créés?

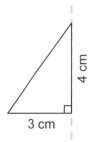

4 cm

3 cm

G5-14 : Comparer les formes

1. **Figure 1 :**    **Figure 2 :**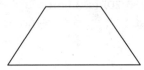

a) Compare les deux formes en complétant le tableau suivant :

Propriété	Figure 1	Figure 2	Pareil?	Différent?
Nombre de **sommets**				
Nombre d'**arêtes**				
Nombre de **paires de côtés parallèles**				
Nombre d'**angles droits**				
Nombre d'**angles aigus**				
Nombre d'**angles obtus**				
Nombre de **lignes de symétrie**				
La figure est-elle **équilatérale**?				

b) Peux-tu dire, simplement en regardant les figures 1 et 2 ci-dessous, si elles sont pareilles ou différentes?

Figure 1 :

Figure 2 :

Propriété	Pareil?	Différent?
Nombre de **sommets**		
Nombre d'**arêtes**		
Nombre de **paires de côtés parallèles**		
Nombre d'**angles droits**		
Nombre d'**angles aigus**		
Nombre d'**angles obtus**		
Nombre de lignes de lignes de **symétrie**		
La figure est-elle **équilatérale**?		

2. Trace deux figures et compare-les en utilisant un tableau (semblable à celui à la question 1).

3. En regardant les figures suivantes, peux-tu commenter sur leur **similarités** et leurs **différences**? Sois certain de mentionner les propriétés suivantes :

    ✓ Le nombre de **sommets**
    ✓ Le nombre d'**arêtes**
    ✓ Le nombre de **paires de côtés parallèles**
    ✓ Le nombre d'**angles droits**
    ✓ Le nombre de **symétries**
    ✓ La figure est-elle **équilatérale**?

Figure 1 : 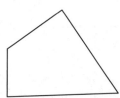   **Figure 2 :**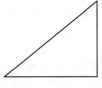

Géométrie 1

G5-15 : Trier et classifier les formes

1. Les figures suivantes peuvent être triées selon leurs propriétés en utilisant un diagramme de Venn.

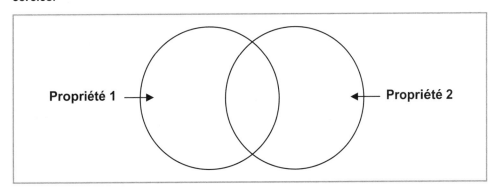

a)

Propriété	Figures qui ont cette propriété
1. Je suis un quadrilatère.	A, C, D
2. Je suis équilatérale.	A, C, E, F

Quelles figures partagent les deux propriétés? _____

Complète le diagramme de Venn suivant en utilisant l'information du tableau ci-dessus.
NOTE : Si une forme n'a ni l'une ni l'autre des propriétés, écris la lettre dans la boîte mais à l'extérieur des cercles.

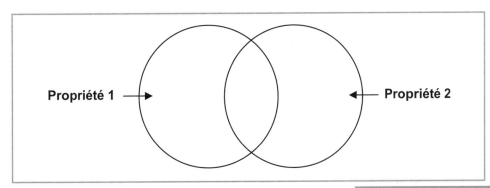

Utilise les figures A à G ci-dessus pour compléter les tableaux et les diagrammes de Venn ci-dessous.

b)

Propriété	Figures qui ont cette propriété
1. Je n'ai <u>pas</u> d'angles droits.	
2. J'ai quatre côtés ou plus.	

Quelles figures partagent les deux propriétés? _____

Complète le diagramme de Venn suivant en utilisant l'information du tableau ci-dessus.

c)

Propriété	Figures qui ont cette propriété
1. Je suis équilatérale.	
2. J'ai plus d'un angle droit.	

Quelles figures partagent les deux propriétés? _____

Complète le diagramme de Venn suivant en utilisant l'information du tableau ci-dessus.

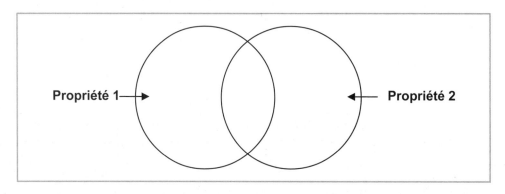

2. Fais un tableau et un diagramme de Venn (comme dans la question 1) en utilisant deux propriétés de ton choix. Voici quelques propriétés que tu peux utiliser :

   ✓ Nombre de sommets
   ✓ Nombre de paires de côtés parallèles
   ✓ Nombre d'arêtes
   ✓ Nombre d'angles droits, aigus ou obtus
   ✓ Lignes de symétrie
   ✓ Équilatérale

3. Inscris les propriétés de chaque forme. Écris « oui » dans la colonne si la forme a la propriété indiquée. Sinon, écris « non ».

  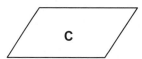

Forme	Quadrilatère	Équilatère	Deux paires de côtés parallèles ou plus	Au moins un angle droit	Au moins un angle aigu	Au moins un angle obtus
A						
B						
C						
D						
E						

G5-16 : Trier et classifier les formes (avancé)

1. Écris V (pour « vrai ») ou F (pour « faux »). La figure ...

   a) _____ a 3 sommets

   _____ a 0 angle droit

   b) ____ a 2 paires de côtés parallèles

   _____ a 5 sommets

   c) _____ est équilatéral

   _____ a une paire côtés parallèles

   d) _____ a 3 paires de côtés parallèles

   _____ a 0 angle aigu

2. Écris V (pour « vrai ») si les <u>deux</u> figures partagent la propriété. Sinon, écris F (pour « faux »).

   a)

   ____ 4 sommets   ____ 0 côtés parallèles

   ____ 4 côtés   ____ 1 angle droit

   b)

   ____ 3 sommets   ____ 5 côtés

   ____ 0 angle droit   ____ équilatérales

   c)

   ____ quadrilatères ____ au moins 1 angle droit

   ____ au moins 1 paire de côtés parallèles

   d)

   ____ 5 sommets   ____ 5 arêtes

   ____ 0 angle droit   ____ équilatérales

3. a) J'ai trois côtés et un angle droit.

   Je suis un _____

   b) J'ai trois côtés.

   Deux de mes côtés sont de la même longueur.

   Je suis un _____

4. Décris chaque figure. (Dans ta description, mentionne les propriétés que tu as utilisées pour trier les formes de la section précédente.)

   a)   b)   c)

5. Nomme toutes les propriétés que les figures partagent. Décris ensuite les différences.

   a)    b)

MULTIPLYING POTENTIAL

Géométrie 1

G5-17 : Les casse-têtes et les problèmes

1. Mesure les côtés des parallélogrammes suivants :

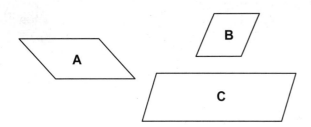

NOTE :
Dans un quadrilatère, les paires de côtés qui ont un sommet en commun sont des paires de côtés <u>adjacents</u>. Sinon, ce sont des paires de côtés <u>opposés</u> :

côtés <u>adjacents</u>   *côtés <u>opposés</u>*

a) Toutes les paires de côtés opposés dans les parallélogrammes sont-elles égales? _____

b) Toutes les paires de côtés adjacents dans les parallélogrammes sont-elles égales? _____

c) Combien d'angles aigus a chaque parallélogramme? _____

d) Combien d'angles obtus a chaque parallélogramme? _____

e) Un des parallélogrammes a un nom différent. Lequel? _____

2. Complète le tableau :

	Carré	Rectangle	Losange	Parallélogramme
Paires de côtés opposés égales	Oui			
Paires de côtés adjacents égales				
4 côtés égaux				
4 angles droits				
Nombre de paires de côtés parallèles	2			
Nombre de lignes de symétrie				

3. Nomme les triangles.

a) J'ai trois côtés égaux. Je suis un ... _____

b) J'ai un angle plus grand qu'un angle droit. Je suis un ... _____

c) J'ai un angle droit. Je suis un ... _____

d) J'ai trois angles plus petits que 90°. Je suis un ... _____

4. Combien de formes peux-tu trouver dans l'hexagone (à gauche) qui sont <u>congruentes</u> avec les formes ci-dessous?

a) _____

b) _____

5. Trace un trapèze qui a une ligne de symétrie, et un trapèze qui n'a aucune ligne de symétrie.

Géométrie 1